BORUTO
-NARUTO NEXT GENERATIONS-

19. Schriftrolle
Gottes Bereich

Original Story and Supervising: Masashi Kishimoto
Manga: Mikio Ikemoto

BORUTO
-NARUTO NEXT GENERATION-

Charaktere

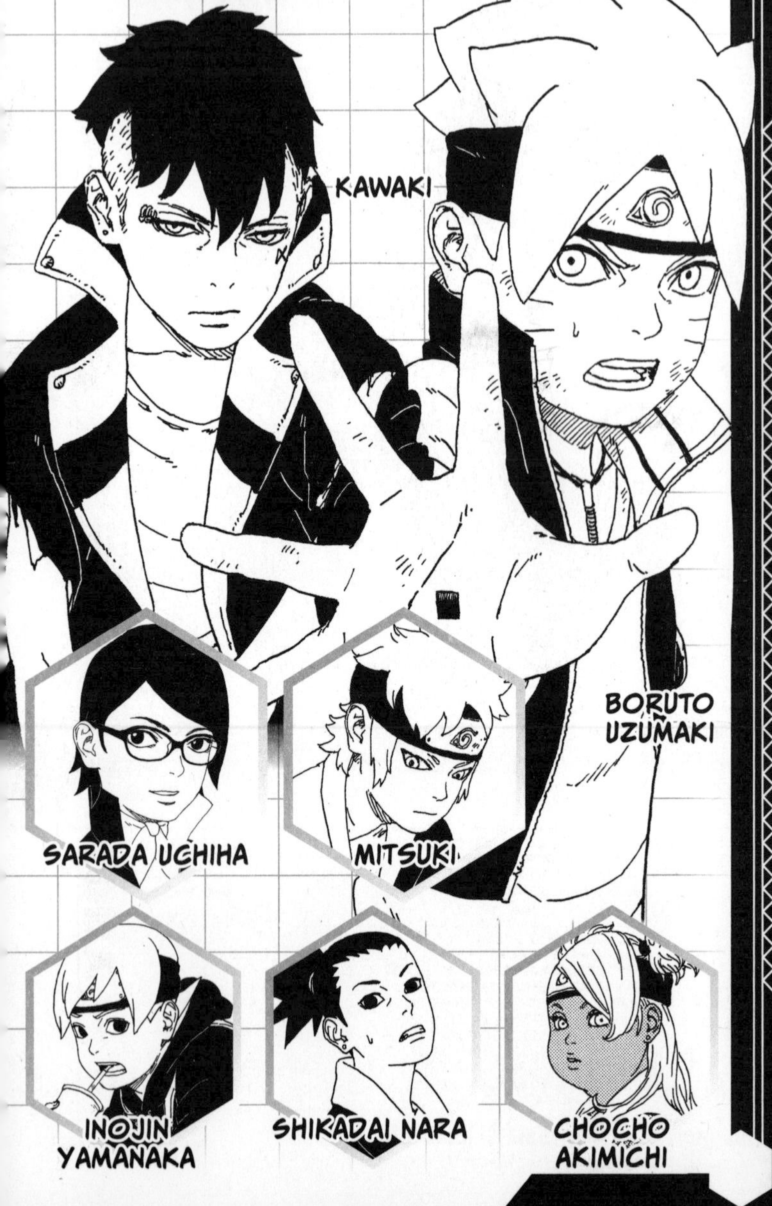

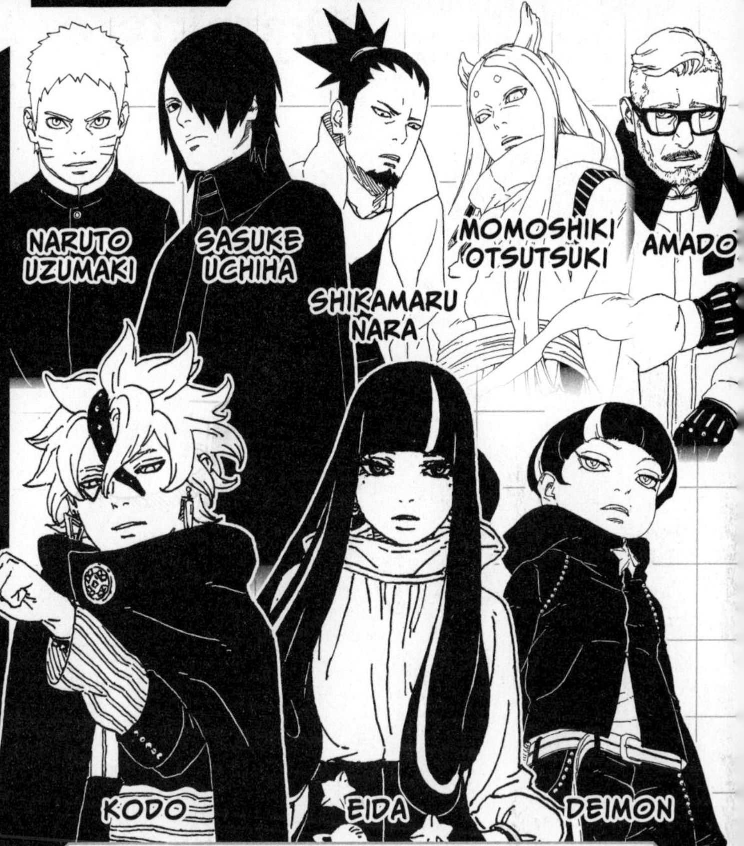

STORY

DER NINJA-WELTKRIEG IST VERGANGENHEIT, DIE MENSCHEN IM DORF KONOHAGAKURE GENIESSEN DEN FRIEDEN. DOCH DANN GREIFEN DIE OTSUTSUKIS DAS DORF AN UND HINTERLASSEN BEI BORUTO, DEM SOHN VON NARUTO, DEM SIEBTEN HOKAGE, EIN SELTSAMES MAL: KAMA.

NACH DEM VORFALL STÖSST BORUTO AUF EINEN JUNGEN NAMENS KAWAKI, DER EBENFALLS EIN KAMA TRÄGT. KAWAKI WIRD VON NARUTOS FAMILIE IN OBHUT GENOMMEN, GEWÖHNT SICH ALLMÄHLICH AN DAS LEBEN IN KONOHA UND RESPEKTIERT NARUTO.

ABER DANN VERSUCHT SSHIKI OTSUTSUKI, MITHILFE VON KAWAKIS KÖRPER WIEDER AUFZULEBEN. ER STIRBT JEDOCH, OHNE ES ZU SCHAFFEN. KODO, DER VON SSHIKI DEN **OTSUTSUKI-WILLEN** ÜBERNOMMEN HAT, ERWECKT DIE CYBORG-GESCHWISTER EIDA UND DEIMON – UND SCHWÖRT, NARUTO UND DIE ANDEREN ZU SCHLAGEN.

IM KAMPF GEGEN KODO DURCHSTÖSST KAWAKI BORUTOS BRUST, ABER DANK MOMOSHIKIS KRAFT LEBT BORUTO WIEDER AUF. DANN DRINGT KODO HEIMLICH IN KONOHA EIN. ER ENTFÜHRT AMADO UND ZWINGT DIESEN, DEN BEGRENZER AUFZUHEBEN, DER KODOS KRAFT EINSCHRÄNKT. ABER EIDA TRENNT SICH VON KODO…

BORUTO

Boruto

-Naruto Next Generation-

19. Schriftrolle

Gottes Bereich

INHALT

72: Klein und praktisch

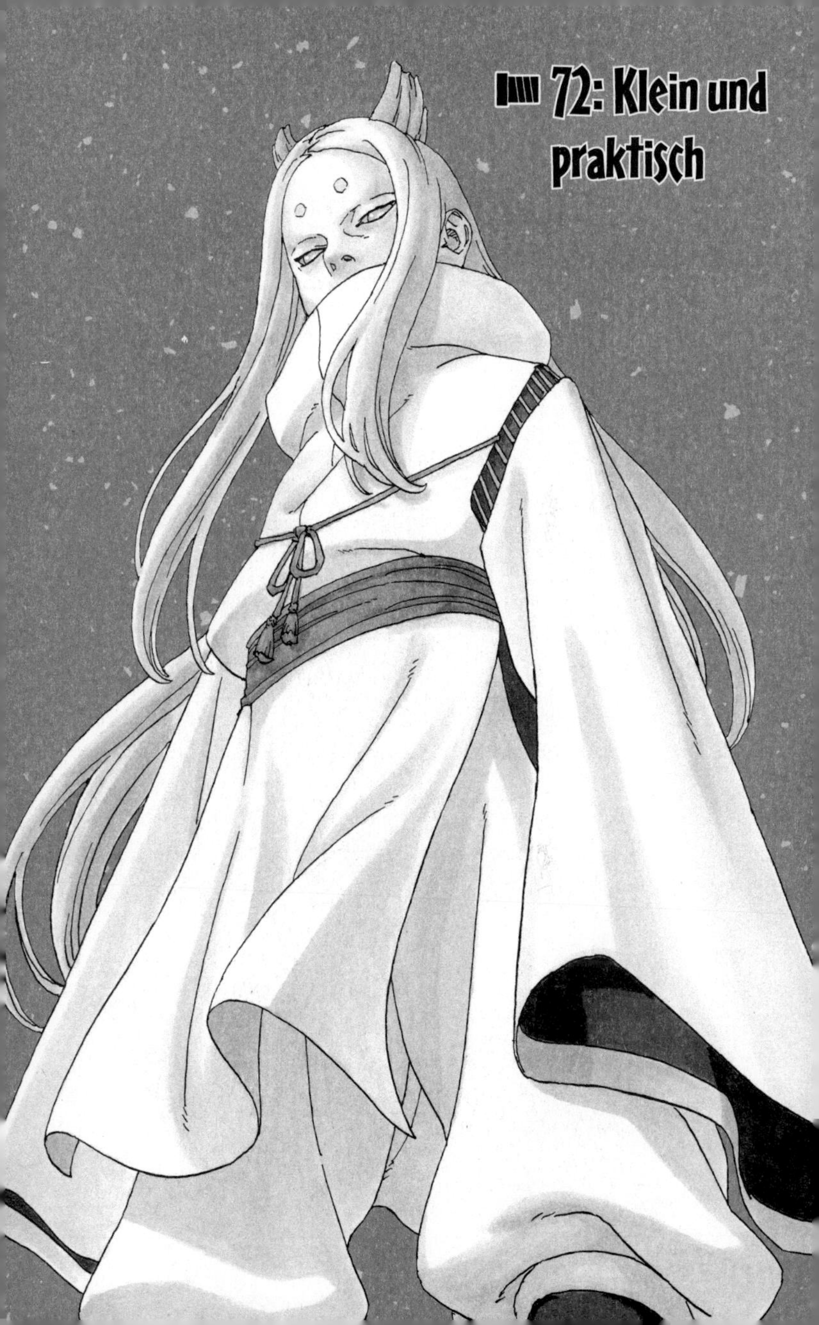

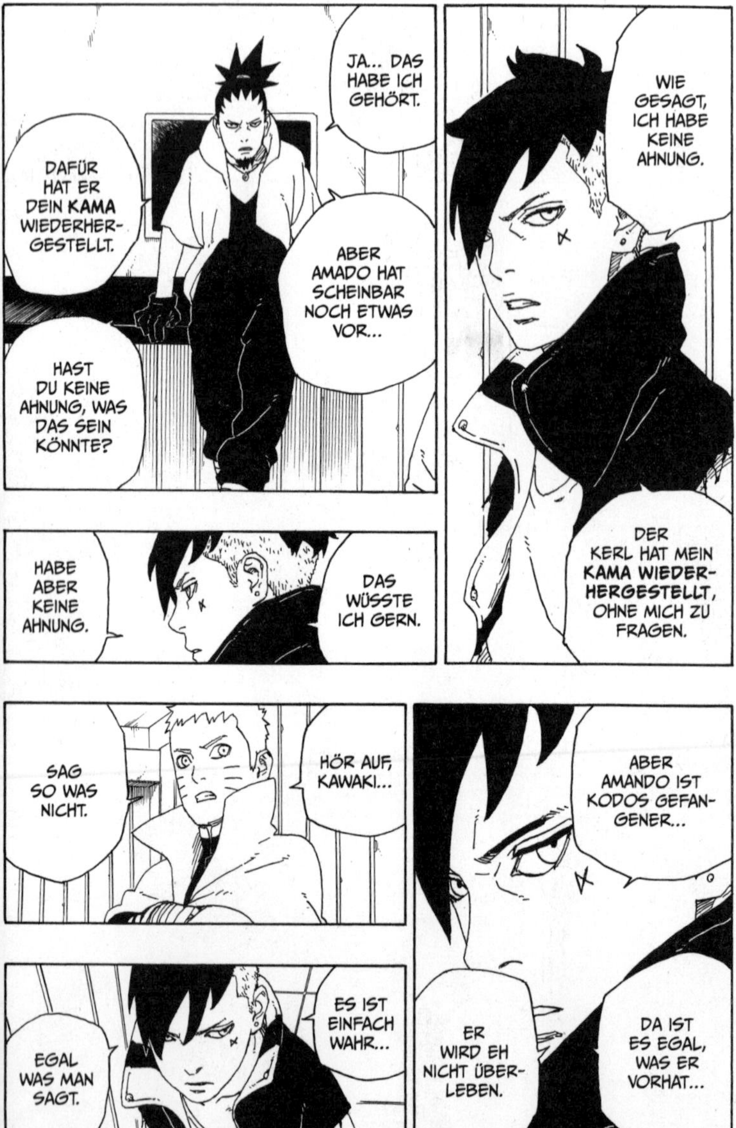
WIE GESAGT, ICH HABE KEINE AHNUNG.
DER KERL HAT MEIN KAMA WIEDERHERGESTELLT, OHNE MICH ZU FRAGEN.
JA... DAS HABE ICH GEHÖRT.
DAFÜR HAT ER DEIN KAMA WIEDERHERGESTELLT.
ABER AMADO HAT SCHEINBAR NOCH ETWAS VOR...
HAST DU KEINE AHNUNG, WAS DAS SEIN KÖNNTE?
DAS WÜSSTE ICH GERN.
HABE ABER KEINE AHNUNG.
ABER AMADO IST KODOS GEFANGENER...
DA IST ES EGAL, WAS ER VORHAT...
ER WIRD EH NICHT ÜBERLEBEN.
HÖR AUF, KAWAKI...
SAG SO WAS NICHT.
ES IST EINFACH WAHR...
EGAL WAS MAN SAGT.

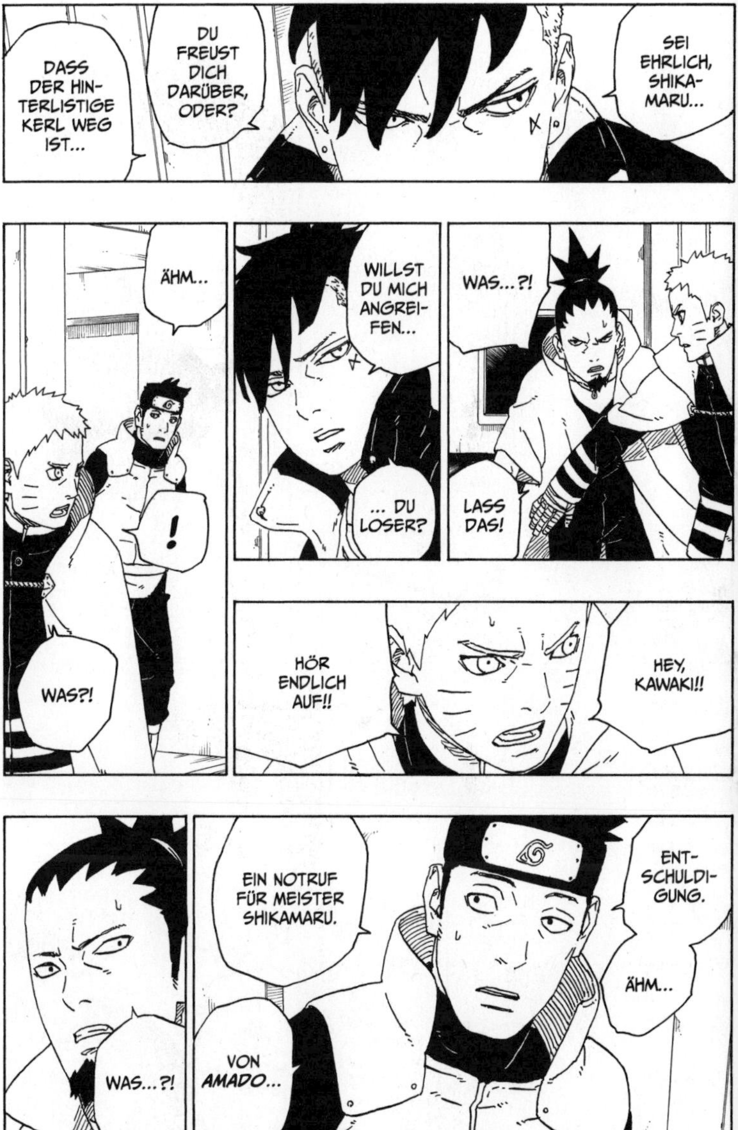
SEI EHRLICH, SHIKAMARU...
DU FREUST DICH DARÜBER, ODER?
DASS DER HINTERLISTIGE KERL WEG IST...
WAS...?!
LASS DAS!
WILLST DU MICH ANGREIFEN...
... DU LOSER?
HEY, KAWAKI!!
HÖR ENDLICH AUF!!
ÄHM...
!
WAS?!
ENTSCHULDIGUNG.
ÄHM...
EIN NOTRUF FÜR MEISTER SHIKAMARU.
VON *AMADO*...
WAS...?!

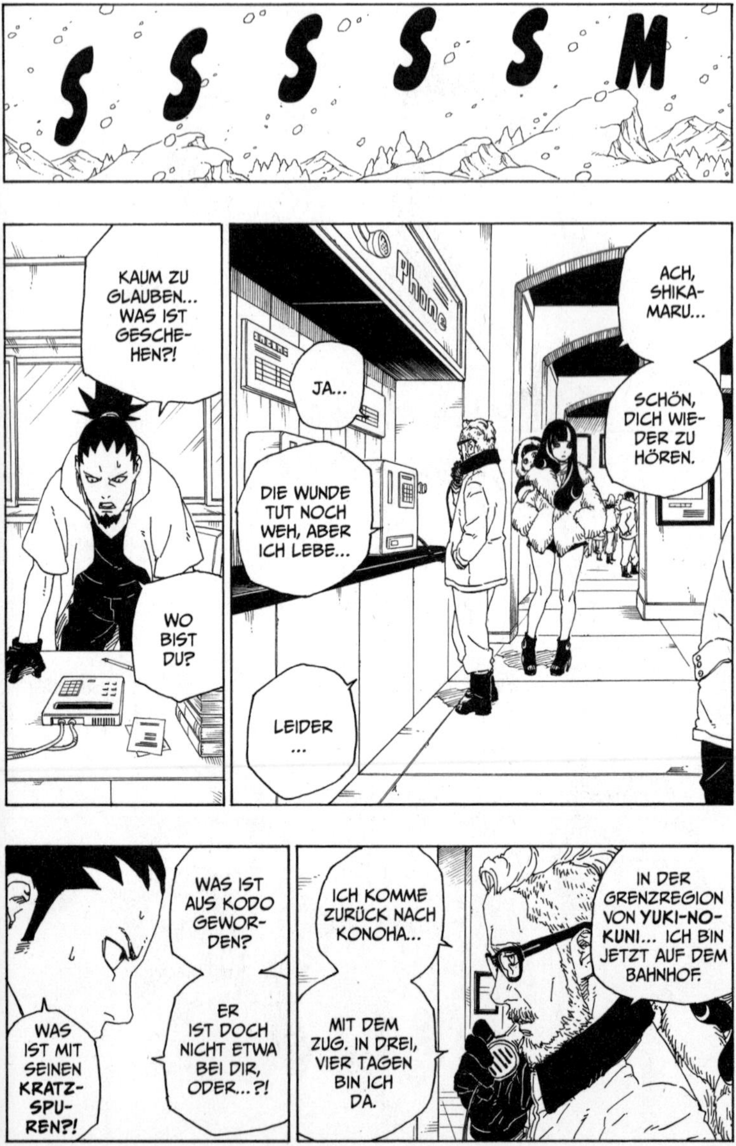
SSSSSM
ACH, SHIKAMARU...
SCHÖN, DICH WIEDER ZU HÖREN.
JA...
DIE WUNDE TUT NOCH WEH, ABER ICH LEBE...
LEIDER ...
KAUM ZU GLAUBEN... WAS IST GESCHEHEN?!
WO BIST DU?
IN DER GRENZREGION VON YUKI-NO-KUNI... ICH BIN JETZT AUF DEM BAHNHOF.
ICH KOMME ZURÜCK NACH KONOHA...
MIT DEM ZUG. IN DREI, VIER TAGEN BIN ICH DA.
WAS IST AUS KODO GEWORDEN?
ER IST DOCH NICHT ETWA BEI DIR, ODER...?!
WAS IST MIT SEINEN KRATZSPUREN?!

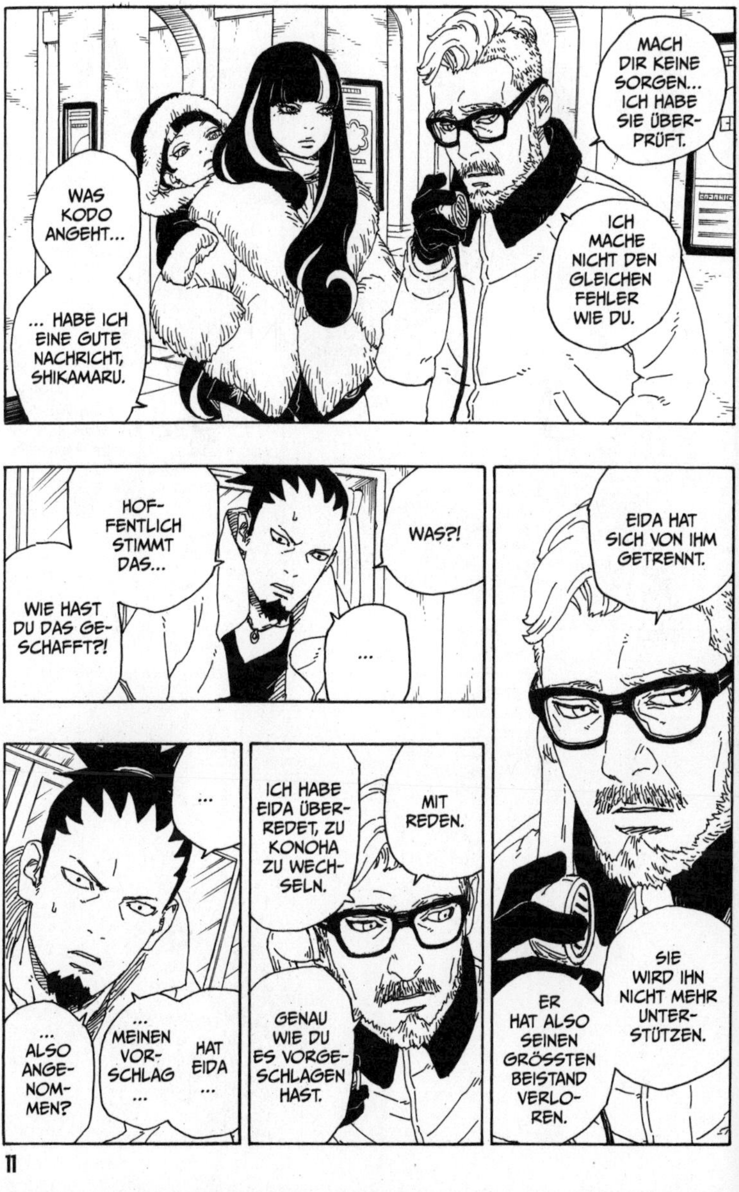
MACH DIR KEINE SORGEN... ICH HABE SIE ÜBERPRÜFT.
ICH MACHE NICHT DEN GLEICHEN FEHLER WIE DU.
WAS KODO ANGEHT...
... HABE ICH EINE GUTE NACHRICHT, SHIKAMARU.
EIDA HAT SICH VON IHM GETRENNT.
SIE WIRD IHN NICHT MEHR UNTERSTÜTZEN.
ER HAT ALSO SEINEN GRÖSSTEN BEISTAND VERLOREN.
WAS?!
...
HOFFENTLICH STIMMT DAS...
WIE HAST DU DAS GESCHAFFT?!
MIT REDEN.
ICH HABE EIDA ÜBERREDET, ZU KONOHA ZU WECHSELN.
GENAU WIE DU ES VORGESCHLAGEN HAST.
...
HAT EIDA ...
... MEINEN VORSCHLAG ...
... ALSO ANGENOMMEN?

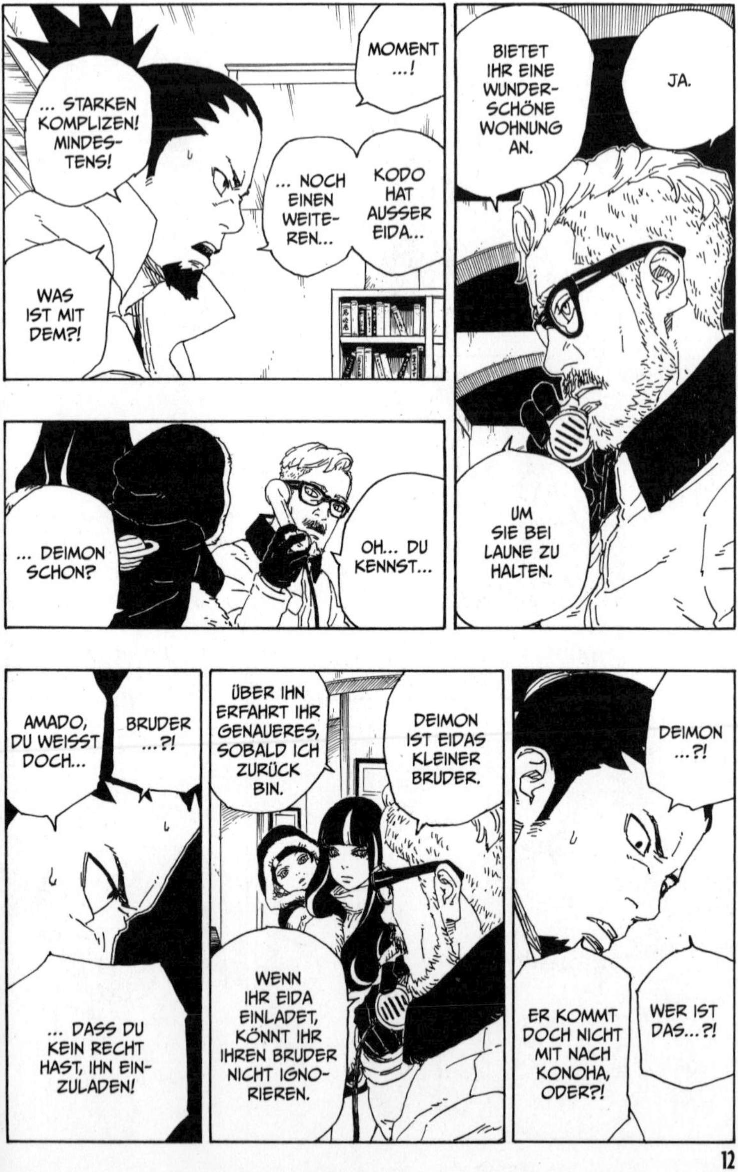
JA.
BIETET IHR EINE WUNDERSCHÖNE WOHNUNG AN.
UM SIE BEI LAUNE ZU HALTEN.
MOMENT ...!
KODO HAT AUSSER EIDA...
... NOCH EINEN WEITEREN...
... STARKEN KOMPLIZEN! MINDESTENS!
WAS IST MIT DEM?!
OH... DU KENNST...
... DEIMON SCHON?
DEIMON ...?!
WER IST DAS...?!
ER KOMMT DOCH NICHT MIT NACH KONOHA, ODER?!
DEIMON IST EIDAS KLEINER BRUDER.
ÜBER IHN ERFAHRT IHR GENAUERES, SOBALD ICH ZURÜCK BIN.
WENN IHR EIDA EINLADET, KÖNNT IHR IHREN BRUDER NICHT IGNORIEREN.
BRUDER ...?!
AMADO, DU WEISST DOCH...
... DASS DU KEIN RECHT HAST, IHN EINZULADEN!

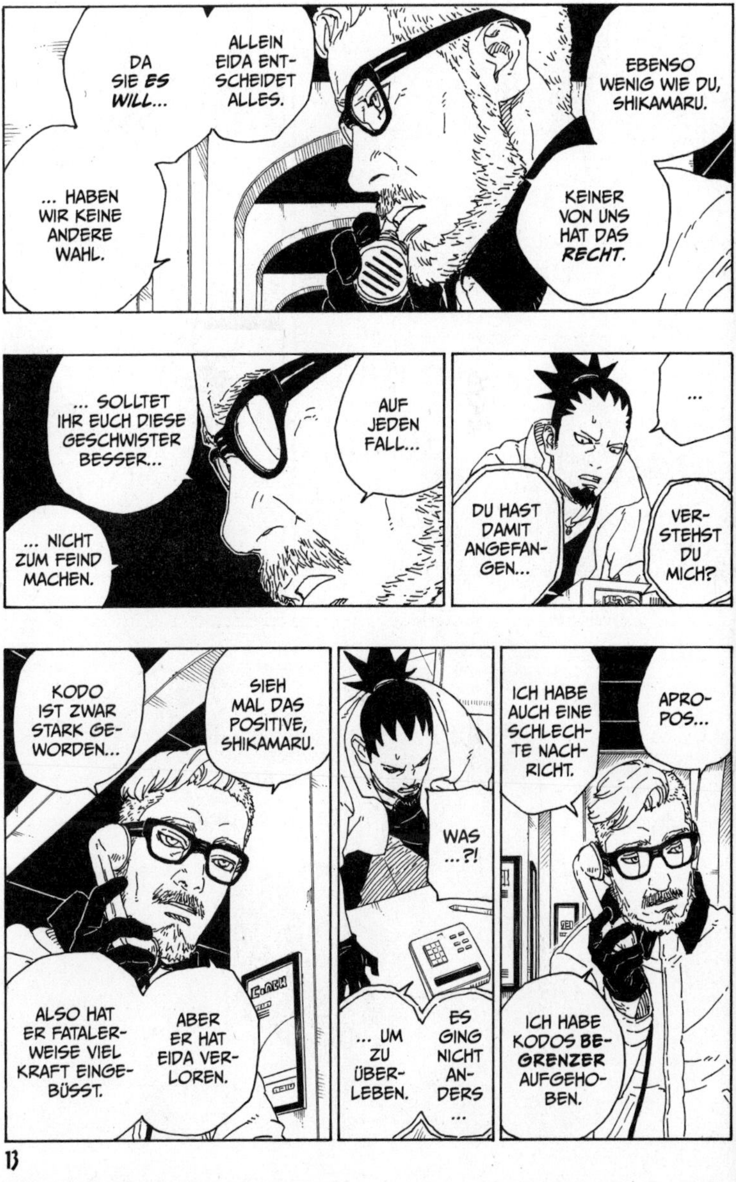
EBENSO WENIG WIE DU, SHIKAMARU.
KEINER VON UNS HAT DAS *RECHT*.
ALLEIN EIDA ENTSCHEIDET ALLES.
DA SIE *ES WILL*...
... HABEN WIR KEINE ANDERE WAHL.
...
VERSTEHST DU MICH?
DU HAST DAMIT ANGEFANGEN...
AUF JEDEN FALL...
... SOLLTET IHR EUCH DIESE GESCHWISTER BESSER...
... NICHT ZUM FEIND MACHEN.
APROPOS...
ICH HABE AUCH EINE SCHLECHTE NACHRICHT.
ICH HABE KODOS **BEGRENZER** AUFGEHOBEN.
WAS ...?!
ES GING NICHT ANDERS ...
... UM ZU ÜBERLEBEN.
SIEH MAL DAS POSITIVE, SHIKAMARU.
KODO IST ZWAR STARK GEWORDEN...
ABER ER HAT EIDA VERLOREN.
ALSO HAT ER FATALERWEISE VIEL KRAFT EINGEBÜSST.

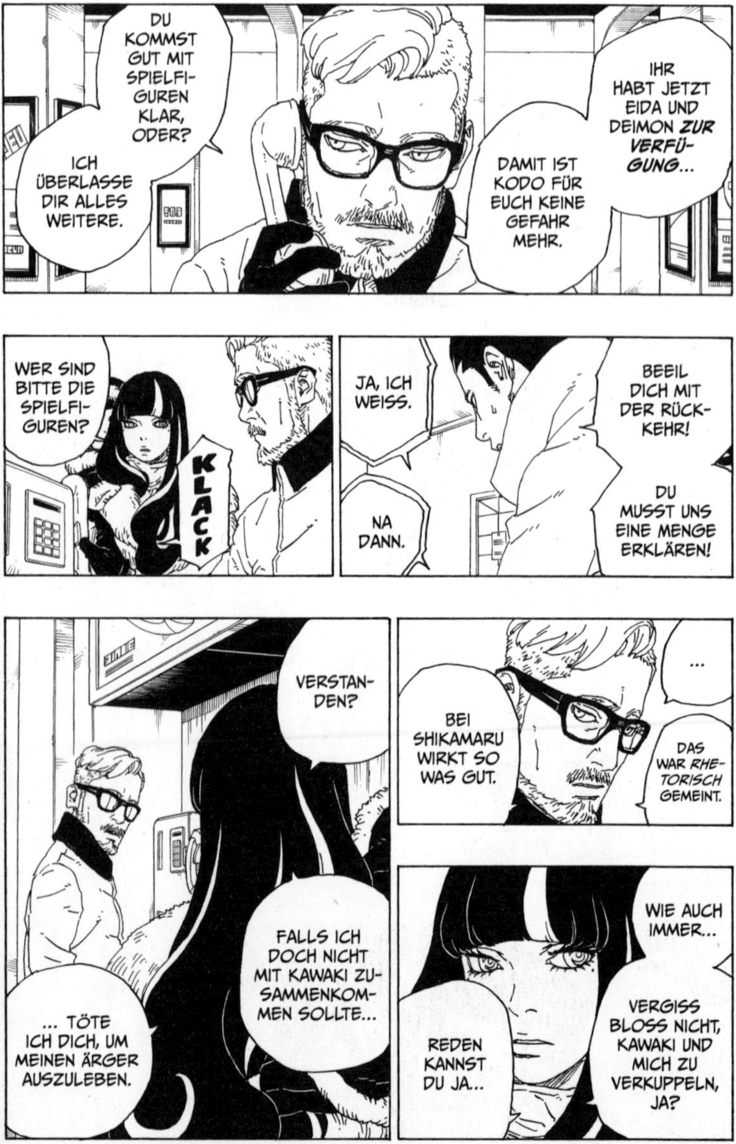

IHR HABT JETZT EIDA UND DEIMON *ZUR VERFÜGUNG*...
DAMIT IST KODO FÜR EUCH KEINE GEFAHR MEHR.
DU KOMMST GUT MIT SPIELFIGUREN KLAR, ODER?
ICH ÜBERLASSE DIR ALLES WEITERE.
BEEIL DICH MIT DER RÜCKKEHR!
JA, ICH WEISS.
DU MUSST UNS EINE MENGE ERKLÄREN!
NA DANN.
KLACK
WER SIND BITTE DIE SPIELFIGUREN?
...
BEI SHIKAMARU WIRKT SO WAS GUT.
DAS WAR *RHETORISCH* GEMEINT.
WIE AUCH IMMER...
VERGISS BLOSS NICHT, KAWAKI UND MICH ZU VERKUPPELN, JA?
REDEN KANNST DU JA...
VERSTANDEN?
FALLS ICH DOCH NICHT MIT KAWAKI ZUSAMMENKOMMEN SOLLTE...
... TÖTE ICH DICH, UM MEINEN ÄRGER AUSZULEBEN.

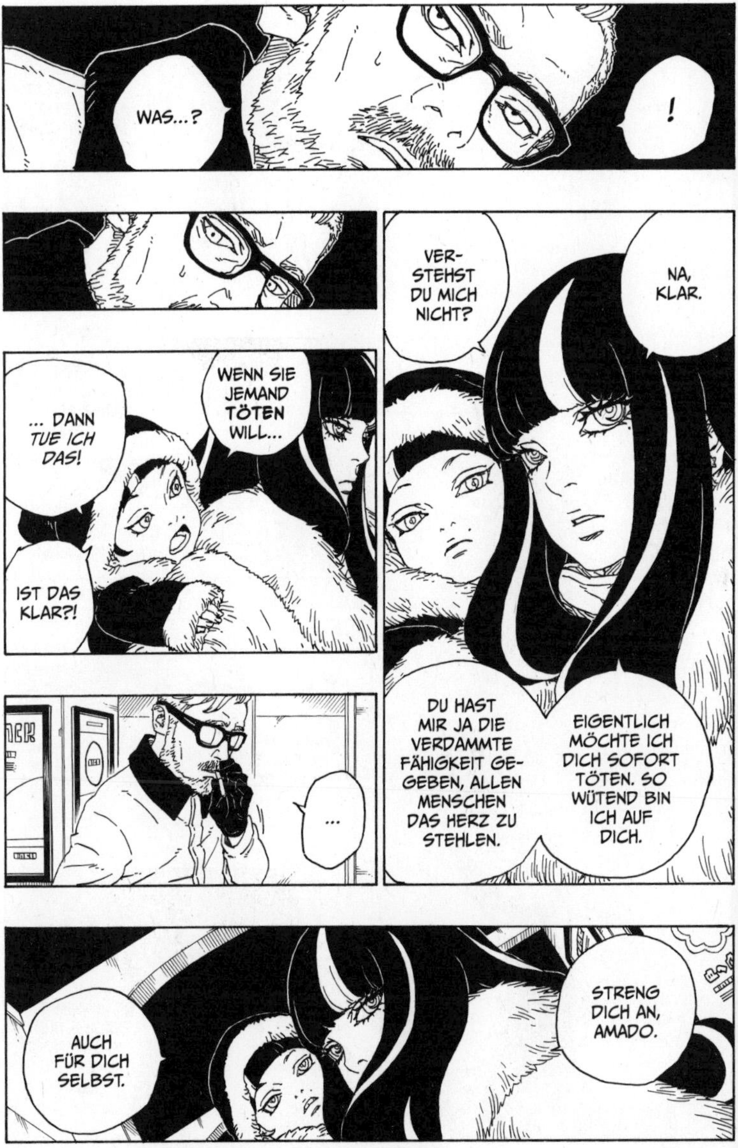
!
WAS...?
NA, KLAR.
VER-STEHST DU MICH NICHT?
EIGENTLICH MÖCHTE ICH DICH SOFORT TÖTEN. SO WÜTEND BIN ICH AUF DICH.
DU HAST MIR JA DIE VERDAMMTE FÄHIGKEIT GE-GEBEN, ALLEN MENSCHEN DAS HERZ ZU STEHLEN.
WENN SIE JEMAND TÖTEN WILL...
... DANN TUE ICH DAS!
IST DAS KLAR?!
...
STRENG DICH AN, AMADO.
AUCH FÜR DICH SELBST.

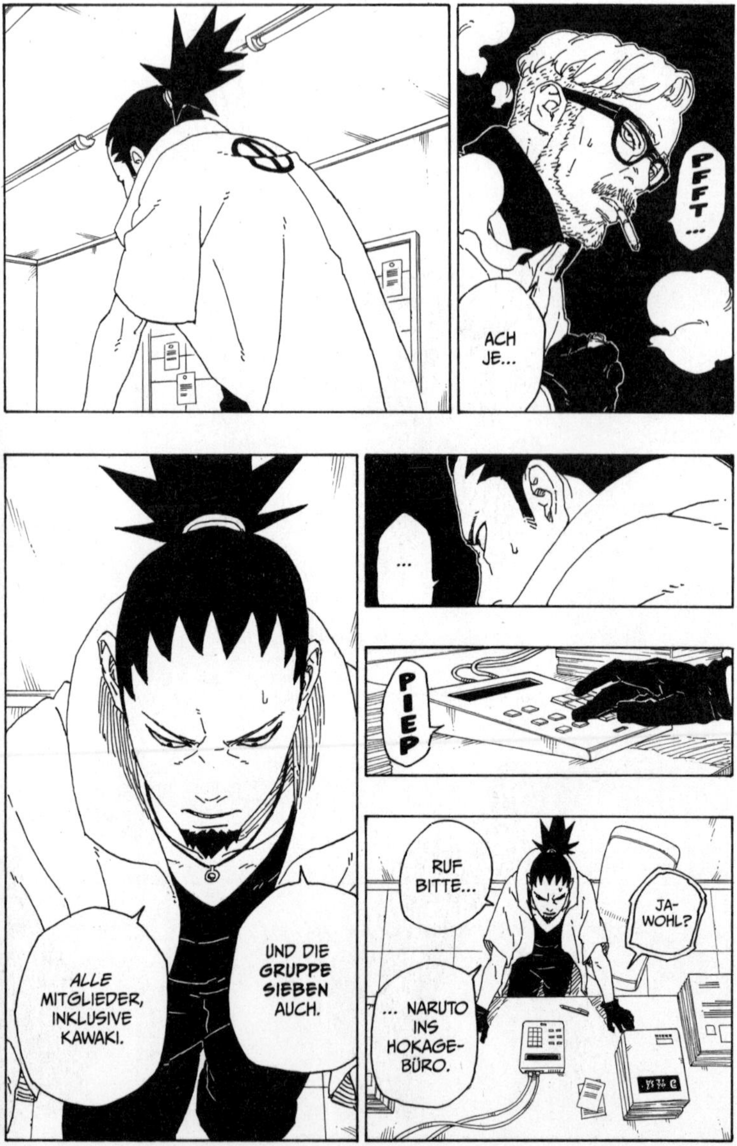
PFFT ...
ACH JE...
...
PIEP
RUF BITTE...
JAWOHL?
... NARUTO INS HOKAGE-BÜRO.
UND DIE GRUPPE SIEBEN AUCH.
ALLE MITGLIEDER, INKLUSIVE KAWAKI.

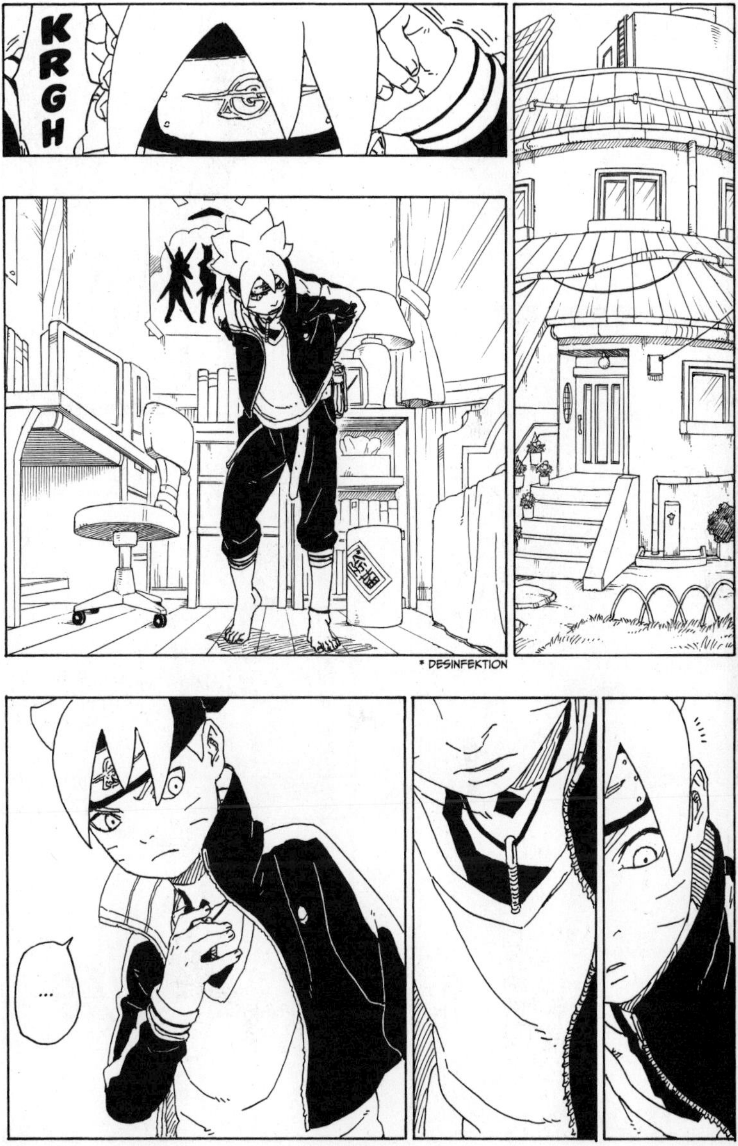
KRGH
* DESINFEKTION
...

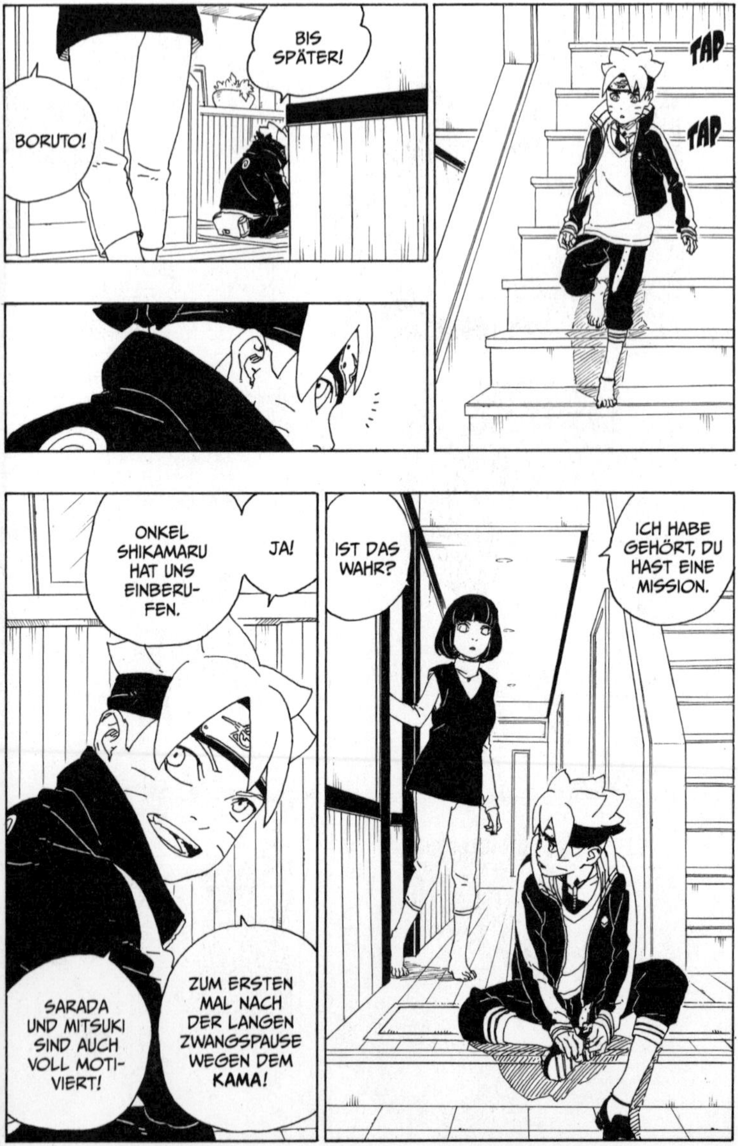
TAP
TAP
BIS SPÄTER!
BORUTO!
ICH HABE GEHÖRT, DU HAST EINE MISSION.
IST DAS WAHR?
JA!
ONKEL SHIKAMARU HAT UNS EINBERUFEN.
ZUM ERSTEN MAL NACH DER LANGEN ZWANGSPAUSE WEGEN DEM KAMA!
SARADA UND MITSUKI SIND AUCH VOLL MOTIVIERT!

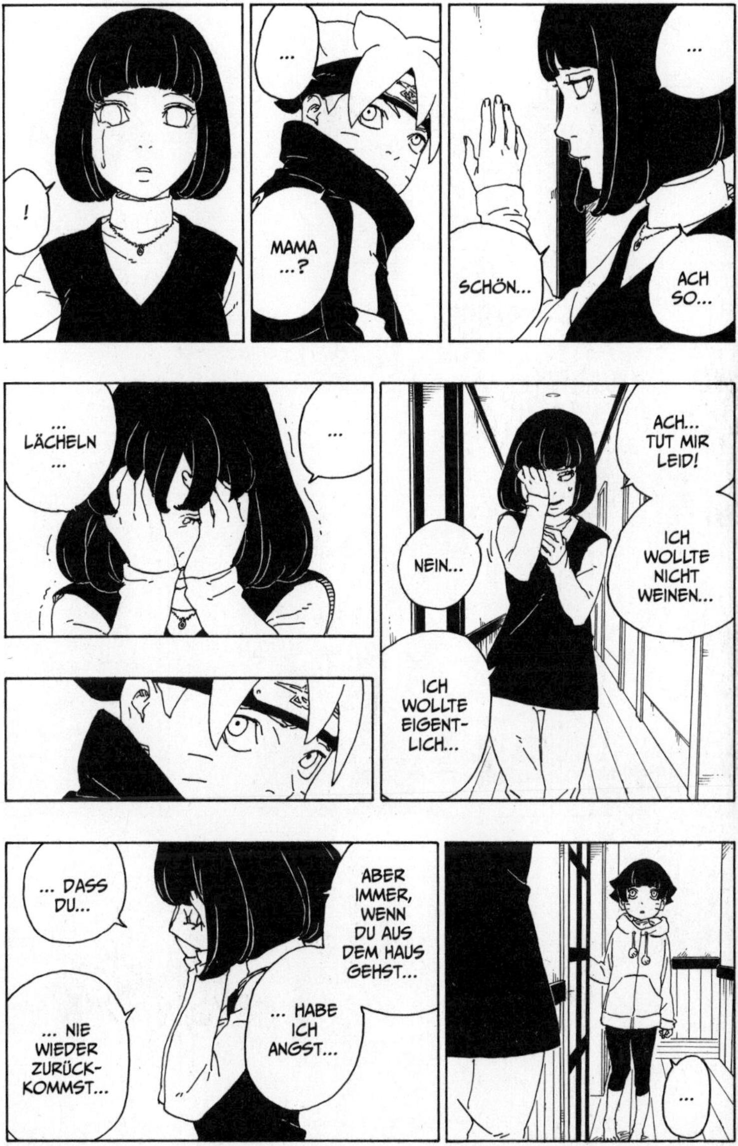
...
ACH SO...
SCHÖN...
...
MAMA ...?
!
ACH... TUT MIR LEID!
ICH WOLLTE NICHT WEINEN...
NEIN...
ICH WOLLTE EIGENT-LICH...
...
... LÄCHELN ...
...
ABER IMMER, WENN DU AUS DEM HAUS GEHST...
... HABE ICH ANGST...
... DASS DU...
... NIE WIEDER ZURÜCK-KOMMST...

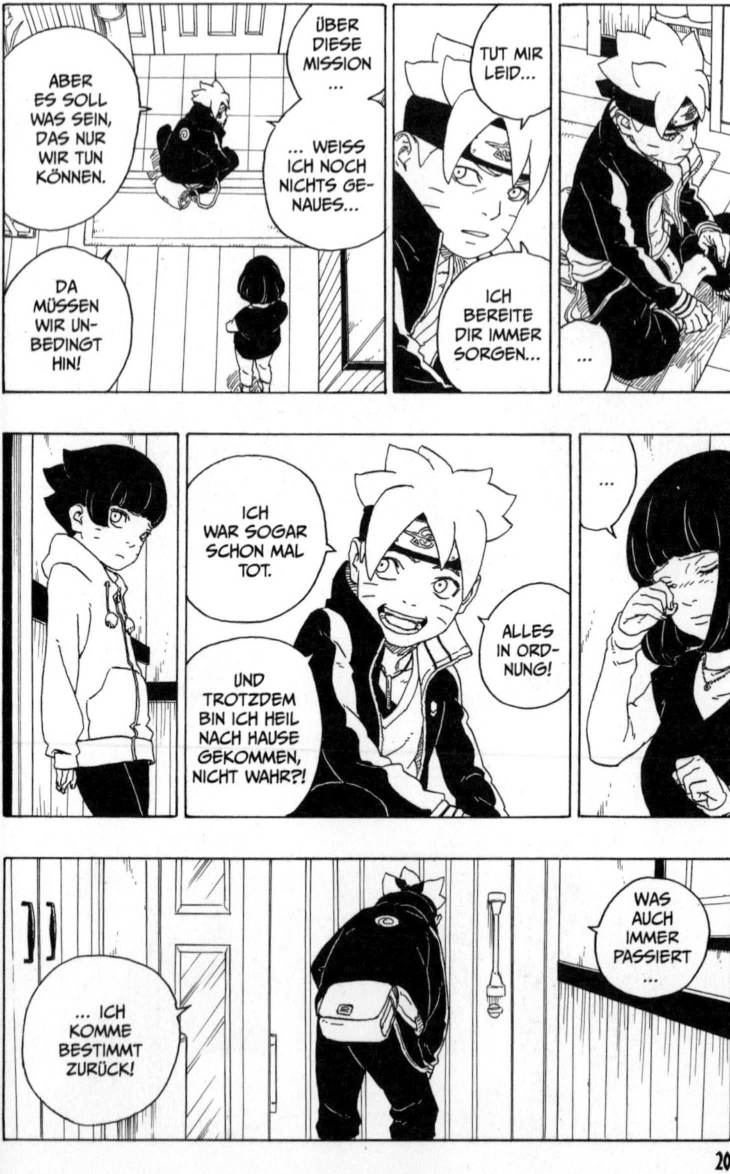
...
TUT MIR LEID...
ICH BEREITE DIR IMMER SORGEN...
ÜBER DIESE MISSION ...
... WEISS ICH NOCH NICHTS GENAUES...
ABER ES SOLL WAS SEIN, DAS NUR WIR TUN KÖNNEN.
DA MÜSSEN WIR UNBEDINGT HIN!
...
ALLES IN ORDNUNG!
ICH WAR SOGAR SCHON MAL TOT.
UND TROTZDEM BIN ICH HEIL NACH HAUSE GEKOMMEN, NICHT WAHR?!
WAS AUCH IMMER PASSIERT ...
... ICH KOMME BESTIMMT ZURÜCK!

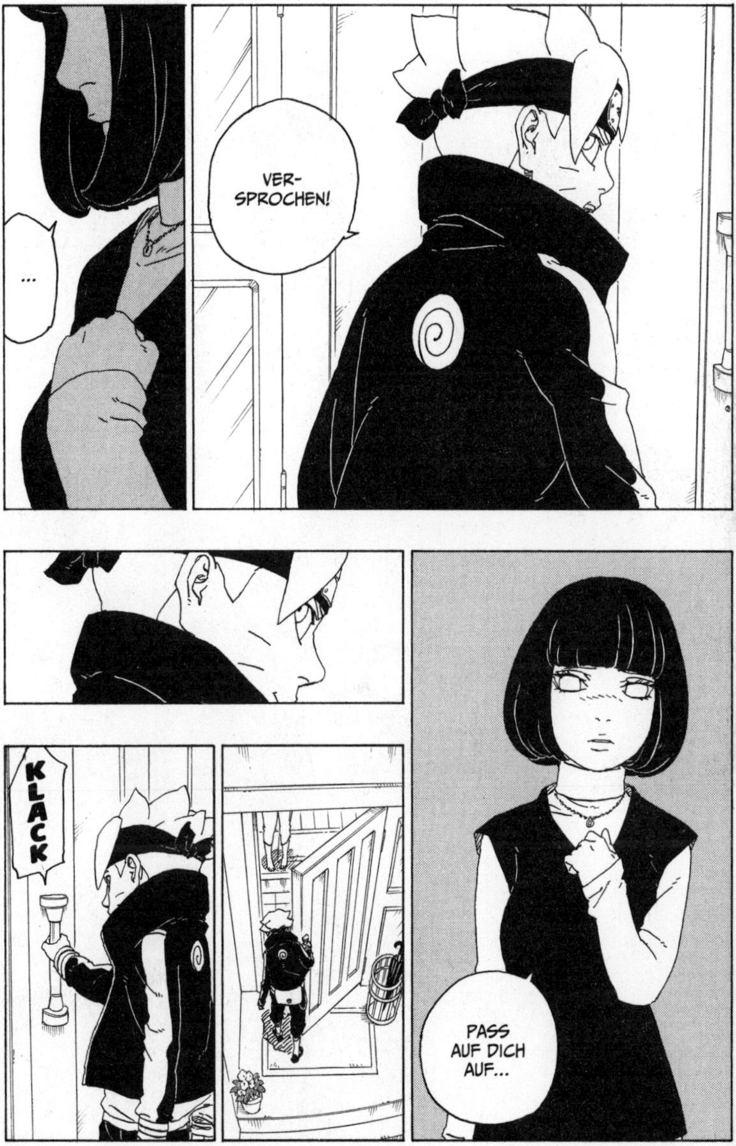
VER-
SPROCHEN!
...
PASS AUF DICH AUF...
KLACK

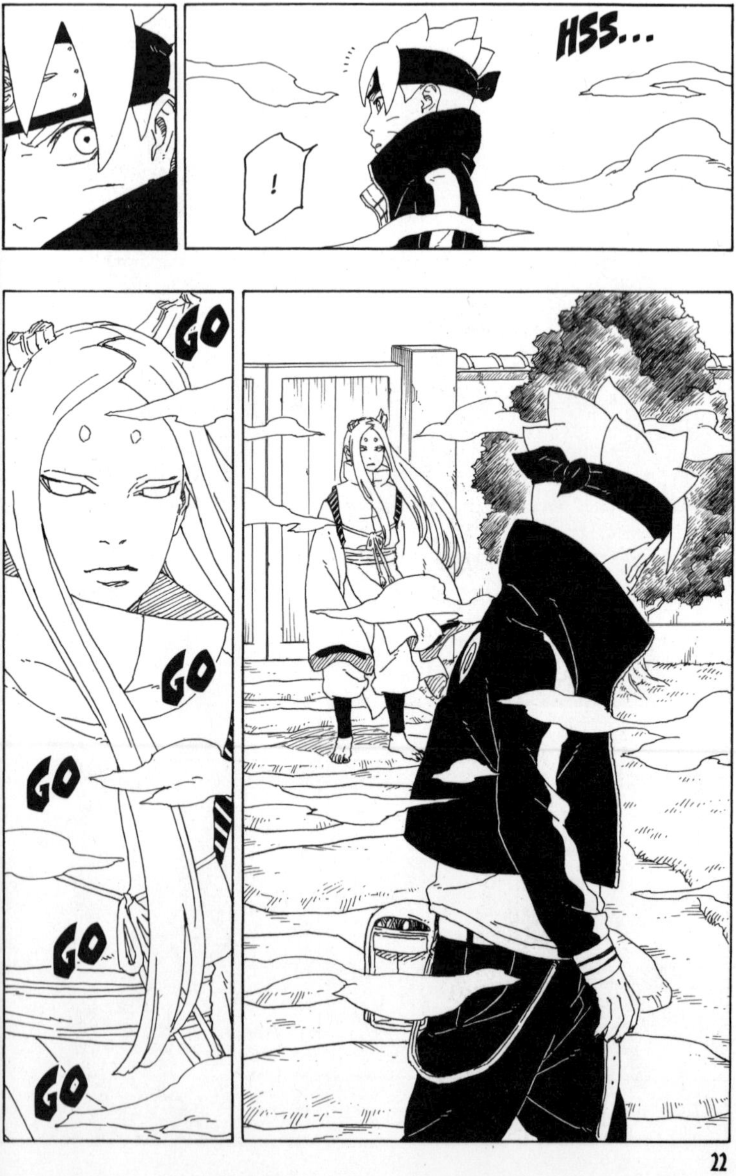
HSS...
!
GO
GO
GO
GO
GO

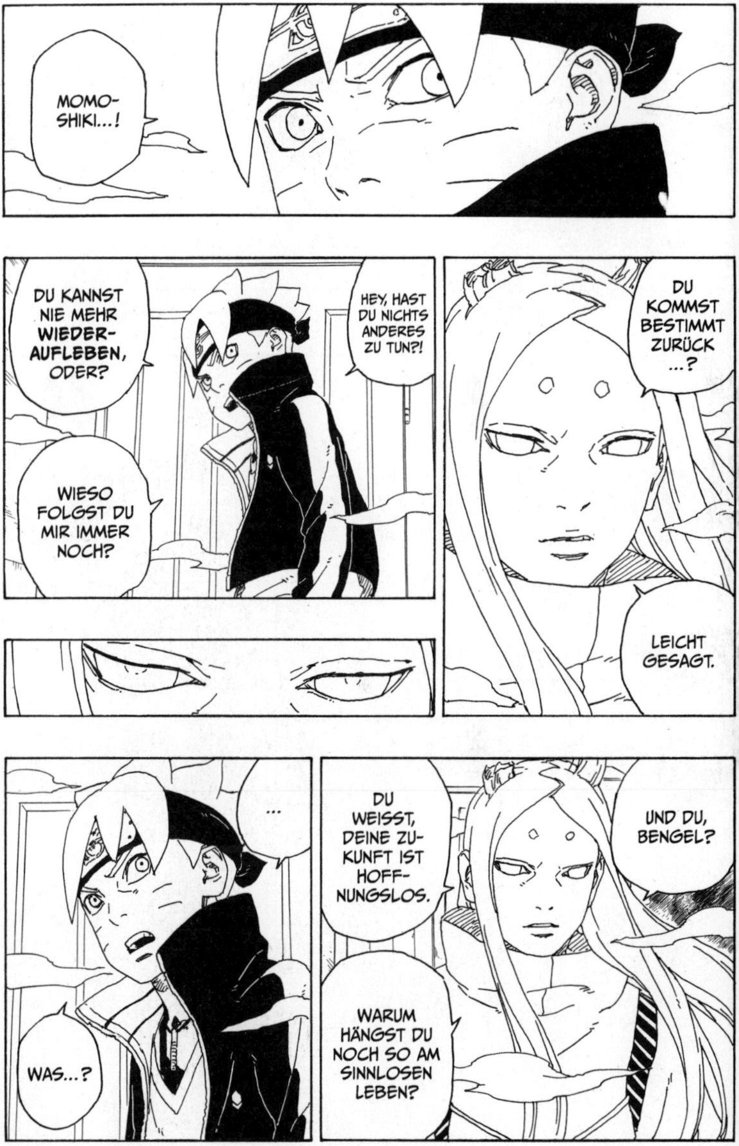
MOMO-
SHIKI...!
DU KOMMST BESTIMMT ZURÜCK ...?
LEICHT GESAGT.
HEY, HAST DU NICHTS ANDERES ZU TUN?!
DU KANNST NIE MEHR WIEDER-AUFLEBEN, ODER?
WIESO FOLGST DU MIR IMMER NOCH?
UND DU, BENGEL?
DU WEISST, DEINE ZU-KUNFT IST HOFF-NUNGSLOS.
WARUM HÄNGST DU NOCH SO AM SINNLOSEN LEBEN?
...
WAS...?

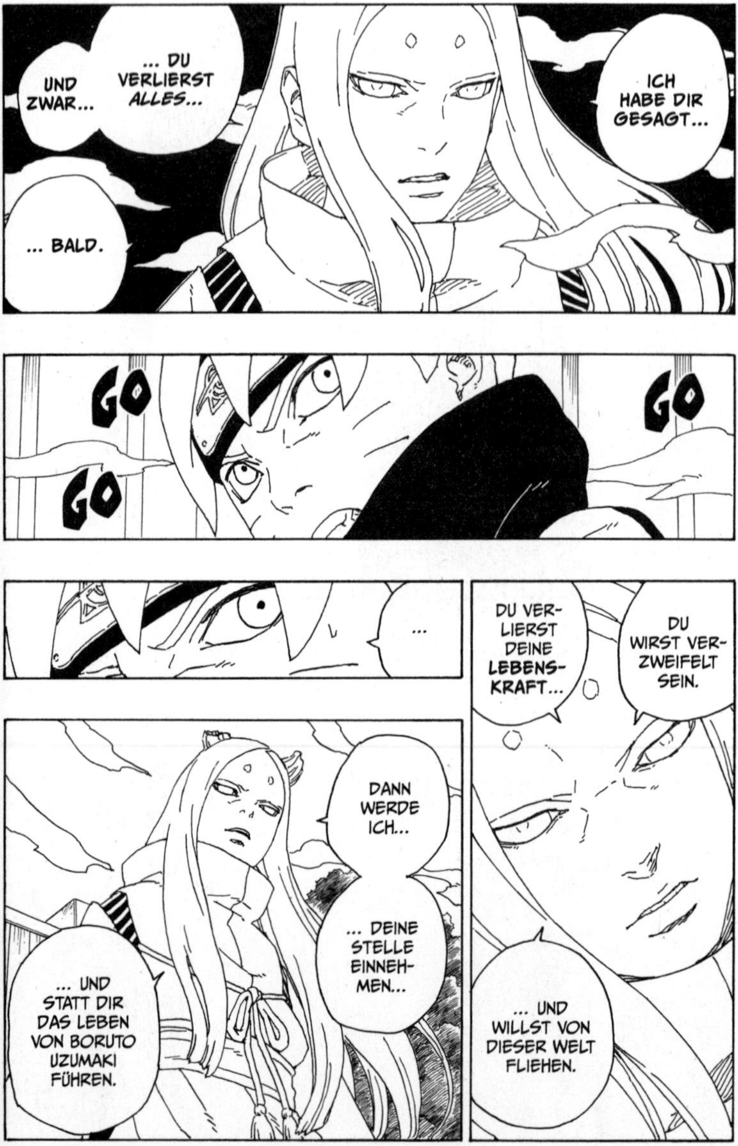
ICH HABE DIR GESAGT...
... DU VERLIERST ALLES...
UND ZWAR...
... BALD.
GO
GO
GO
DU WIRST VERZWEIFELT SEIN.
DU VERLIERST DEINE LEBENSKRAFT...
... UND WILLST VON DIESER WELT FLIEHEN.
...
DANN WERDE ICH...
... DEINE STELLE EINNEHMEN...
... UND STATT DIR DAS LEBEN VON BORUTO UZUMAKI FÜHREN.

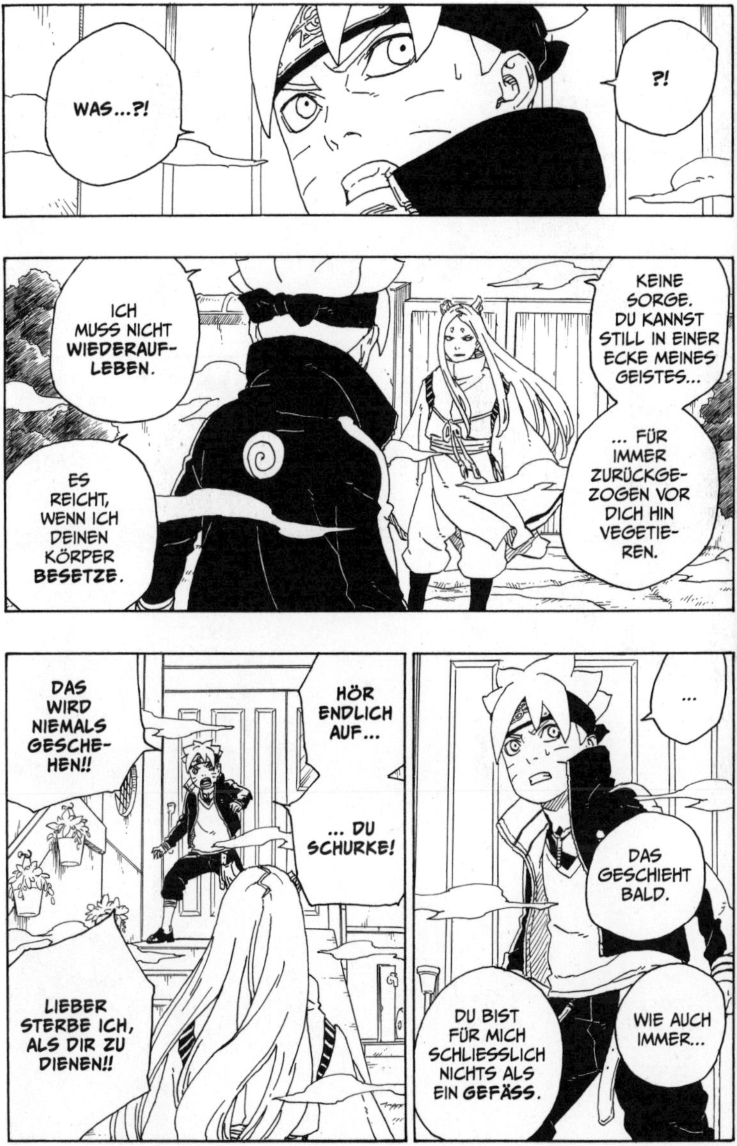
?!
WAS...?!
KEINE SORGE. DU KANNST STILL IN EINER ECKE MEINES GEISTES...
... FÜR IMMER ZURÜCKGEZOGEN VOR DICH HIN VEGETIEREN.
ICH MUSS NICHT WIEDERAUFLEBEN.
ES REICHT, WENN ICH DEINEN KÖRPER BESETZE.
...
DAS GESCHIEHT BALD.
WIE AUCH IMMER...
DU BIST FÜR MICH SCHLIESSLICH NICHTS ALS EIN GEFÄSS.
HÖR ENDLICH AUF...
... DU SCHURKE!
DAS WIRD NIEMALS GESCHEHEN!!
LIEBER STERBE ICH, ALS DIR ZU DIENEN!!

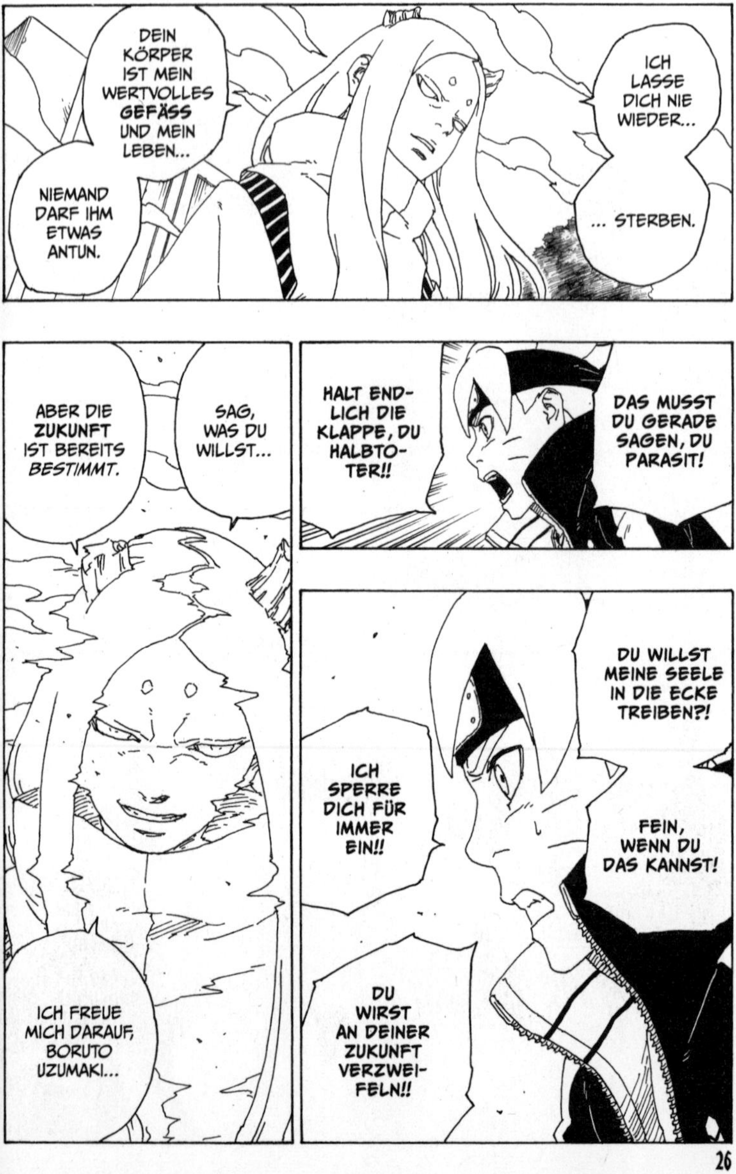
ICH LASSE DICH NIE WIEDER...
... STERBEN.
DEIN KÖRPER IST MEIN WERTVOLLES **GEFÄSS** UND MEIN LEBEN...
NIEMAND DARF IHM ETWAS ANTUN.
DAS MUSST DU GERADE SAGEN, DU PARASIT!
HALT ENDLICH DIE KLAPPE, DU HALBTOTER!!
SAG, WAS DU WILLST...
ABER DIE ZUKUNFT IST BEREITS *BESTIMMT.*
ICH FREUE MICH DARAUF, BORUTO UZUMAKI...
DU WILLST MEINE SEELE IN DIE ECKE TREIBEN?!
FEIN, WENN DU DAS KANNST!
ICH SPERRE DICH FÜR IMMER EIN!!
DU WIRST AN DEINER ZUKUNFT VERZWEIFELN!!

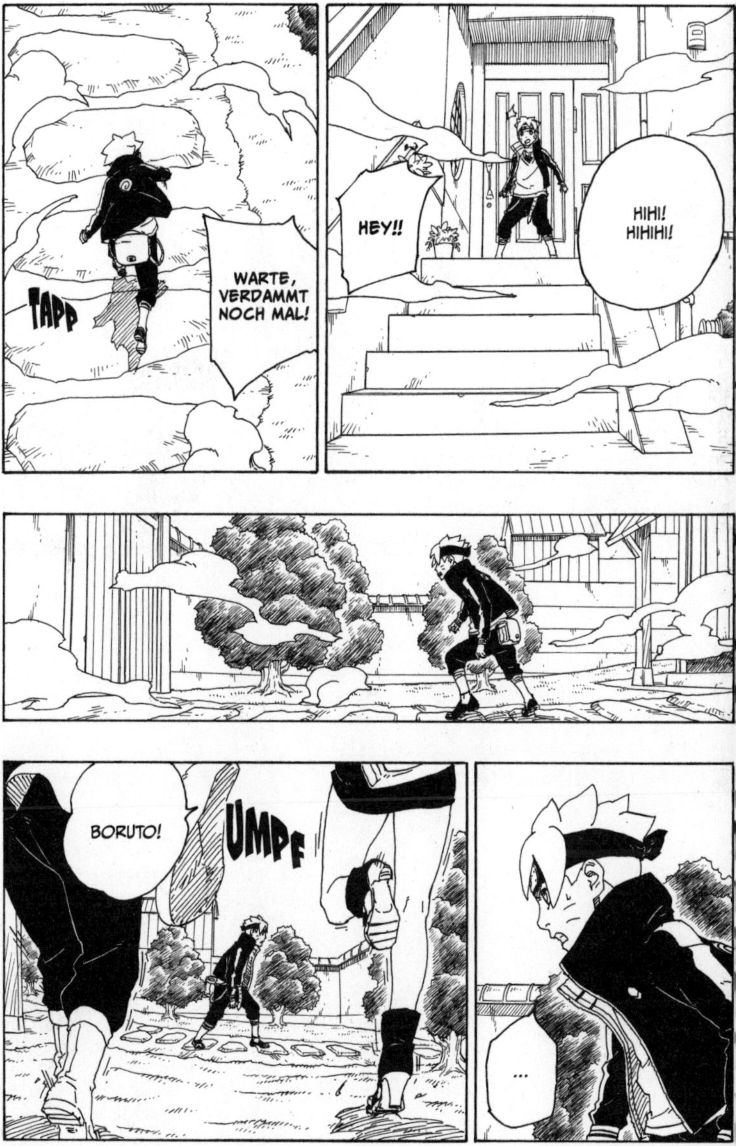
HIHI!
HIHIHI!
HEY!!
WARTE, VERDAMMT NOCH MAL!
TAPP
...
BORUTO!
UMPF

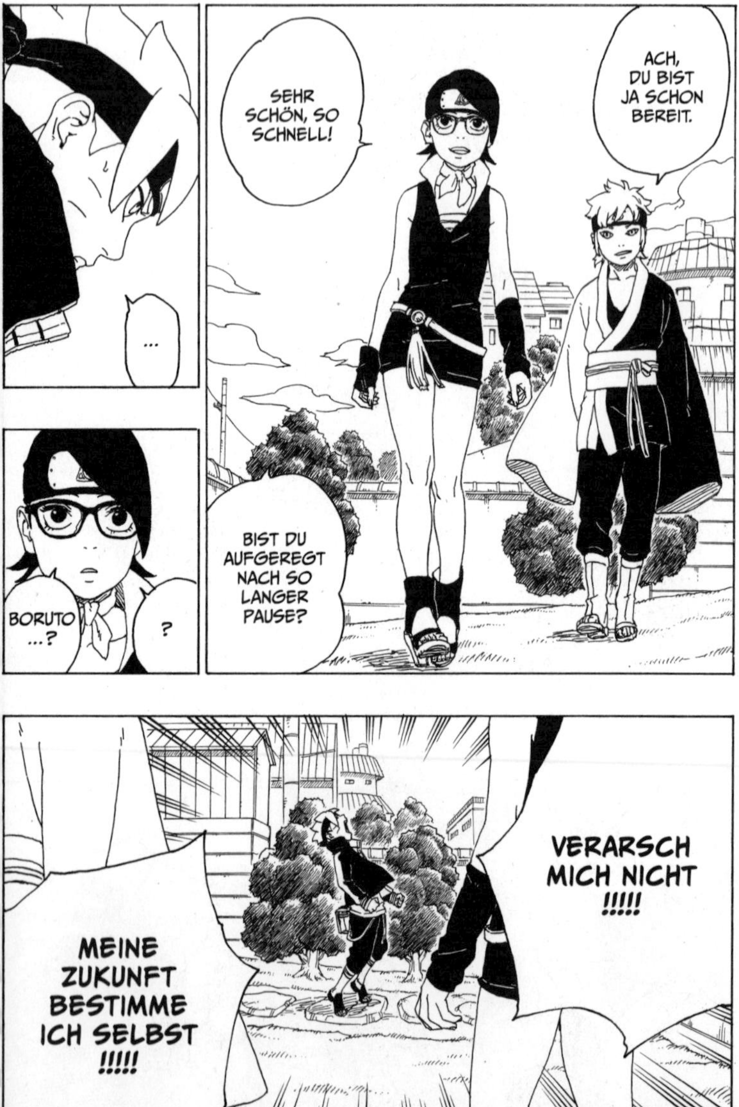

ACH, DU BIST JA SCHON BEREIT.
SEHR SCHÖN, SO SCHNELL!
...
BIST DU AUFGEREGT NACH SO LANGER PAUSE?
?
BORUTO ...?
VERARSCH MICH NICHT !!!!!
MEINE ZUKUNFT BESTIMME ICH SELBST !!!!!

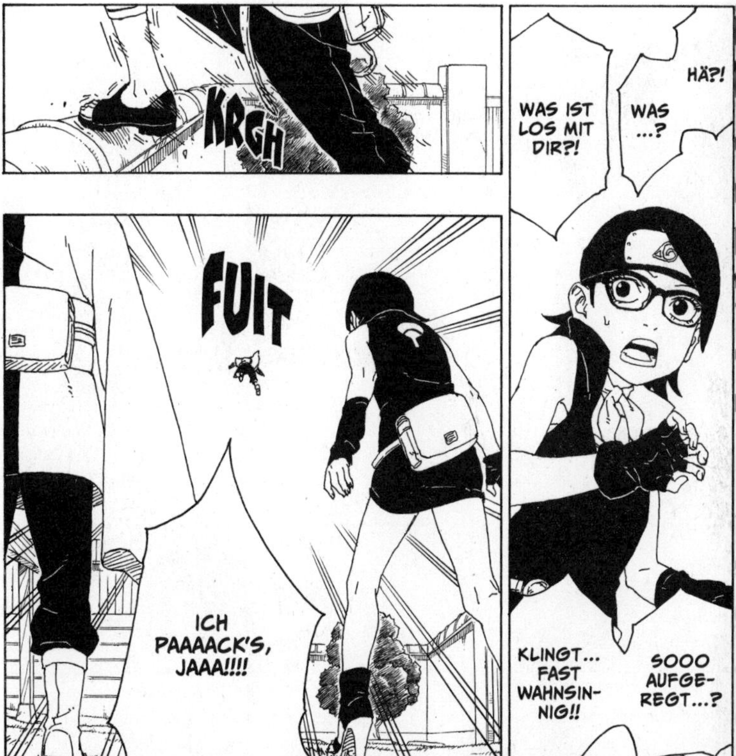
HÄ?!
WAS ...?
WAS IST LOS MIT DIR?!
SOOO AUFGE-REGT...?
KLINGT... FAST WAHNSIN-NIG!!
KRGH
FUIT
ICH PAAAACK'S, JAAA!!!!
DAS IST ABER MEIN SPRUCH!!
WAS GEHT HIER VOR?!!
EINMAL GESTORBEN UND WIEDER-BELEBT...
... ALS OTSUTSUKI...
ABER BORUTO BLEIBT IMMER BORUTO!

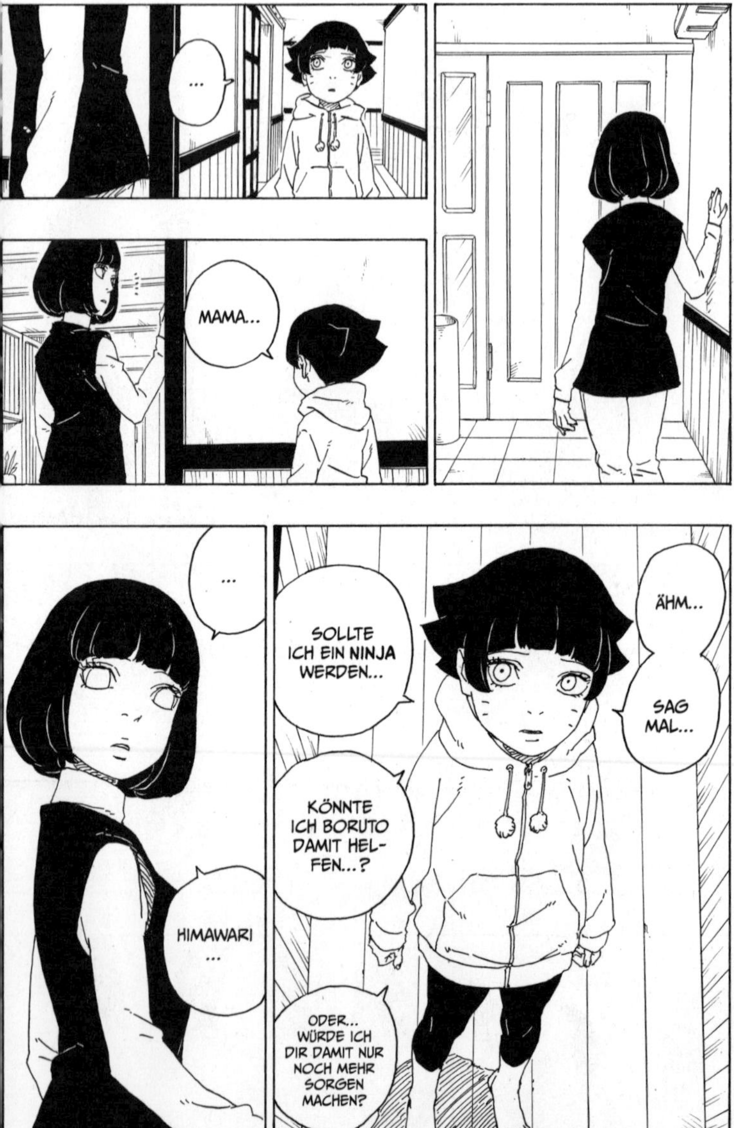

...
MAMA...
ÄHM...
SAG MAL...
SOLLTE ICH EIN NINJA WERDEN...
KÖNNTE ICH BORUTO DAMIT HELFEN...?
ODER... WÜRDE ICH DIR DAMIT NUR NOCH MEHR SORGEN MACHEN?
...
HIMAWARI ...

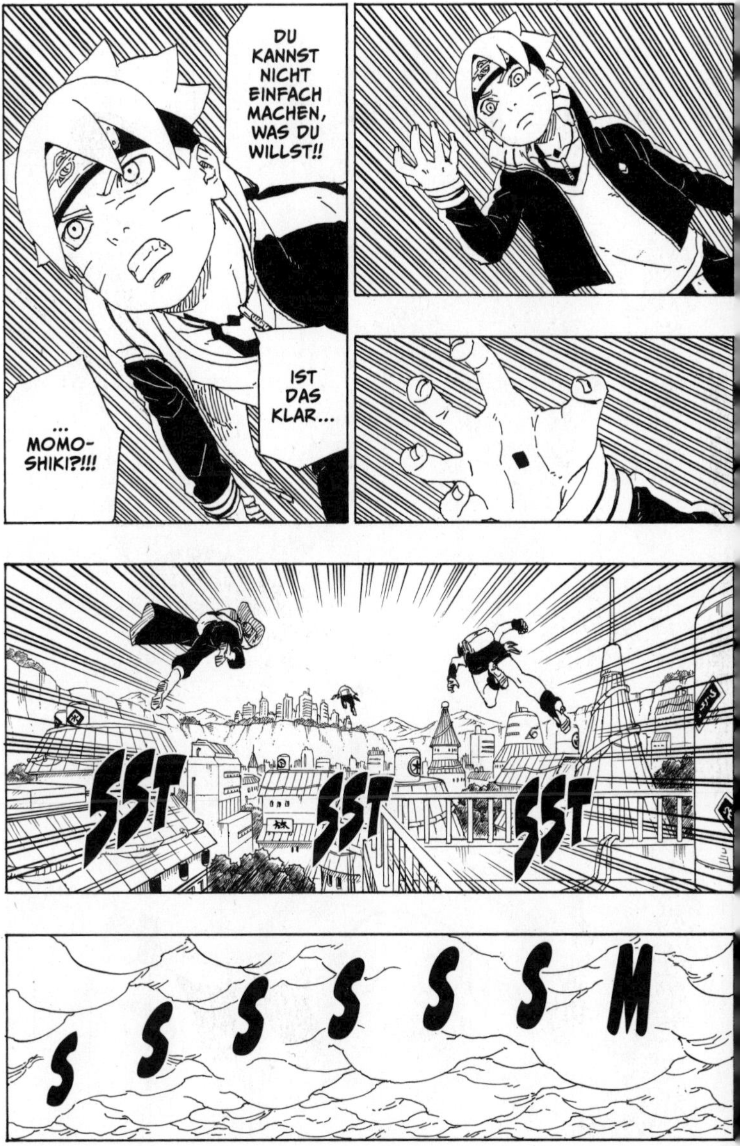
DU KANNST NICHT EINFACH MACHEN, WAS DU WILLST!!
IST DAS KLAR...
... MOMO-SHIKI?!!!
SST
SST
SST
SSSSSSM

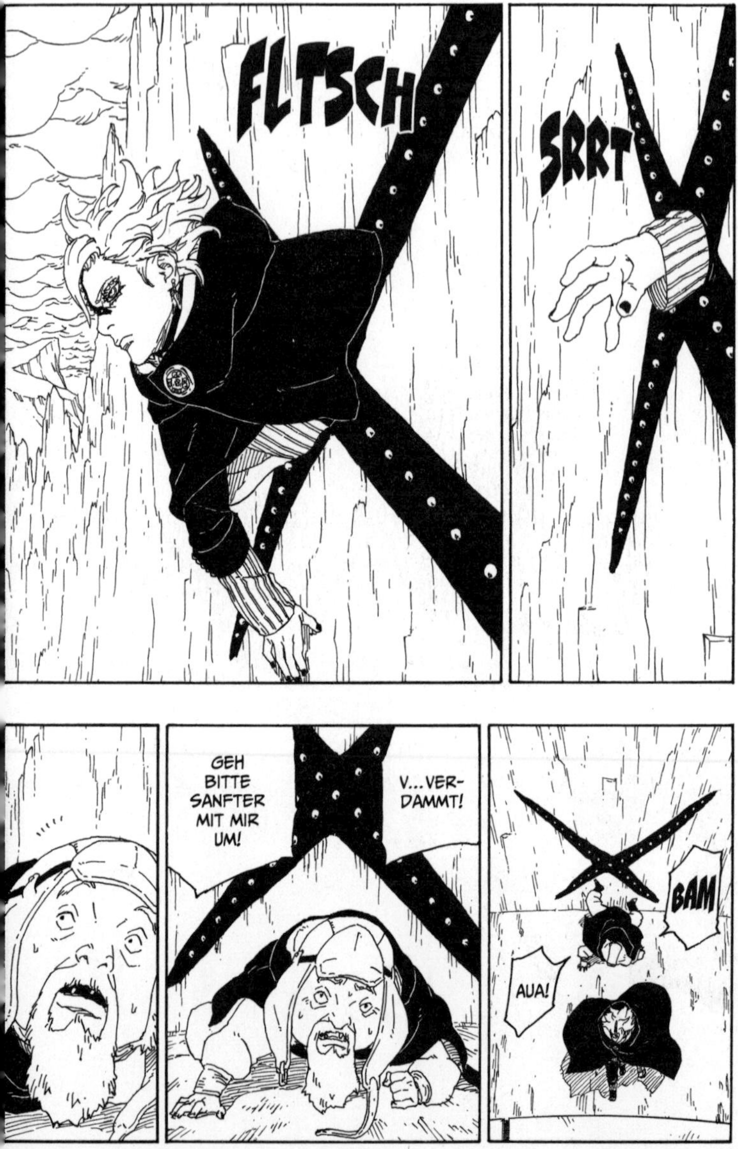

SRRT
FLTSCH
BAM
AUA!
V...VER-
DAMMT!
GEH
BITTE
SANFTER
MIT MIR
UM!

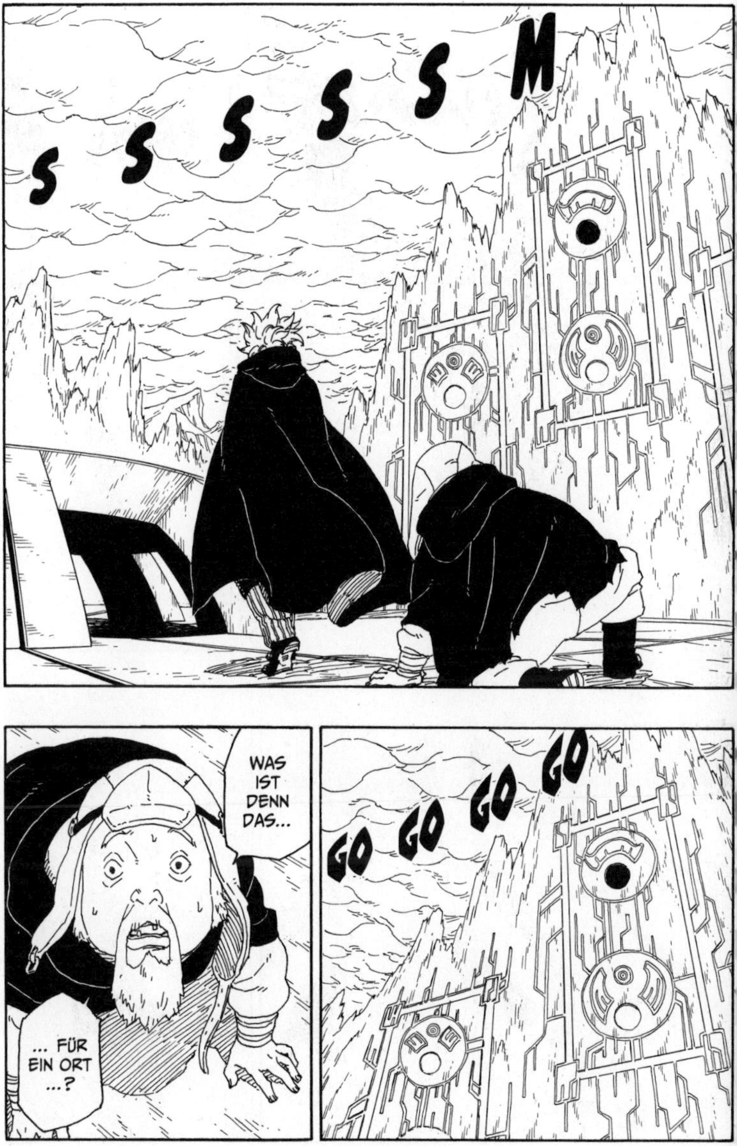
SSSSSM
GO GO GO GO
WAS IST DENN DAS...
... FÜR EIN ORT ...?

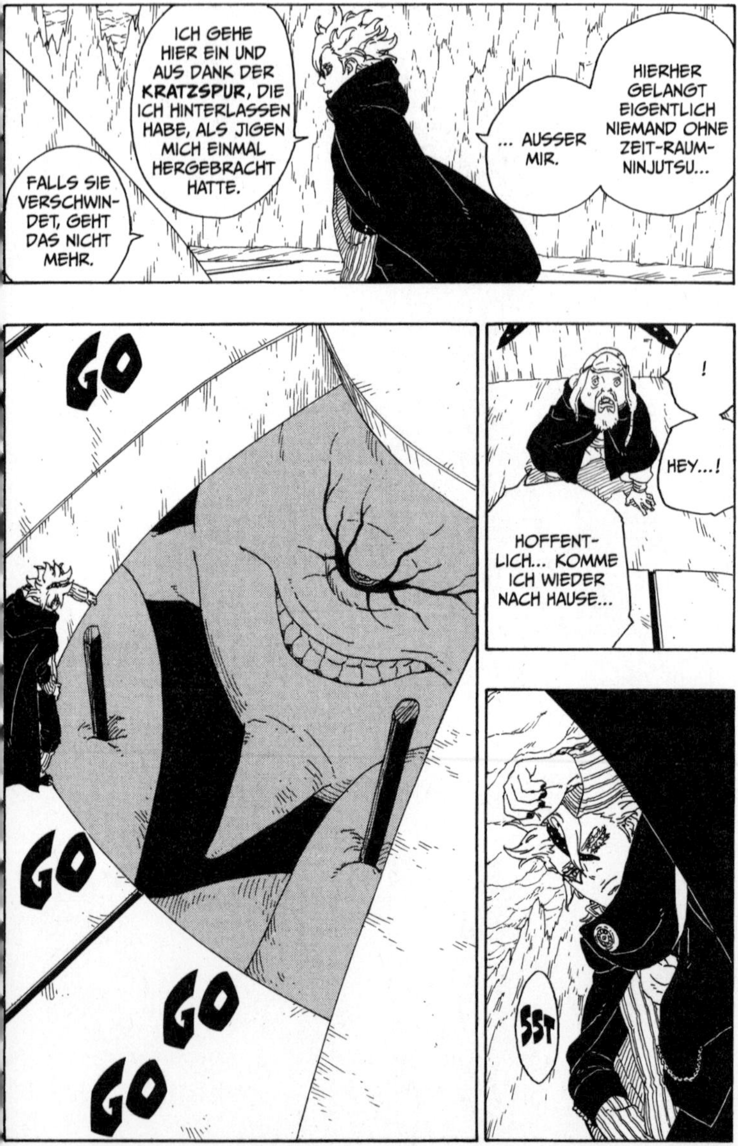
HIERHER GELANGT EIGENTLICH NIEMAND OHNE ZEIT-RAUM-NINJUTSU...
... AUSSER MIR.
ICH GEHE HIER EIN UND AUS DANK DER KRATZSPUR, DIE ICH HINTERLASSEN HABE, ALS JIGEN MICH EINMAL HERGEBRACHT HATTE.
FALLS SIE VERSCHWINDET, GEHT DAS NICHT MEHR.
!
HEY...!
HOFFENTLICH... KOMME ICH WIEDER NACH HAUSE...
SST
GO
GO
GO
GO

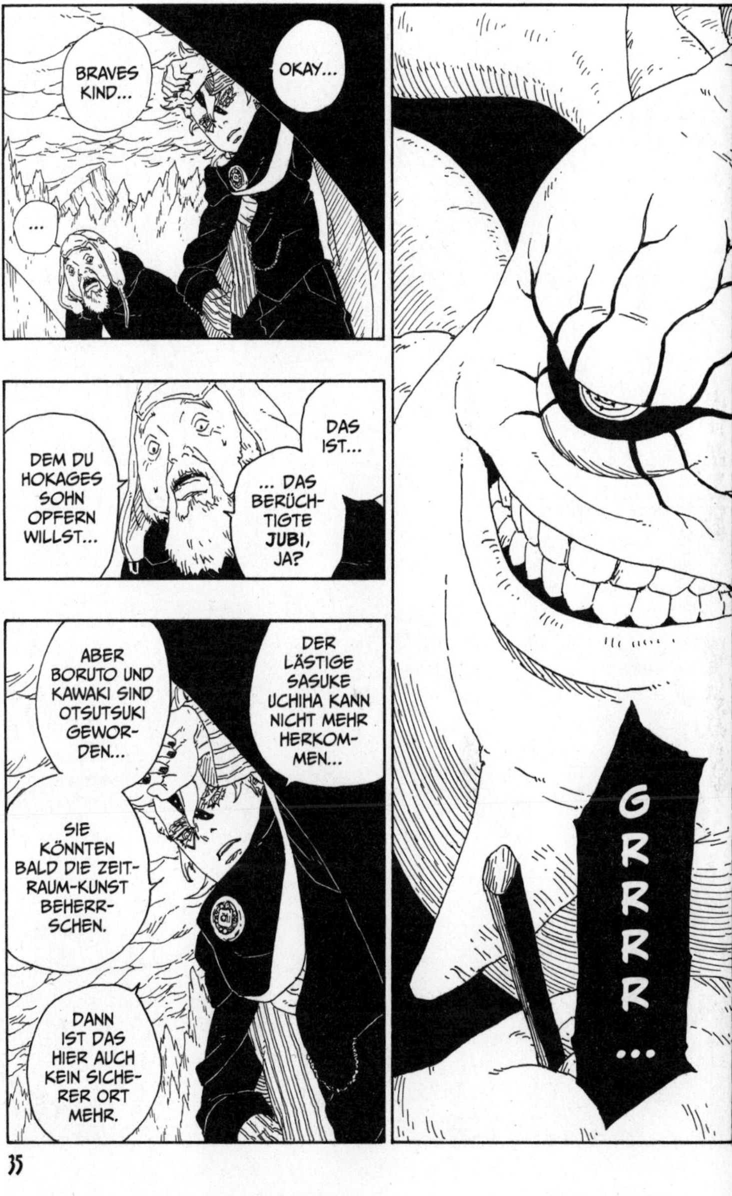
GRRRR...
OKAY...
BRAVES KIND...
...
DAS IST...
... DAS BERÜCHTIGTE JUBI, JA?
DEM DU HOKAGES SOHN OPFERN WILLST...
DER LÄSTIGE SASUKE UCHIHA KANN NICHT MEHR HERKOMMEN...
ABER BORUTO UND KAWAKI SIND OTSUTSUKI GEWORDEN...
SIE KÖNNTEN BALD DIE ZEIT-RAUM-KUNST BEHERRSCHEN.
DANN IST DAS HIER AUCH KEIN SICHERER ORT MEHR.

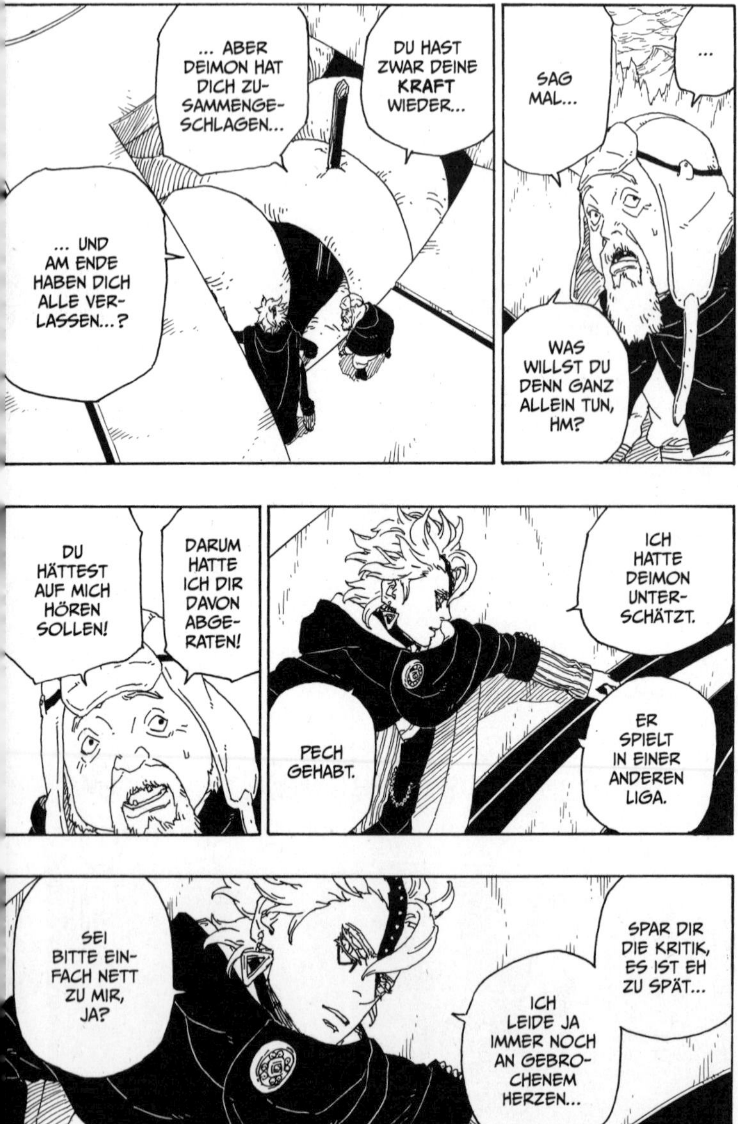
...
SAG MAL...
WAS WILLST DU DENN GANZ ALLEIN TUN, HM?
DU HAST ZWAR DEINE KRAFT WIEDER...
... ABER DEIMON HAT DICH ZUSAMMENGESCHLAGEN...
... UND AM ENDE HABEN DICH ALLE VERLASSEN...?
ICH HATTE DEIMON UNTERSCHÄTZT.
ER SPIELT IN EINER ANDEREN LIGA.
PECH GEHABT.
DARUM HATTE ICH DIR DAVON ABGERATEN!
DU HÄTTEST AUF MICH HÖREN SOLLEN!
SPAR DIR DIE KRITIK, ES IST EH ZU SPÄT...
ICH LEIDE JA IMMER NOCH AN GEBROCHENEM HERZEN...
SEI BITTE EINFACH NETT ZU MIR, JA?

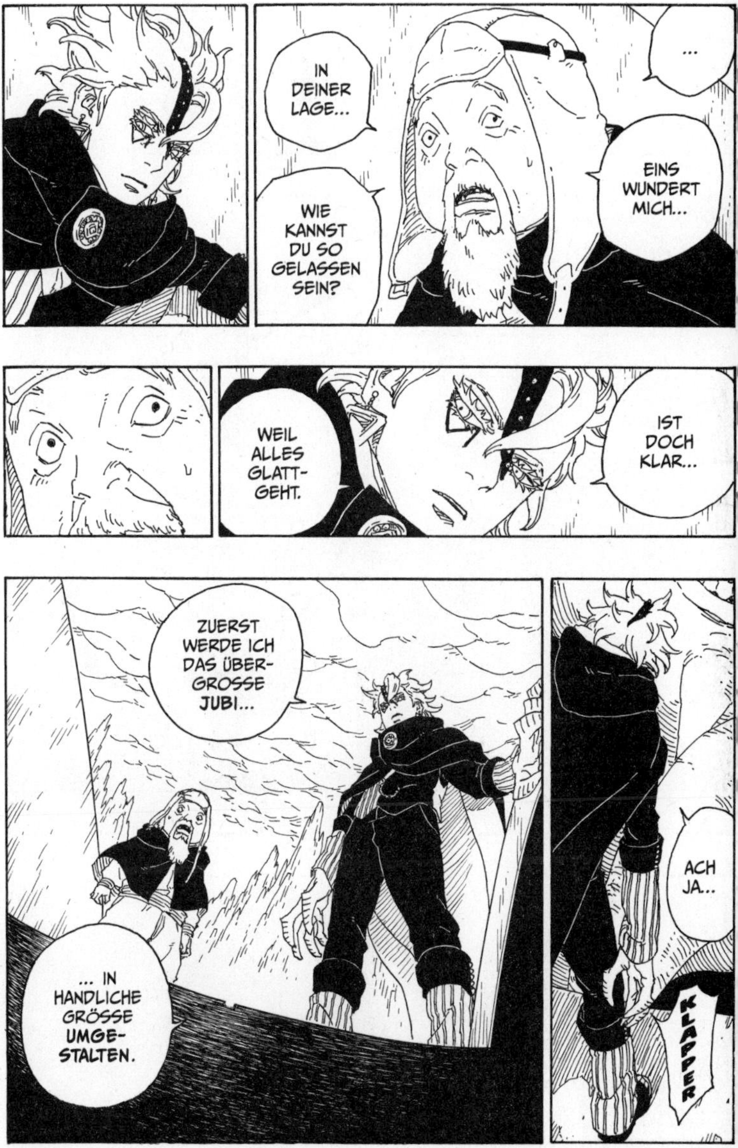
...
EINS WUNDERT MICH...
IN DEINER LAGE...
WIE KANNST DU SO GELASSEN SEIN?
IST DOCH KLAR...
WEIL ALLES GLATT-GEHT.
ACH JA...
KLAPPER
ZUERST WERDE ICH DAS ÜBER-GROSSE JUBI...
... IN HANDLICHE GRÖSSE UMGE-STALTEN.

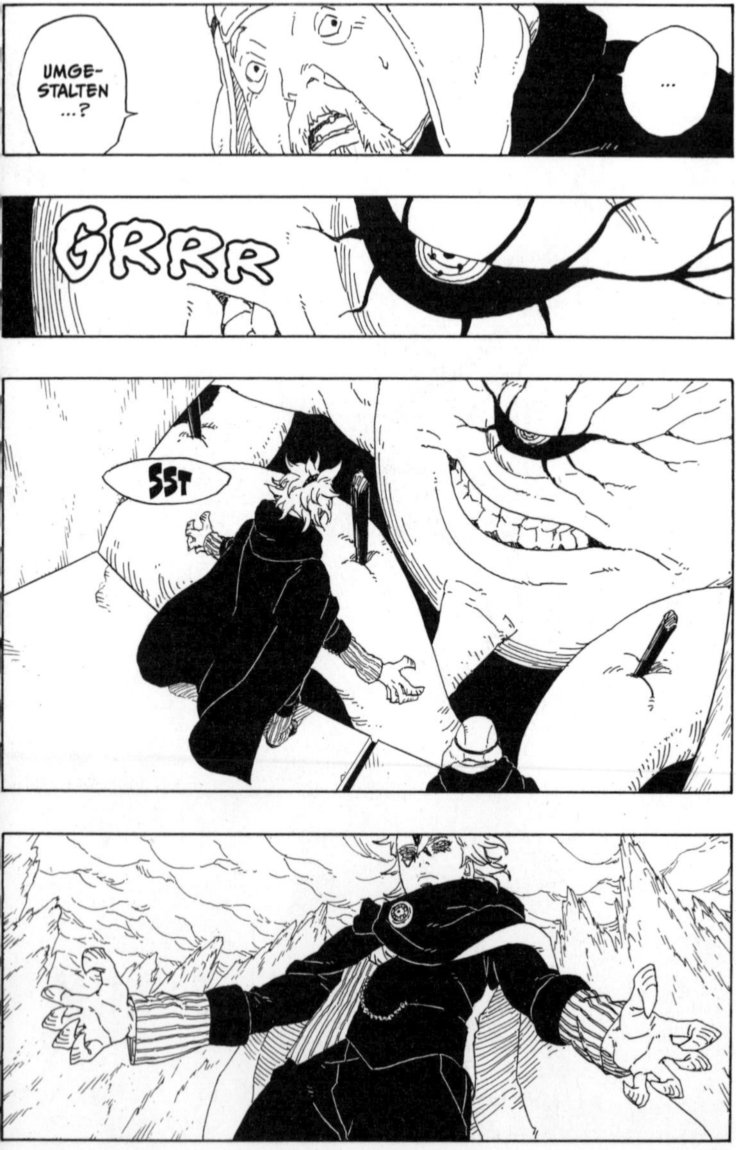
...
UMGE-
STALTEN
...?
GRRR
SST

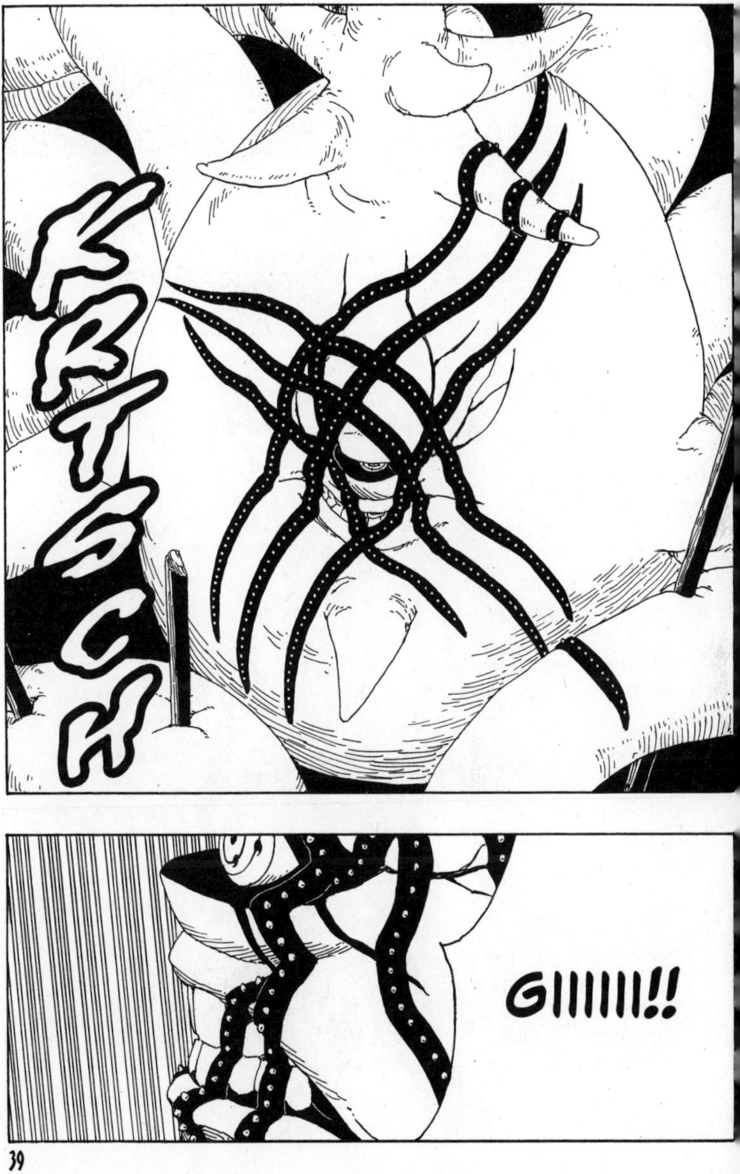
KRITSCH
GIIIIII!!

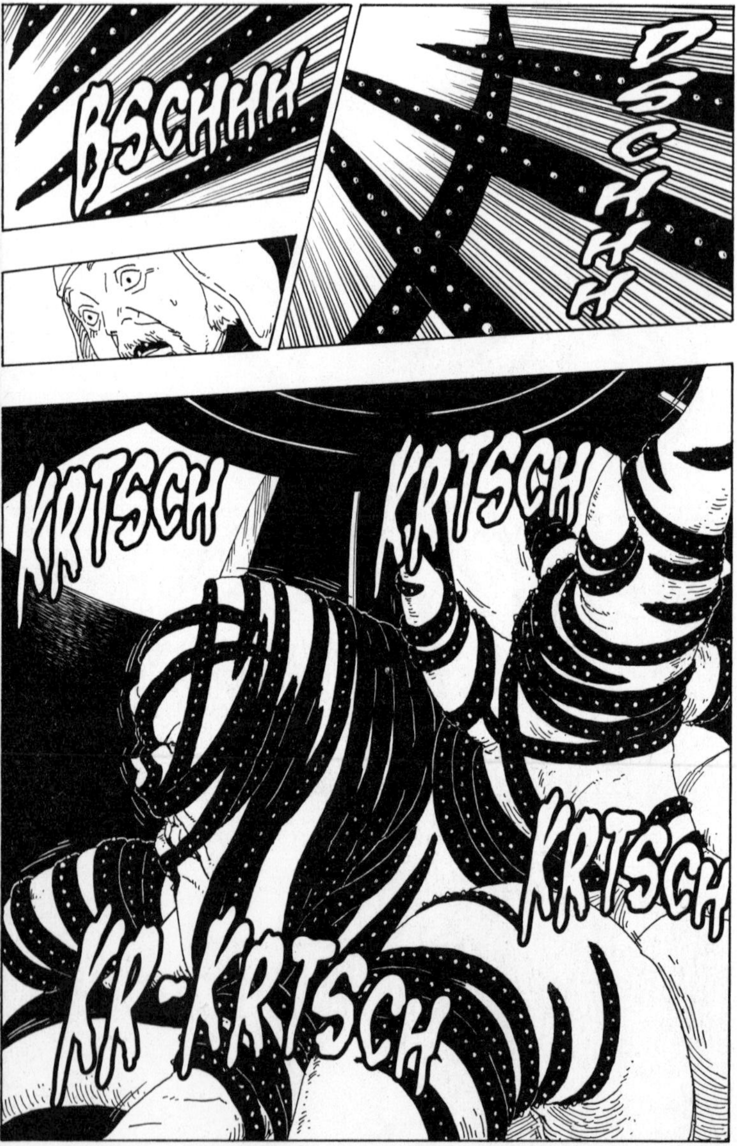
BSCHHH
DSCHHHH
KRTSCH
KRTSCH
KRTSCH
KR-KRTSCH

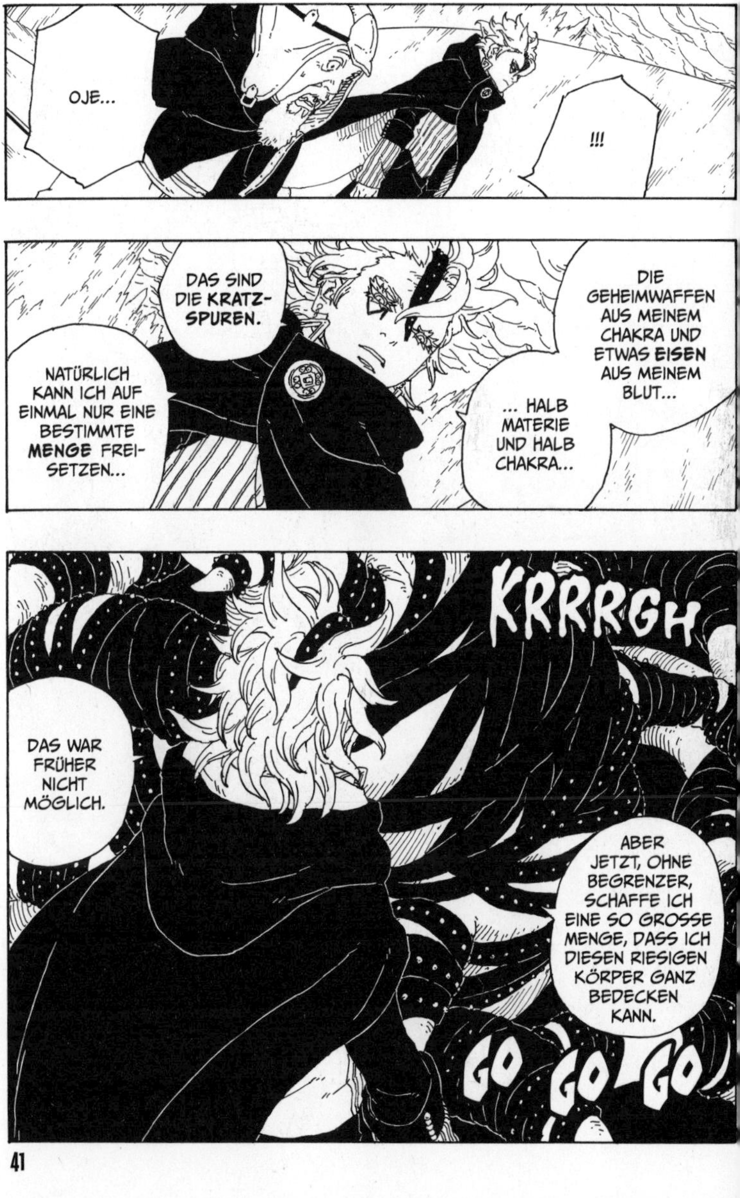
!!!
OJE...
DIE GEHEIMWAFFEN AUS MEINEM CHAKRA UND ETWAS EISEN AUS MEINEM BLUT...
... HALB MATERIE UND HALB CHAKRA...
DAS SIND DIE KRATZSPUREN.
NATÜRLICH KANN ICH AUF EINMAL NUR EINE BESTIMMTE MENGE FREISETZEN...
KRRRGH
DAS WAR FRÜHER NICHT MÖGLICH.
ABER JETZT, OHNE BEGRENZER, SCHAFFE ICH EINE SO GROSSE MENGE, DASS ICH DIESEN RIESIGEN KÖRPER GANZ BEDECKEN KANN.
GO GO GO

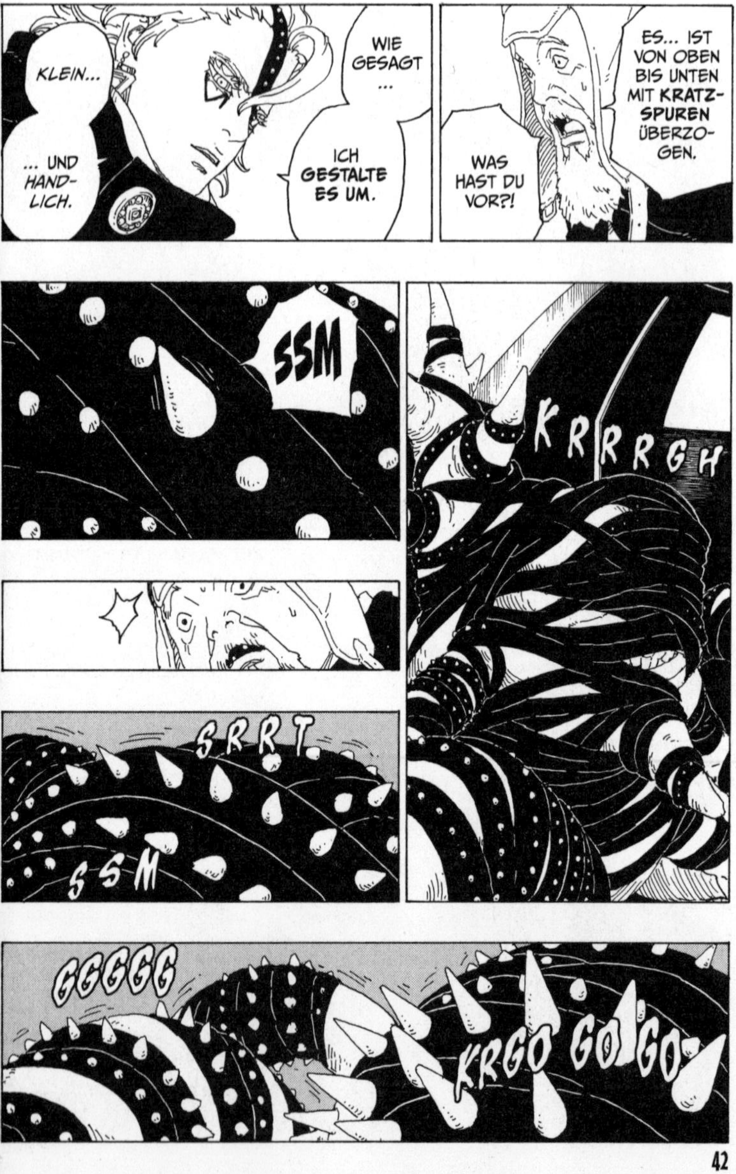

ES... IST VON OBEN BIS UNTEN MIT KRATZSPUREN ÜBERZOGEN.
WAS HAST DU VOR?!
WIE GESAGT ...
ICH GESTALTE ES UM.
KLEIN...
... UND HANDLICH.
KRRRRGH
SSM
SRRT
SSM
GGGGG
KRGO GO GO

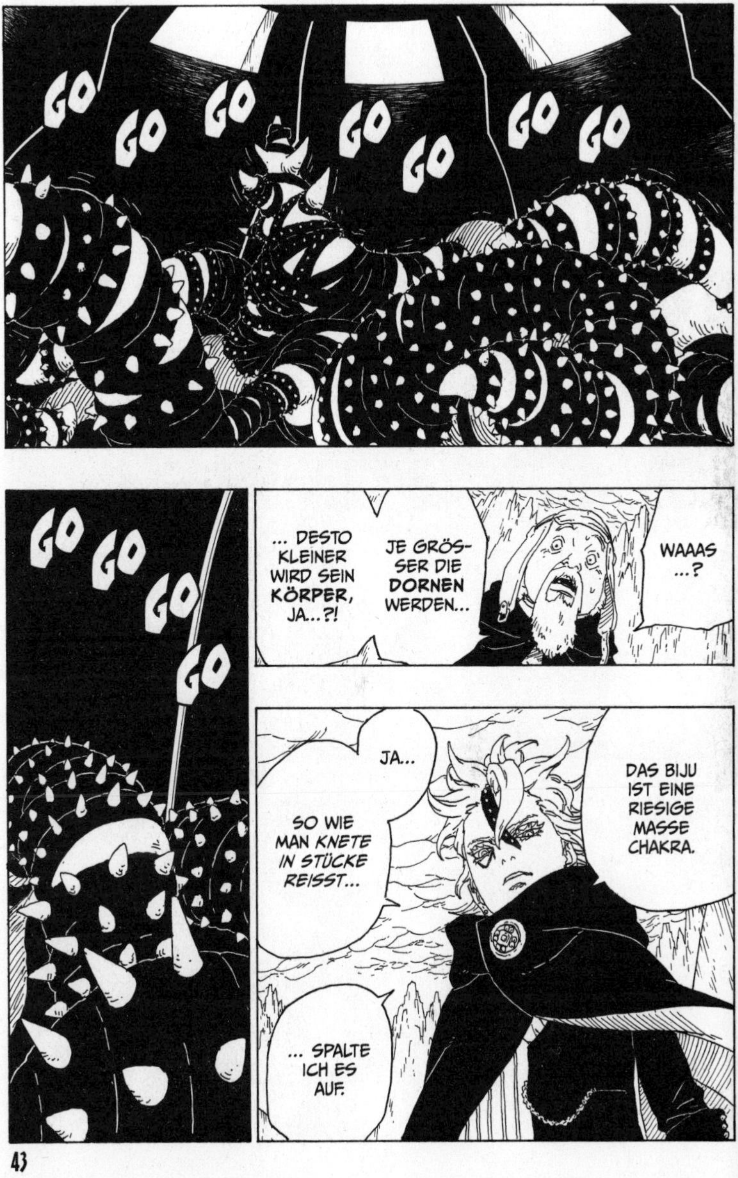
GO GO GO GO GO GO GO
WAAAS ...?
JE GRÖS-SER DIE DORNEN WERDEN...
... DESTO KLEINER WIRD SEIN KÖRPER, JA...?!
GO GO GO GO
DAS BIJU IST EINE RIESIGE MASSE CHAKRA.
JA...
SO WIE MAN KNETE IN STÜCKE REISST...
... SPALTE ICH ES AUF.

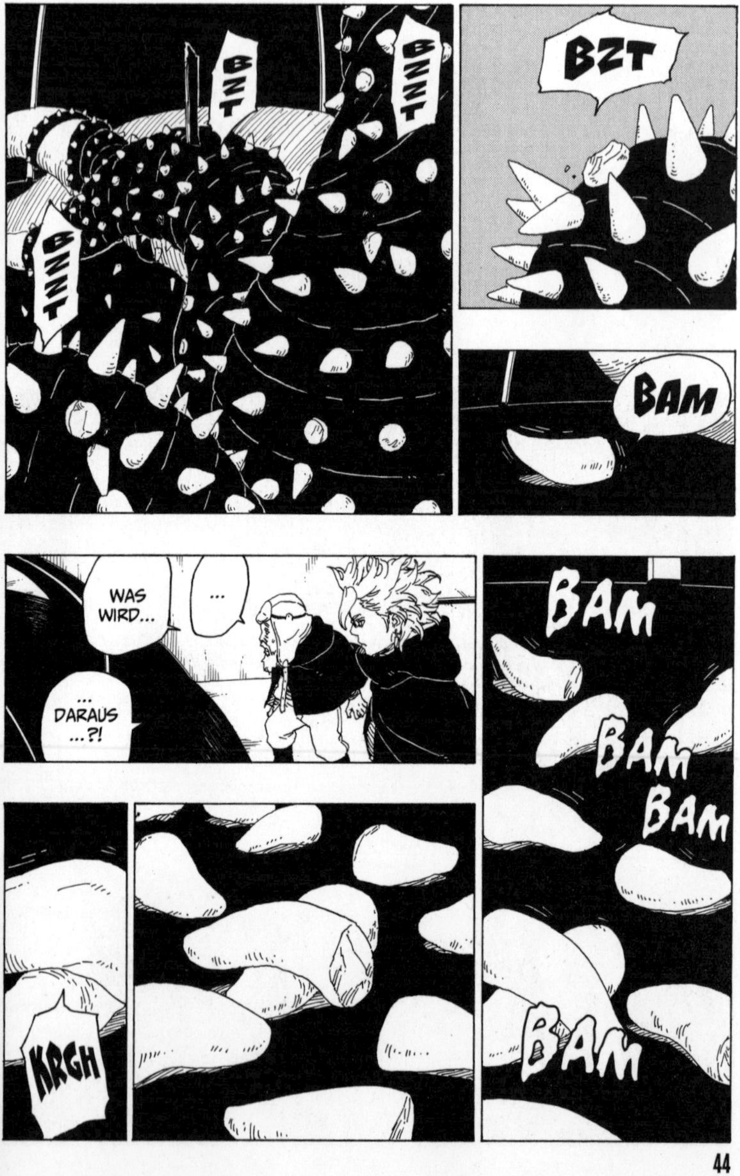
BZT
BAM
BZZT
BZT
BZZT
BAM
BAM
BAM
BAM
...
WAS WIRD...
... DARAUS ...?!
KRGH

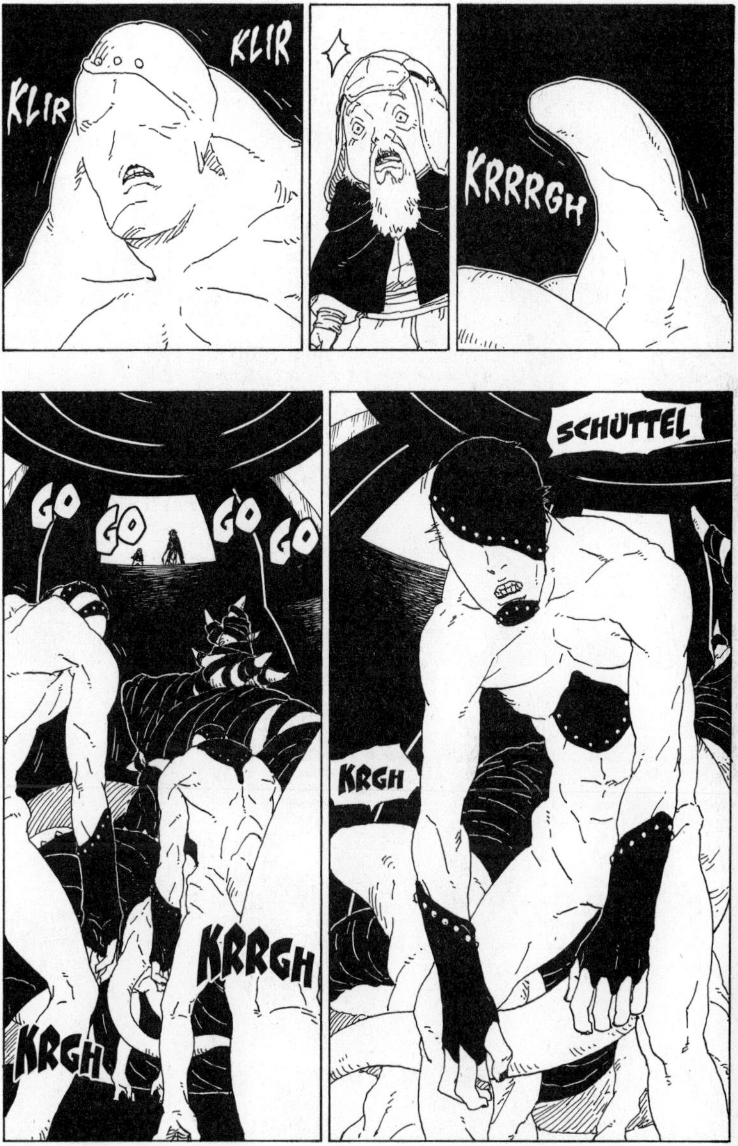
KRRRGH
KLIR
KLIR
SCHÜTTEL
KRGH
GO
GO
GO
GO
KRRGH
KRGH

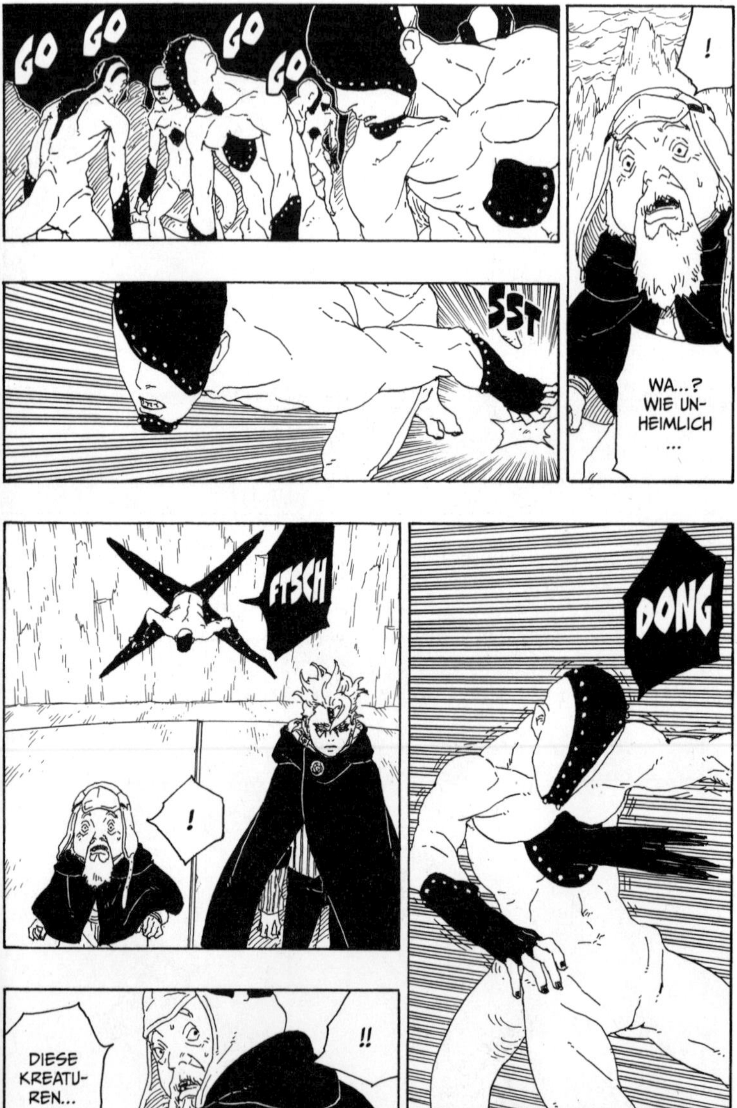
!
WA...? WIE UN-HEIMLICH ...
GO GO GO GO
SST
DONG
FTSCH
!
!!
DIESE KREATU-REN...

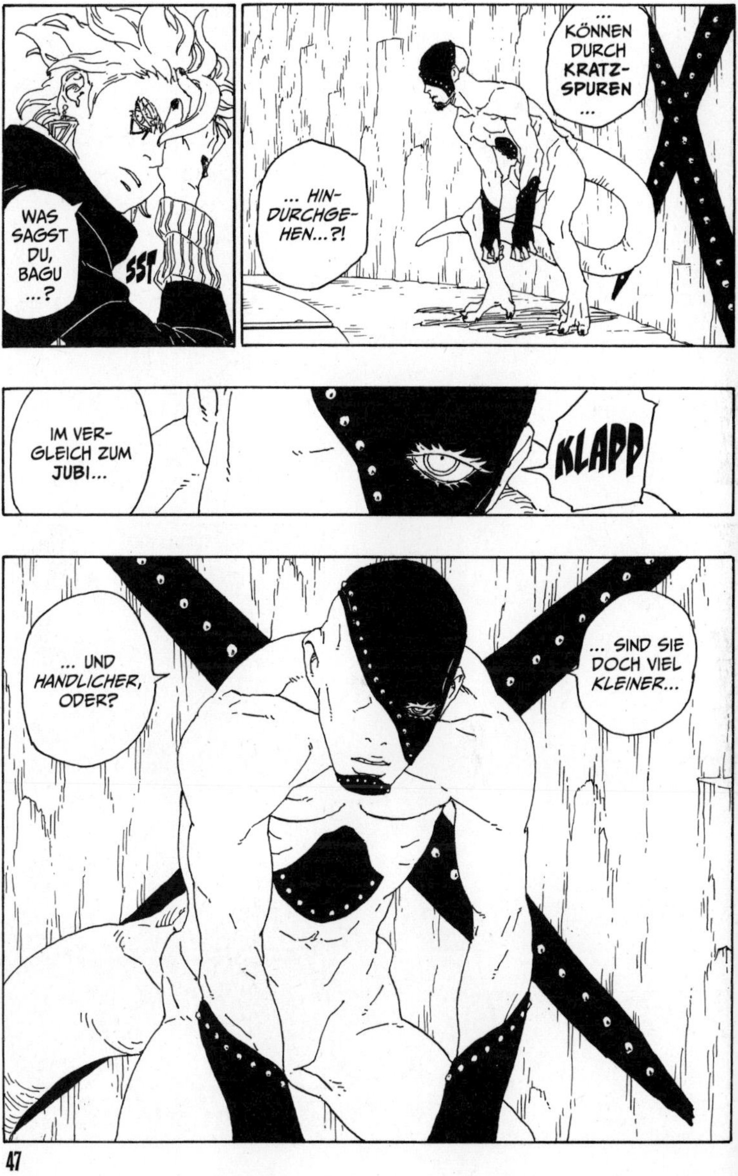
... KÖNNEN DURCH KRATZ-SPUREN ...
... HIN-DURCHGE-HEN...?!
SST
WAS SAGST DU, BAGU ...?
KLAPP
IM VER-GLEICH ZUM JUBI...
... SIND SIE DOCH VIEL KLEINER...
... UND HANDLICHER, ODER?

BORUTO

-NARUTO NEXT GENERATIONS-

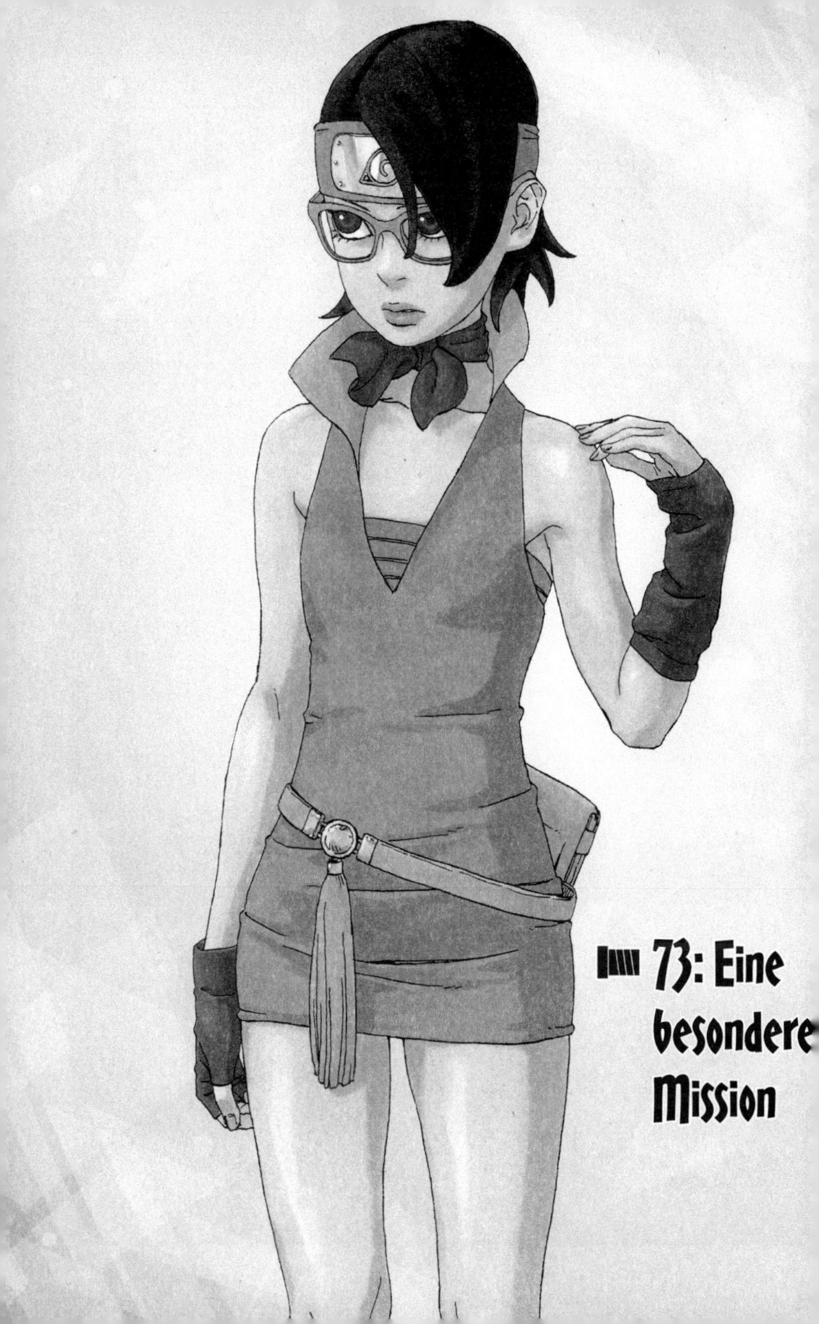

73: Eine besondere Mission

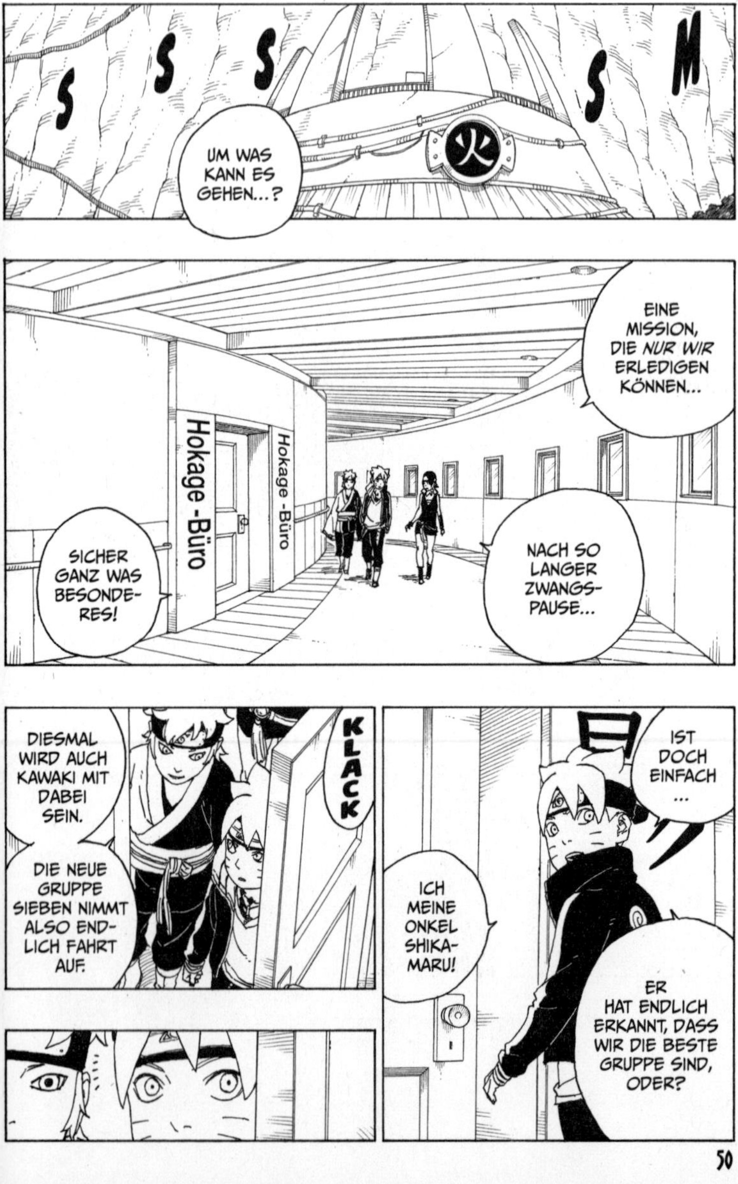
SSSSM
UM WAS KANN ES GEHEN...?
EINE MISSION, DIE *NUR WIR* ERLEDIGEN KÖNNEN...
NACH SO LANGER ZWANGSPAUSE...
Hokage-Büro
Hokage-Büro
SICHER GANZ WAS BESONDERES!
IST DOCH EINFACH ...
ER HAT ENDLICH ERKANNT, DASS WIR DIE BESTE GRUPPE SIND, ODER?
ICH MEINE ONKEL SHIKAMARU!
KLACK
DIESMAL WIRD AUCH KAWAKI MIT DABEI SEIN.
DIE NEUE GRUPPE SIEBEN NIMMT ALSO ENDLICH FAHRT AUF.

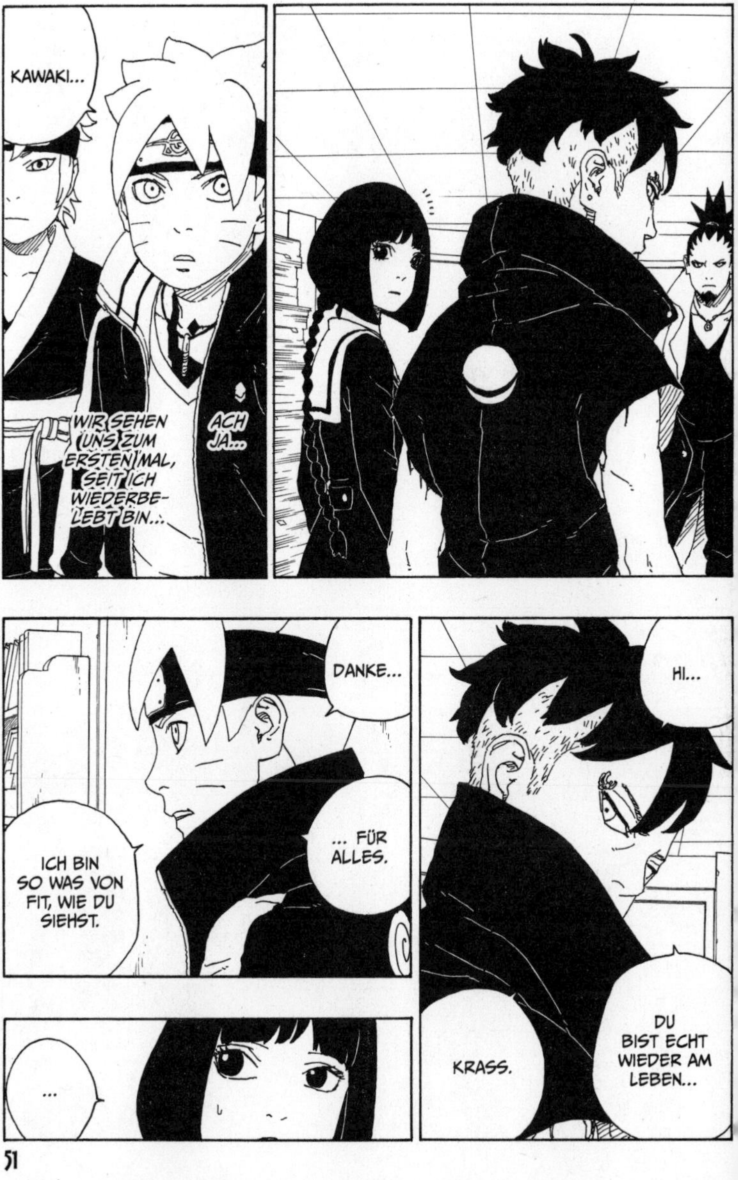

KAWAKI...
ACH JA...
WIR SEHEN UNS ZUM ERSTEN MAL, SEIT ICH WIEDERBELEBT BIN...
HI...
DU BIST ECHT WIEDER AM LEBEN...
KRASS.
DANKE...
... FÜR ALLES.
ICH BIN SO WAS VON FIT, WIE DU SIEHST.
...

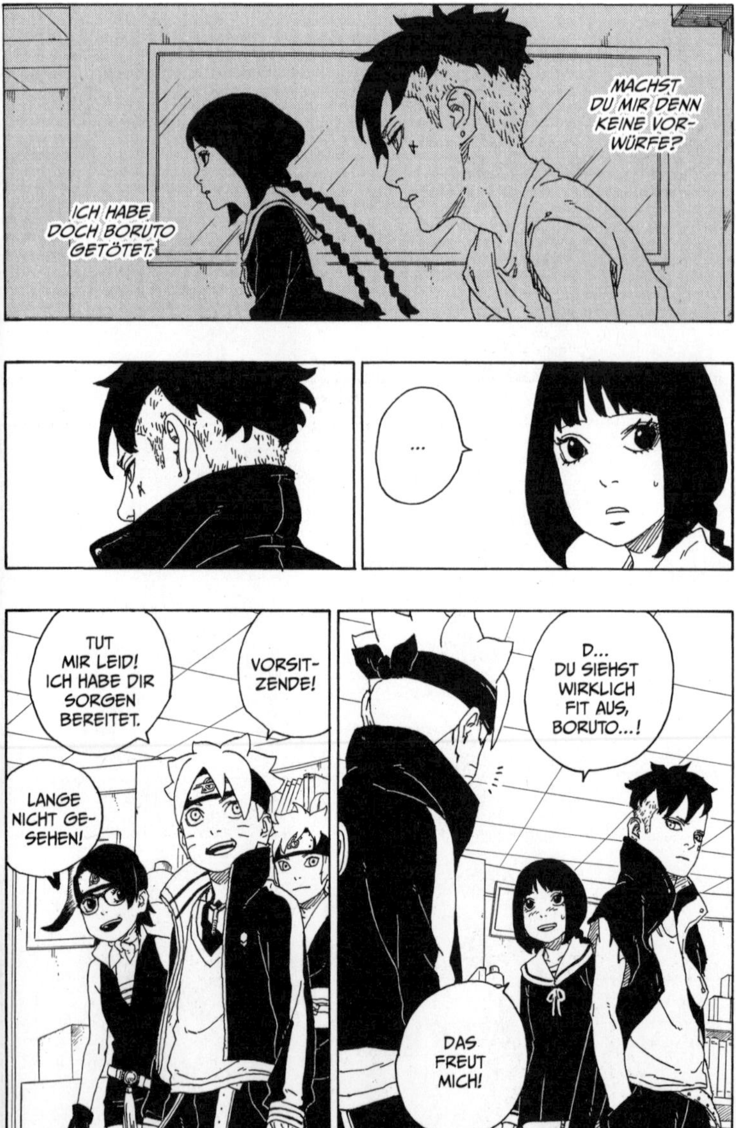
MACHST DU MIR DENN KEINE VORWÜRFE?
ICH HABE DOCH BORUTO GETÖTET.
...
D... DU SIEHST WIRKLICH FIT AUS, BORUTO...!
DAS FREUT MICH!
VORSITZENDE!
TUT MIR LEID! ICH HABE DIR SORGEN BEREITET.
LANGE NICHT GESEHEN!

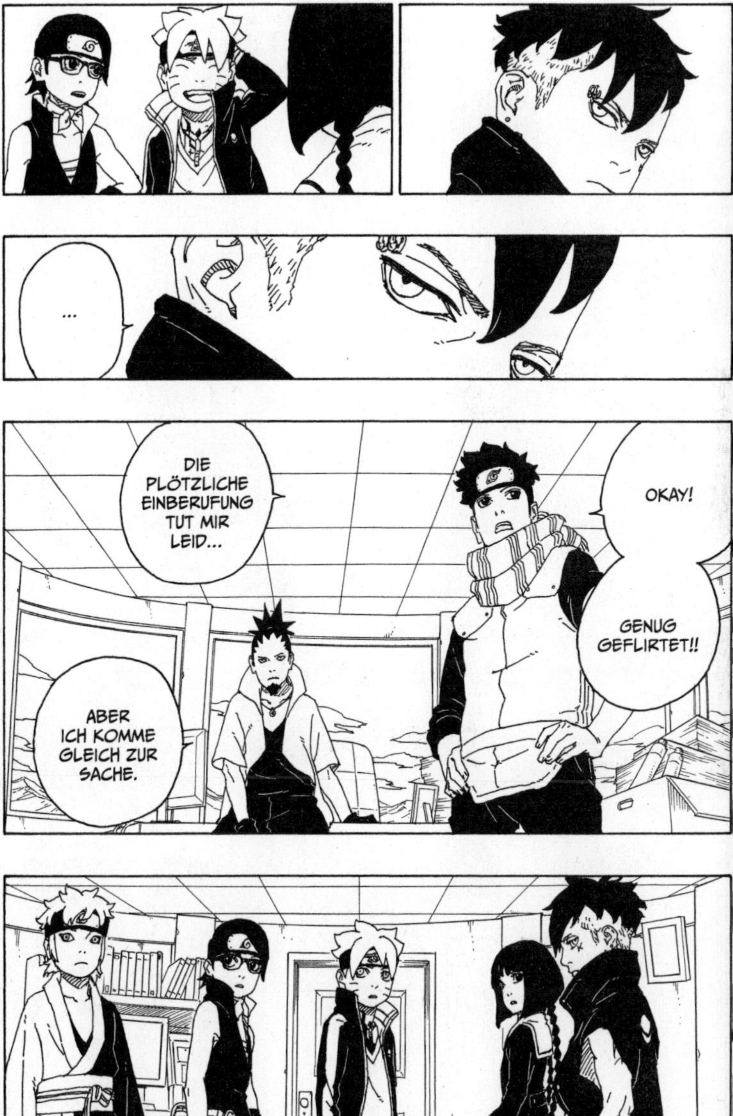
...
OKAY!
GENUG GEFLIRTET!!
DIE PLÖTZLICHE EINBERUFUNG TUT MIR LEID...
ABER ICH KOMME GLEICH ZUR SACHE.

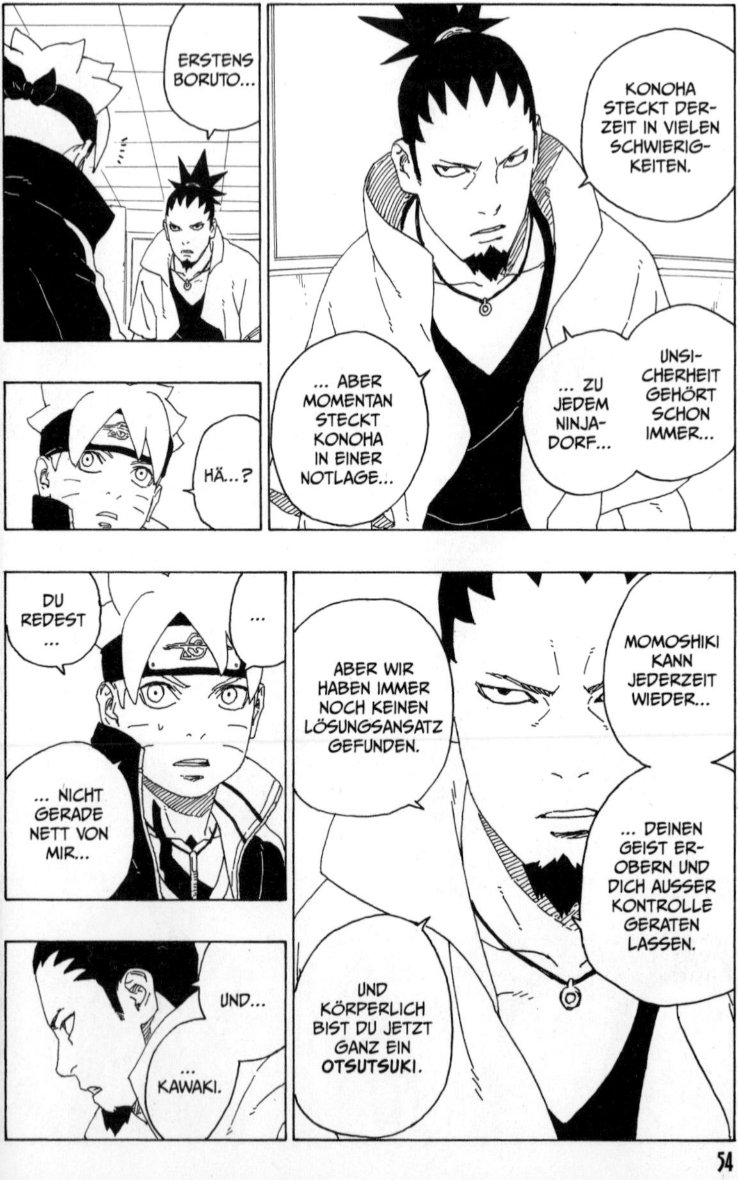

KONOHA STECKT DERZEIT IN VIELEN SCHWIERIGKEITEN.
UNSICHERHEIT GEHÖRT SCHON IMMER...
... ZU JEDEM NINJADORF...
... ABER MOMENTAN STECKT KONOHA IN EINER NOTLAGE...
ERSTENS BORUTO...
HÄ...?
MOMOSHIKI KANN JEDERZEIT WIEDER...
... DEINEN GEIST EROBERN UND DICH AUSSER KONTROLLE GERATEN LASSEN.
ABER WIR HABEN IMMER NOCH KEINEN LÖSUNGSANSATZ GEFUNDEN.
UND KÖRPERLICH BIST DU JETZT GANZ EIN OTSUTSUKI.
...
DU REDEST ...
... NICHT GERADE NETT VON MIR...
UND...
... KAWAKI.

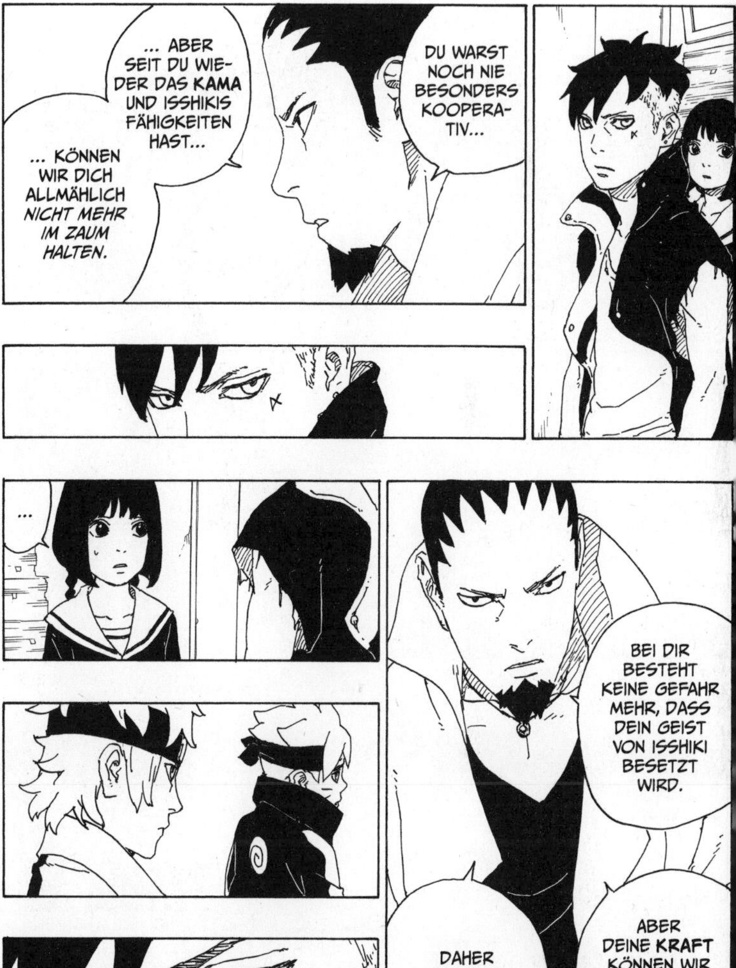

DU WARST NOCH NIE BESONDERS KOOPERATIV...
... ABER SEIT DU WIEDER DAS KAMA UND ISSHIKIS FÄHIGKEITEN HAST...
... KÖNNEN WIR DICH ALLMÄHLICH NICHT MEHR IM ZAUM HALTEN.
BEI DIR BESTEHT KEINE GEFAHR MEHR, DASS DEIN GEIST VON ISSHIKI BESETZT WIRD.
ABER DEINE KRAFT KÖNNEN WIR NICHT MEHR KONTROLLIEREN.
DAHER BIST DU EINE GROSSE GEFAHR FÜR DIE SICHERHEIT DES DORFES.
...
HÖR ENDLICH AUF...
... UNS ZU DISSEN...

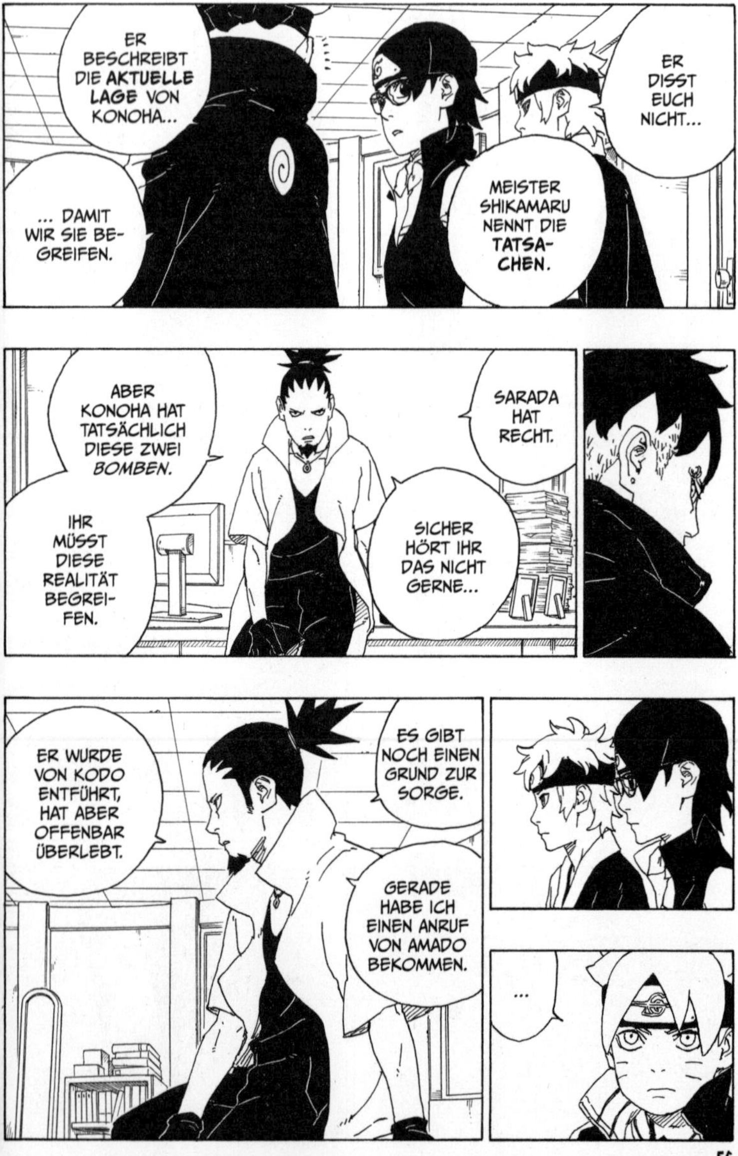
ER DISST EUCH NICHT...
MEISTER SHIKAMARU NENNT DIE TATSACHEN.
ER BESCHREIBT DIE AKTUELLE LAGE VON KONOHA...
... DAMIT WIR SIE BEGREIFEN.
SARADA HAT RECHT.
SICHER HÖRT IHR DAS NICHT GERNE...
ABER KONOHA HAT TATSÄCHLICH DIESE ZWEI *BOMBEN*.
IHR MÜSST DIESE REALITÄT BEGREIFEN.
...
ES GIBT NOCH EINEN GRUND ZUR SORGE.
GERADE HABE ICH EINEN ANRUF VON AMADO BEKOMMEN.
ER WURDE VON KODO ENTFÜHRT, HAT ABER OFFENBAR ÜBERLEBT.

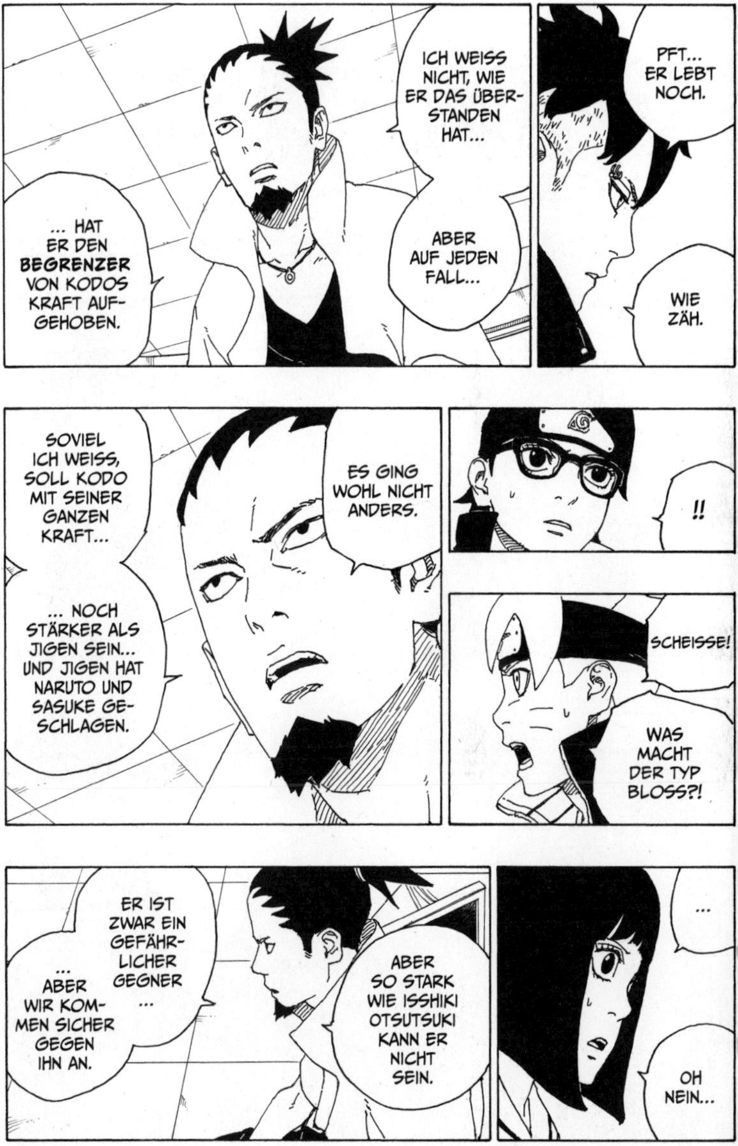
PFT... ER LEBT NOCH.
WIE ZÄH.
ICH WEISS NICHT, WIE ER DAS ÜBERSTANDEN HAT...
ABER AUF JEDEN FALL...
... HAT ER DEN **BEGRENZER** VON KODOS KRAFT AUFGEHOBEN.
ES GING WOHL NICHT ANDERS.
SOVIEL ICH WEISS, SOLL KODO MIT SEINER GANZEN KRAFT...
... NOCH STÄRKER ALS JIGEN SEIN... UND JIGEN HAT NARUTO UND SASUKE GESCHLAGEN.
!!
SCHEISSE!
WAS MACHT DER TYP BLOSS?!
ABER SO STARK WIE ISSHIKI OTSUTSUKI KANN ER NICHT SEIN.
ER IST ZWAR EIN GEFÄHRLICHER GEGNER ...
... ABER WIR KOMMEN SICHER GEGEN IHN AN.
...
OH NEIN...

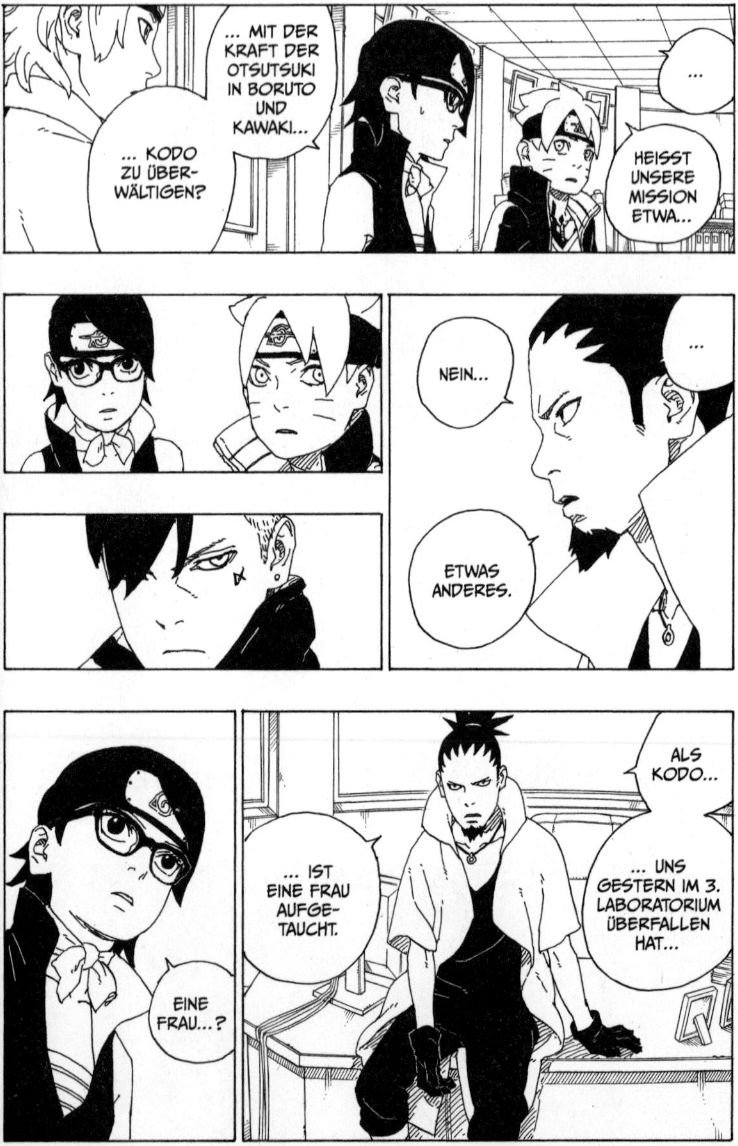
...
HEISST UNSERE MISSION ETWA...
... MIT DER KRAFT DER OTSUTSUKI IN BORUTO UND KAWAKI...
... KODO ZU ÜBER-WÄLTIGEN?
...
NEIN...
ETWAS ANDERES.
ALS KODO...
... UNS GESTERN IM 3. LABORATORIUM ÜBERFALLEN HAT...
... IST EINE FRAU AUFGE-TAUCHT.
EINE FRAU...?

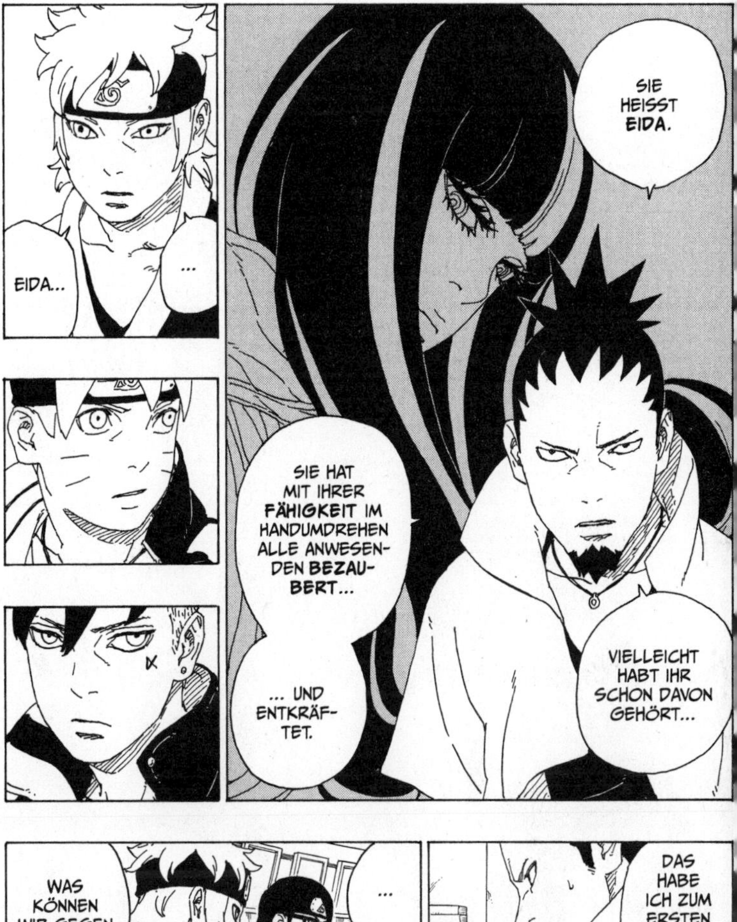
SIE HEISST EIDA.
VIELLEICHT HABT IHR SCHON DAVON GEHÖRT...
SIE HAT MIT IHRER FÄHIGKEIT IM HANDUMDREHEN ALLE ANWESENDEN BEZAUBERT...
... UND ENTKRÄFTET.
...
EIDA...
DAS HABE ICH ZUM ERSTEN MAL ERLEBT...
WIR KONNTEN NICHTS DAGEGEN TUN.
MIT KODO ALLEIN WÄREN DERUTA UND ICH FERTIG GEWORDEN...
...
WAS KÖNNEN WIR GEGEN JEMAND...
... MIT SO EINER KRAFT TUN?

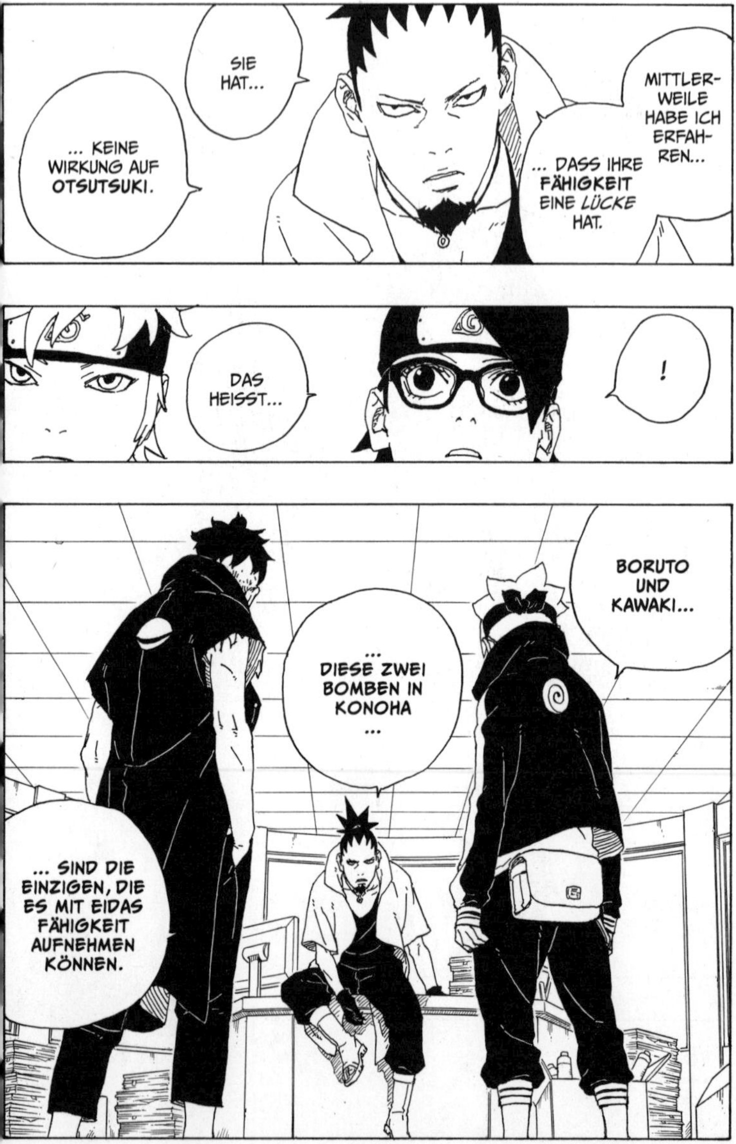
MITTLER-WEILE HABE ICH ERFAHREN...
... DASS IHRE FÄHIGKEIT EINE *LÜCKE* HAT.
SIE HAT...
... KEINE WIRKUNG AUF OTSUTSUKI.
!
DAS HEISST...
BORUTO UND KAWAKI...
... DIESE ZWEI BOMBEN IN KONOHA ...
... SIND DIE EINZIGEN, DIE ES MIT EIDAS FÄHIGKEIT AUFNEHMEN KÖNNEN.

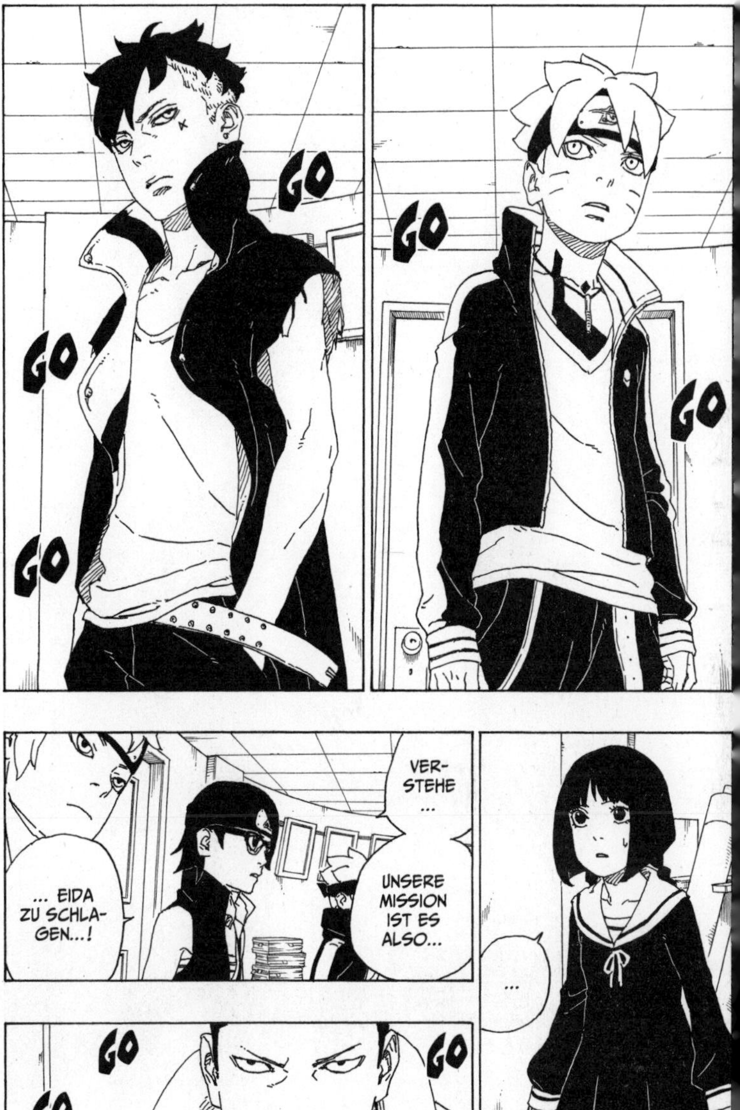
GO
GO
GO
GO
GO
...
VERSTEHE ...
UNSERE MISSION IST ES ALSO...
... EIDA ZU SCHLAGEN...!
GO
GO
GO

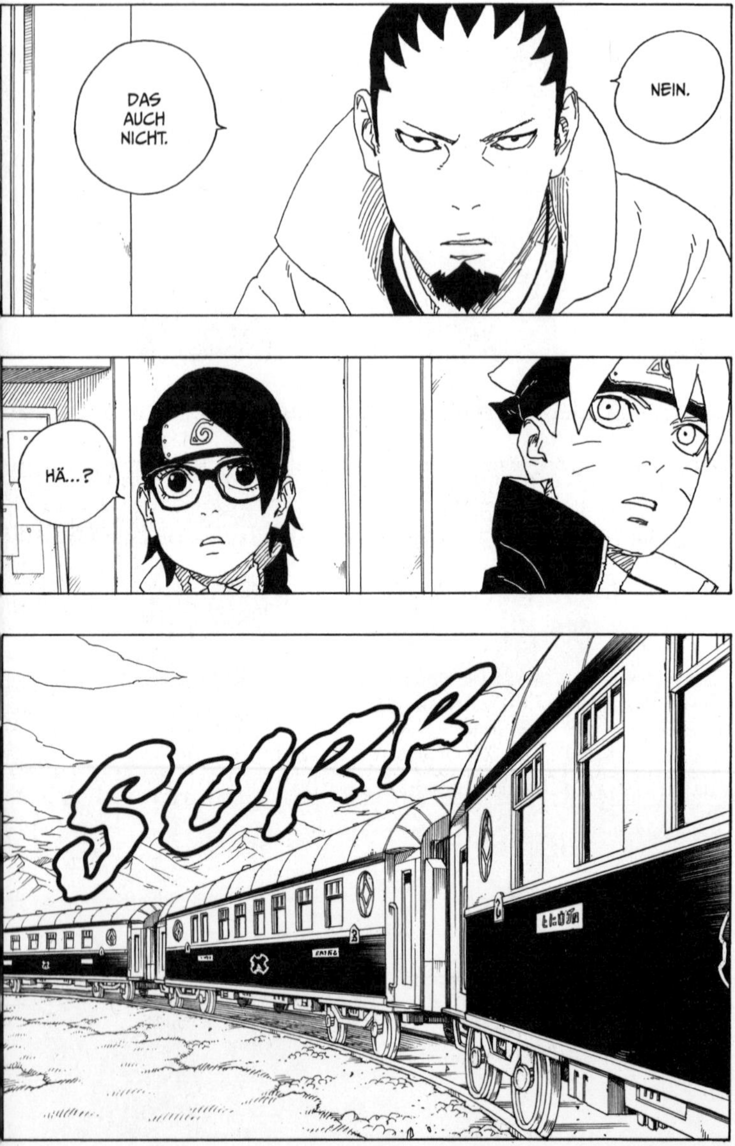
NEIN.
DAS AUCH NICHT.
HÄ...?
SURR

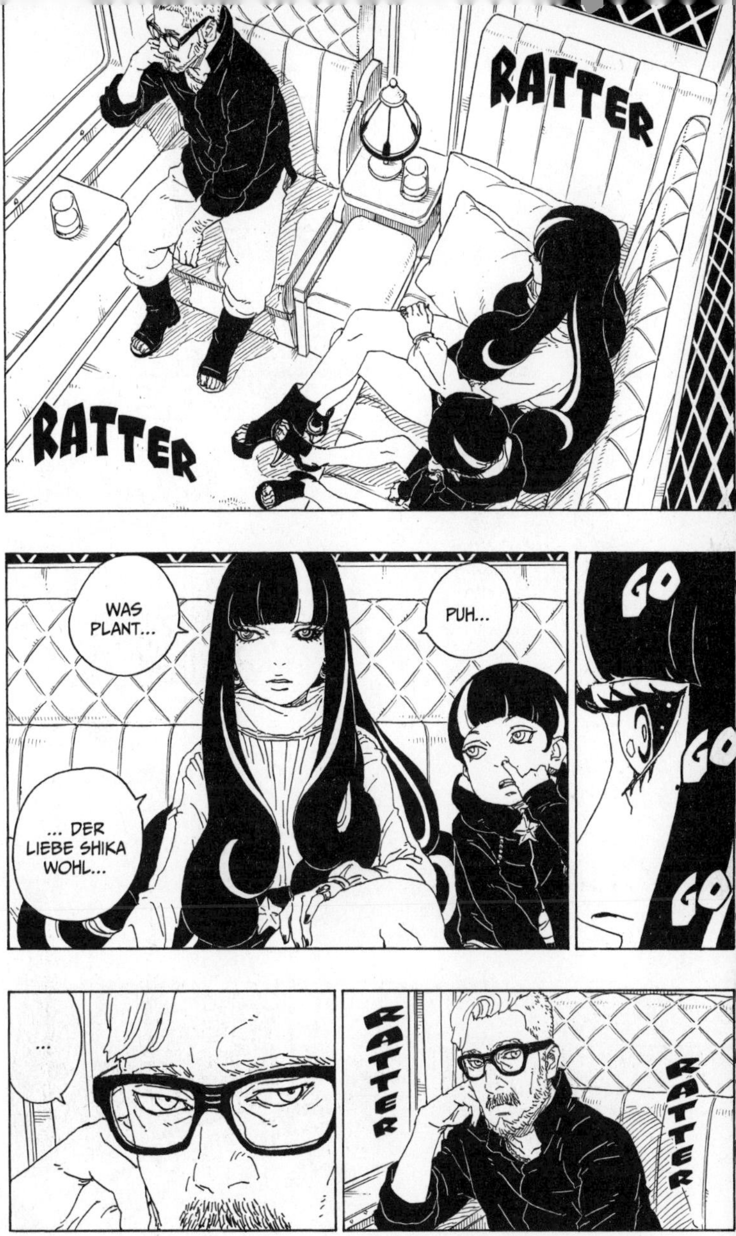
RATTER
RATTER
GO
GO
GO
PUH...
WAS PLANT...
... DER LIEBE SHIKA WOHL...
RATTER
RATTER
...

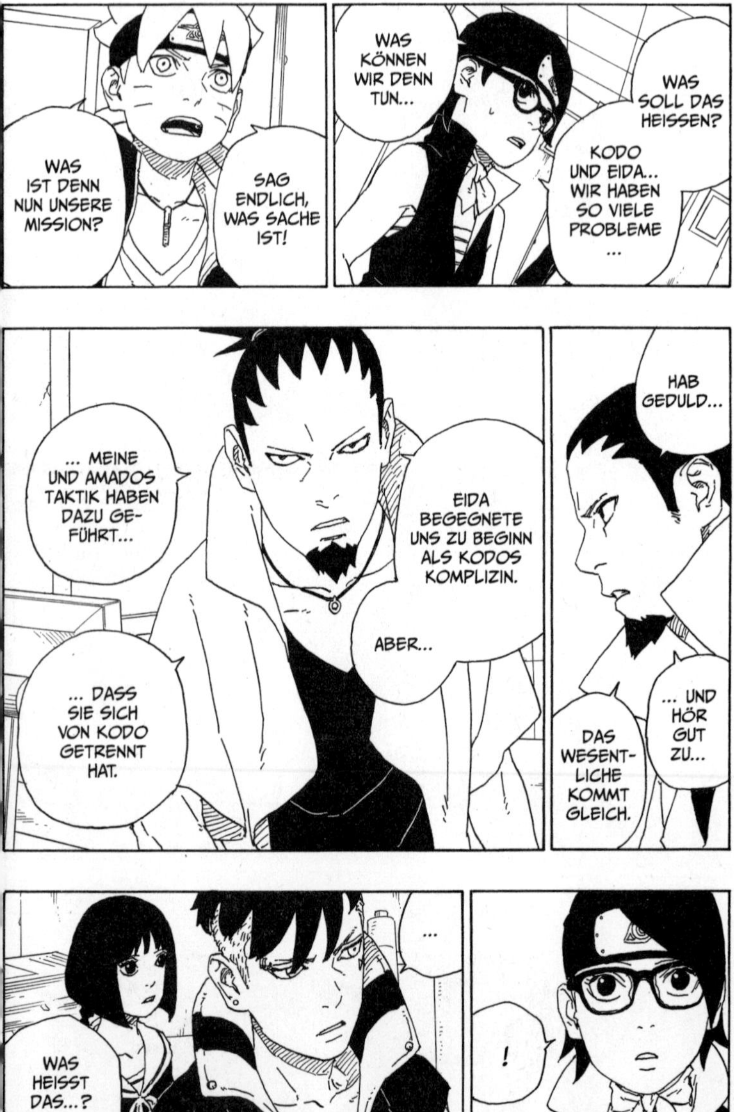
WAS SOLL DAS HEISSEN?
KODO UND EIDA... WIR HABEN SO VIELE PROBLEME ...
WAS KÖNNEN WIR DENN TUN...
SAG ENDLICH, WAS SACHE IST!
WAS IST DENN NUN UNSERE MISSION?
HAB GEDULD...
... UND HÖR GUT ZU...
DAS WESENT-LICHE KOMMT GLEICH.
EIDA BEGEGNETE UNS ZU BEGINN ALS KODOS KOMPLIZIN.
ABER...
... MEINE UND AMADOS TAKTIK HABEN DAZU GE-FÜHRT...
... DASS SIE SICH VON KODO GETRENNT HAT.
!
...
WAS HEISST DAS...?

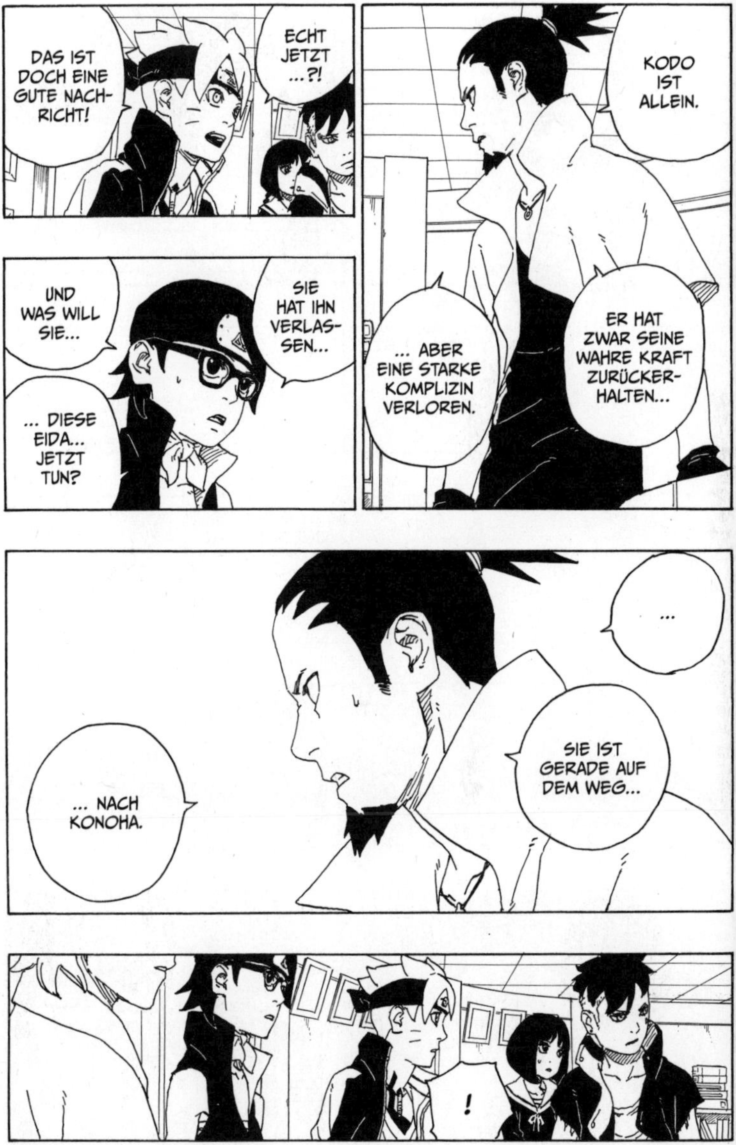
KODO IST ALLEIN.
ER HAT ZWAR SEINE WAHRE KRAFT ZURÜCKERHALTEN...
... ABER EINE STARKE KOMPLIZIN VERLOREN.
ECHT JETZT ...?!
DAS IST DOCH EINE GUTE NACHRICHT!
SIE HAT IHN VERLASSEN...
UND WAS WILL SIE...
... DIESE EIDA... JETZT TUN?
...
SIE IST GERADE AUF DEM WEG...
... NACH KONOHA.
!

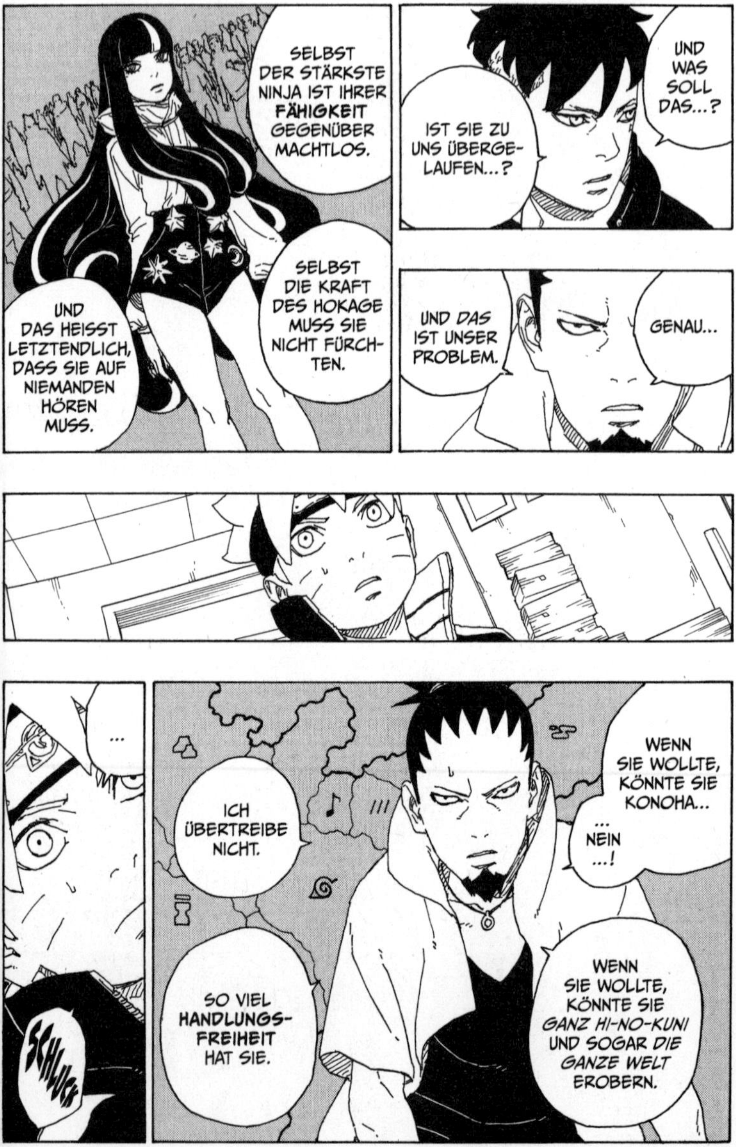
UND WAS SOLL DAS...?
IST SIE ZU UNS ÜBERGELAUFEN...?
GENAU...
UND *DAS* IST UNSER PROBLEM.
SELBST DER STÄRKSTE NINJA IST IHRER **FÄHIGKEIT** GEGENÜBER MACHTLOS.
SELBST DIE KRAFT DES HOKAGE MUSS SIE NICHT FÜRCHTEN.
UND DAS HEISST LETZTENDLICH, DASS SIE AUF NIEMANDEN HÖREN MUSS.
WENN SIE WOLLTE, KÖNNTE SIE KONOHA...
... NEIN ...!
ICH ÜBERTREIBE NICHT.
WENN SIE WOLLTE, KÖNNTE SIE *GANZ HI-NO-KUNI* UND SOGAR *DIE GANZE WELT* EROBERN.
SO VIEL **HANDLUNGSFREIHEIT** HAT SIE.
...
SCHLUCK

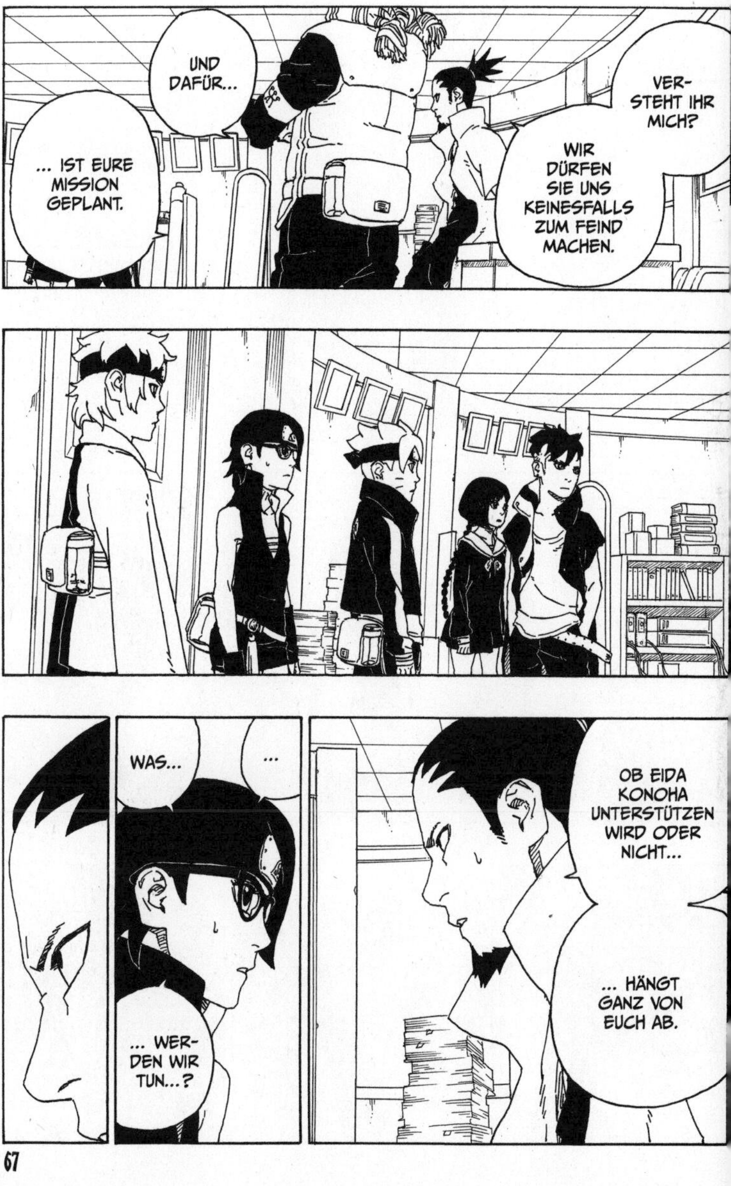
VER-STEHT IHR MICH?
WIR DÜRFEN SIE UNS KEINESFALLS ZUM FEIND MACHEN.
UND DAFÜR...
... IST EURE MISSION GEPLANT.
OB EIDA KONOHA UNTERSTÜTZEN WIRD ODER NICHT...
... HÄNGT GANZ VON EUCH AB.
...
WAS...
... WER-DEN WIR TUN...?

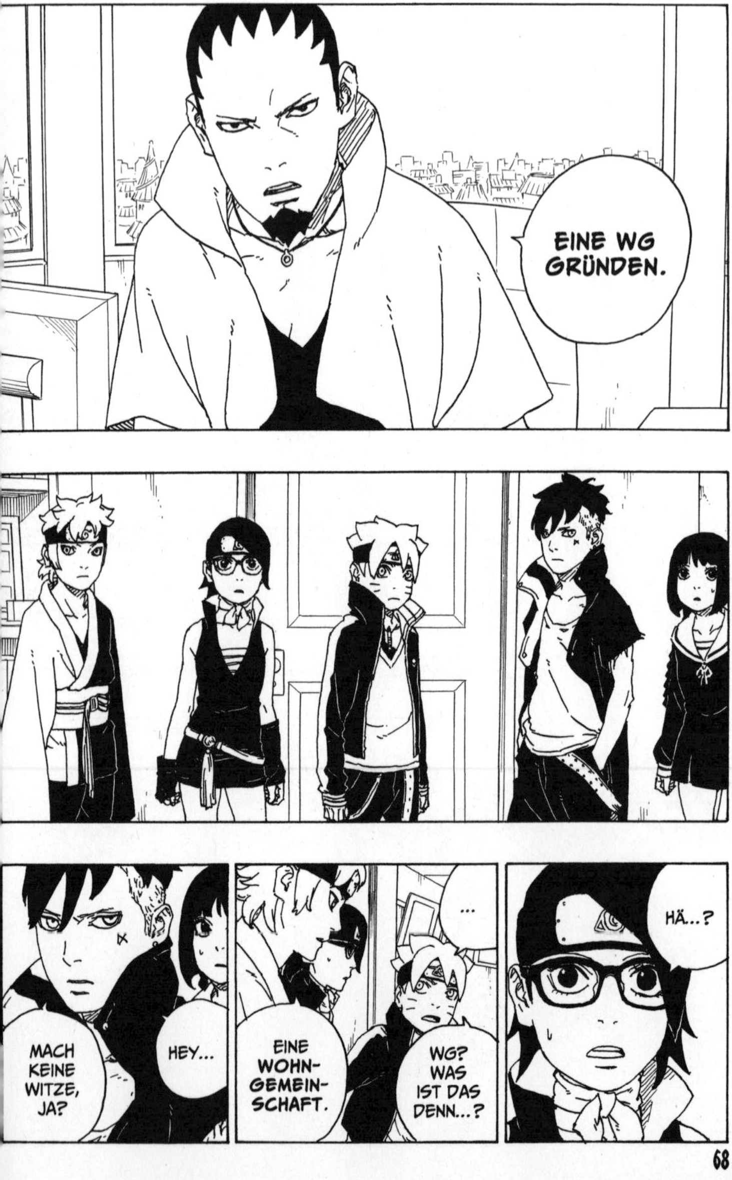
EINE WG GRÜNDEN.
HÄ...?
...
WG? WAS IST DAS DENN...?
EINE WOHN-GEMEIN-SCHAFT.
HEY...
MACH KEINE WITZE, JA?

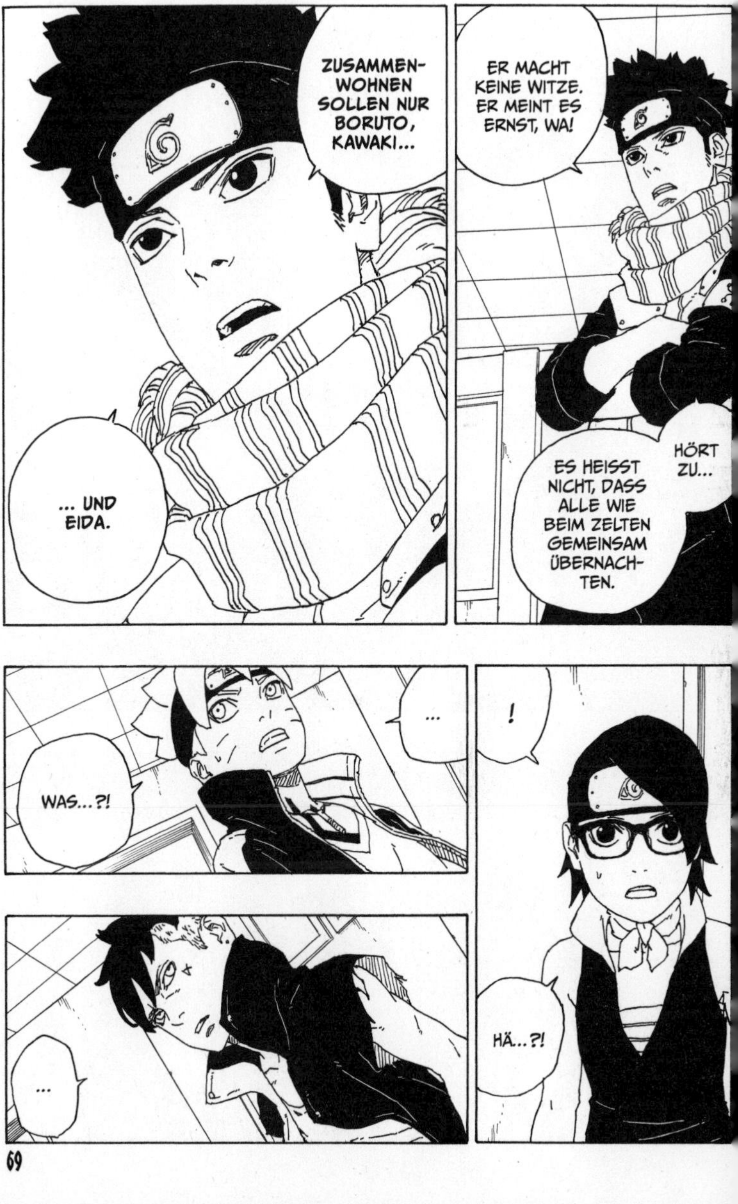
ER MACHT KEINE WITZE. ER MEINT ES ERNST, WA!
HÖRT ZU...
ES HEISST NICHT, DASS ALLE WIE BEIM ZELTEN GEMEINSAM ÜBERNACHTEN.
ZUSAMMEN-WOHNEN SOLLEN NUR BORUTO, KAWAKI...
... UND EIDA.
!
HÄ...?!
...
WAS...?!
...

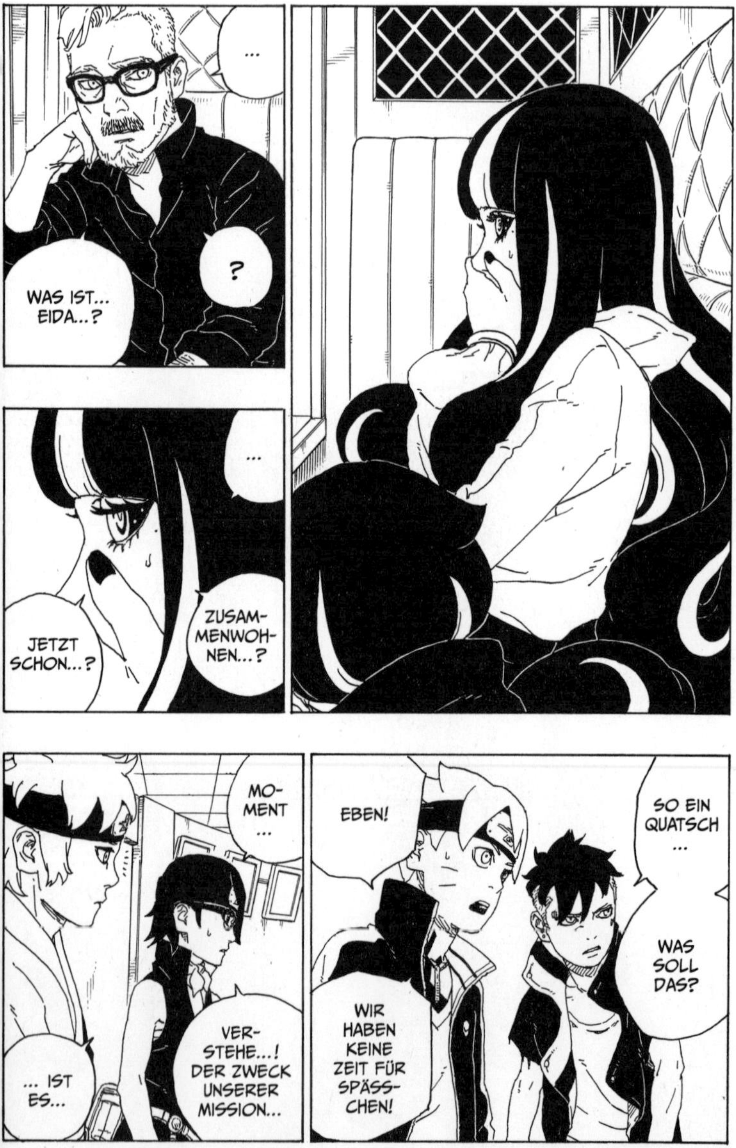
...
?
WAS IST... EIDA...?
...
ZUSAM-MENWOH-NEN...?
JETZT SCHON...?
SO EIN QUATSCH ...
WAS SOLL DAS?
EBEN!
WIR HABEN KEINE ZEIT FÜR SPÄSS-CHEN!
MO-MENT ...
VER-STEHE...! DER ZWECK UNSERER MISSION...
... IST ES...

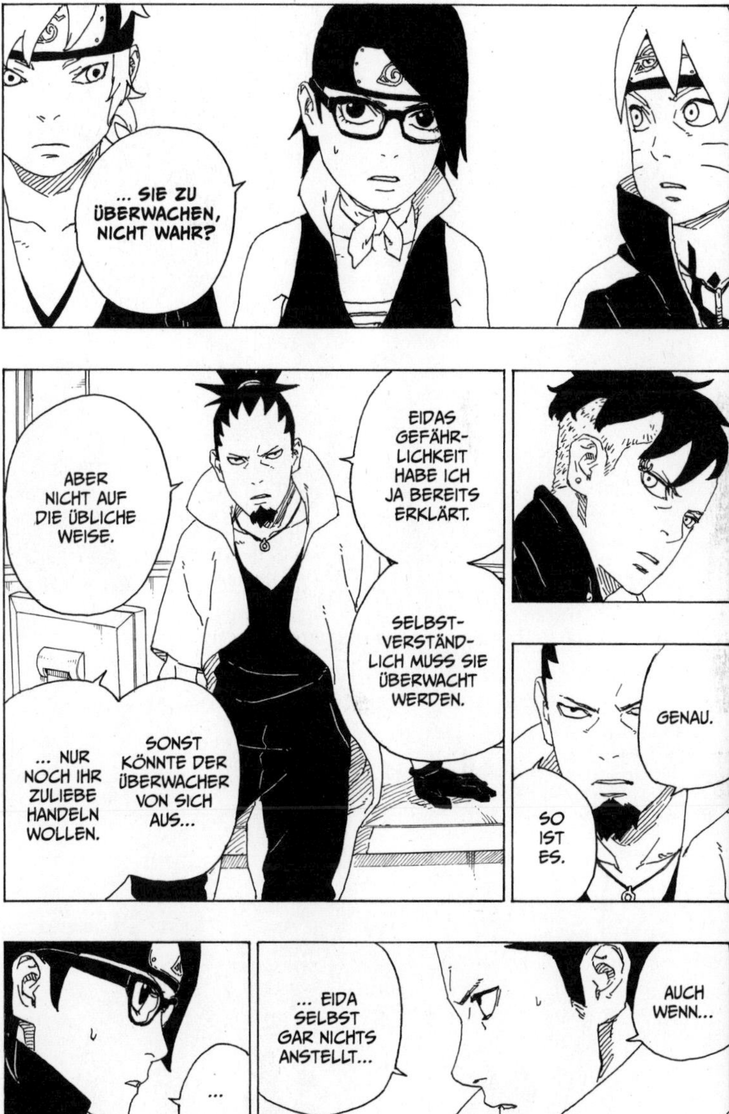
... SIE ZU ÜBERWACHEN, NICHT WAHR?
GENAU.
SO IST ES.
EIDAS GEFÄHRLICHKEIT HABE ICH JA BEREITS ERKLÄRT.
SELBSTVERSTÄNDLICH MUSS SIE ÜBERWACHT WERDEN.
ABER NICHT AUF DIE ÜBLICHE WEISE.
SONST KÖNNTE DER ÜBERWACHER VON SICH AUS...
... NUR NOCH IHR ZULIEBE HANDELN WOLLEN.
AUCH WENN...
... EIDA SELBST GAR NICHTS ANSTELLT...
...

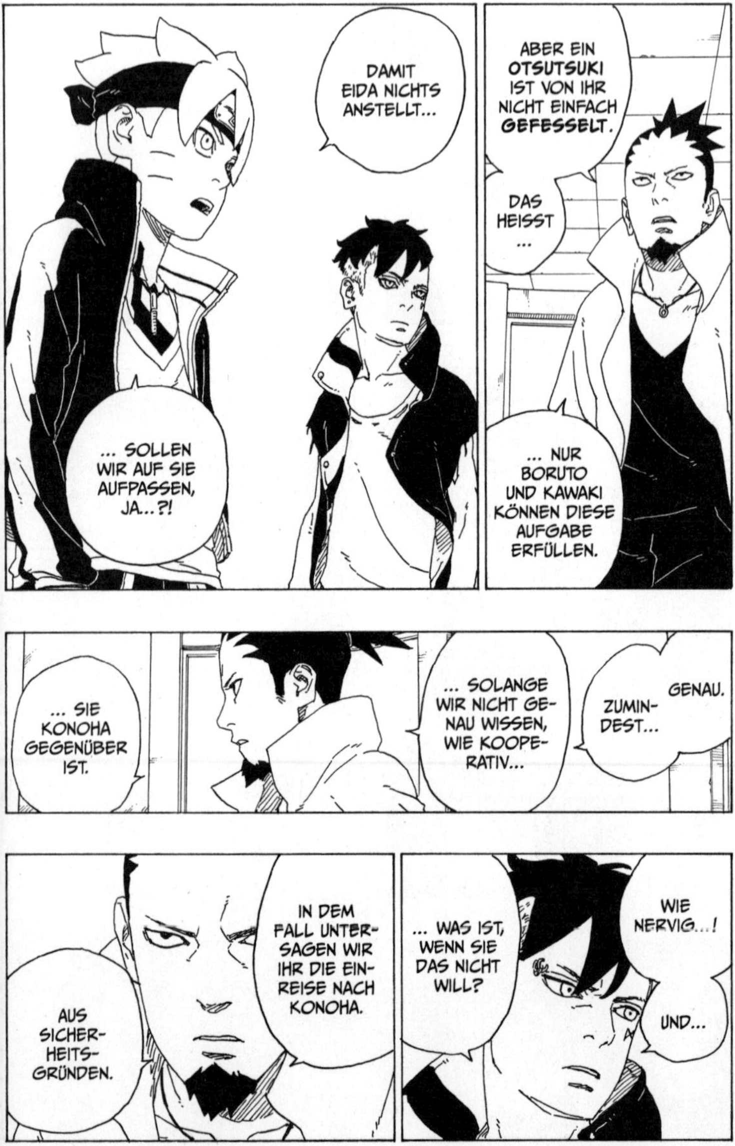
ABER EIN OTSUTSUKI IST VON IHR NICHT EINFACH GEFESSELT.
DAS HEISST ...
... NUR BORUTO UND KAWAKI KÖNNEN DIESE AUFGABE ERFÜLLEN.
DAMIT EIDA NICHTS ANSTELLT...
... SOLLEN WIR AUF SIE AUFPASSEN, JA...?!
GENAU.
ZUMIN-DEST...
... SOLANGE WIR NICHT GE-NAU WISSEN, WIE KOOPE-RATIV...
... SIE KONOHA GEGENÜBER IST.
WIE NERVIG...!
UND...
... WAS IST, WENN SIE DAS NICHT WILL?
IN DEM FALL UNTER-SAGEN WIR IHR DIE EIN-REISE NACH KONOHA.
AUS SICHER-HEITS-GRÜNDEN.

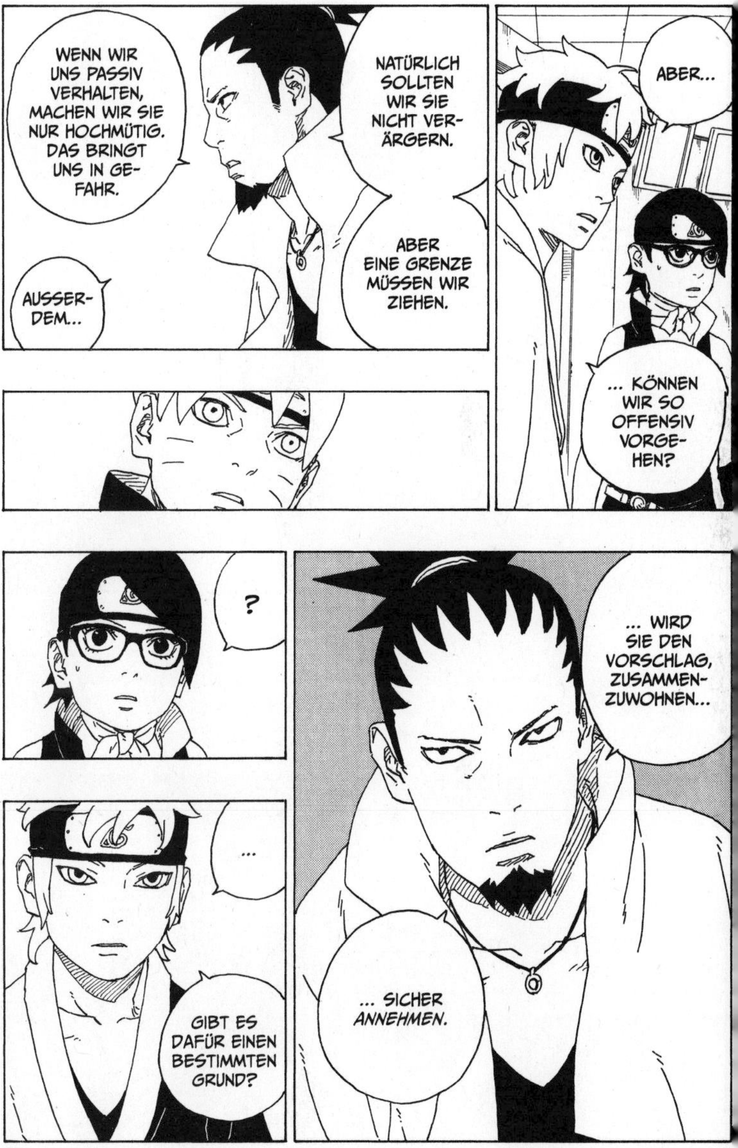
ABER...
... KÖNNEN WIR SO OFFENSIV VORGEHEN?
NATÜRLICH SOLLTEN WIR SIE NICHT VERÄRGERN.
ABER EINE GRENZE MÜSSEN WIR ZIEHEN.
WENN WIR UNS PASSIV VERHALTEN, MACHEN WIR SIE NUR HOCHMÜTIG. DAS BRINGT UNS IN GEFAHR.
AUSSERDEM...
... WIRD SIE DEN VORSCHLAG, ZUSAMMENZUWOHNEN...
... SICHER ANNEHMEN.
?
...
GIBT ES DAFÜR EINEN BESTIMMTEN GRUND?

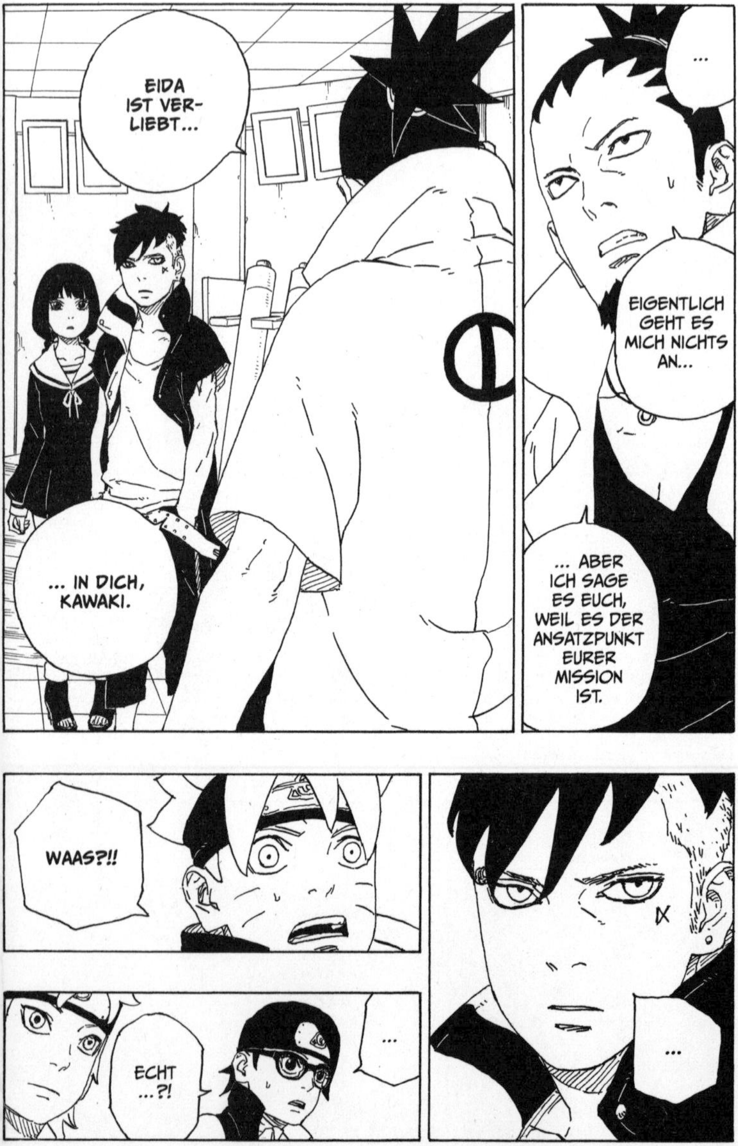
...
EIGENTLICH GEHT ES MICH NICHTS AN...
... ABER ICH SAGE ES EUCH, WEIL ES DER ANSATZPUNKT EURER MISSION IST.
EIDA IST VERLIEBT...
... IN DICH, KAWAKI.
...
WAAS?!!
...
ECHT ...?!

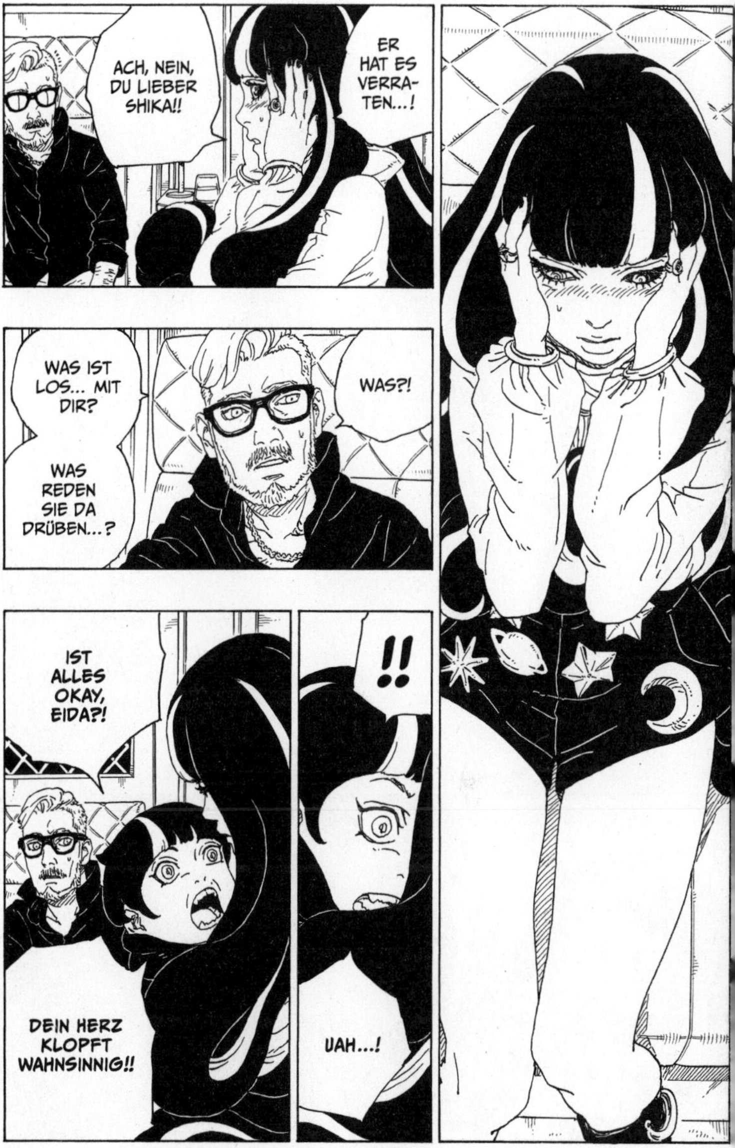
ER HAT ES VERRATEN...!
ACH, NEIN, DU LIEBER SHIKA!!
WAS?!
WAS IST LOS... MIT DIR?
WAS REDEN SIE DA DRÜBEN...?
!!
IST ALLES OKAY, EIDA?!
UAH...!
DEIN HERZ KLOPFT WAHNSINNIG!!

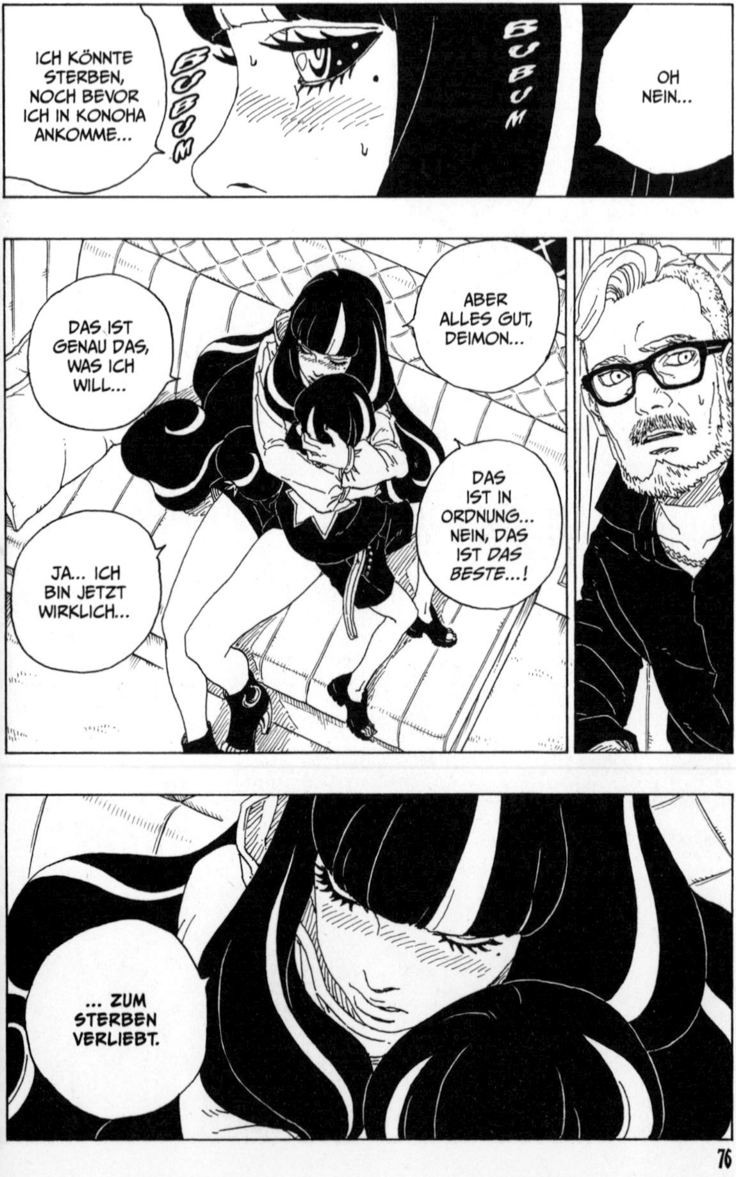
BUBUM
OH NEIN...
BUBUM
ICH KÖNNTE STERBEN, NOCH BEVOR ICH IN KONOHA ANKOMME...
ABER ALLES GUT, DEIMON...
DAS IST GENAU DAS, WAS ICH WILL...
DAS IST IN ORDNUNG... NEIN, DAS IST *DAS* *BESTE*...!
JA... ICH BIN JETZT WIRKLICH...
... ZUM STERBEN VERLIEBT.

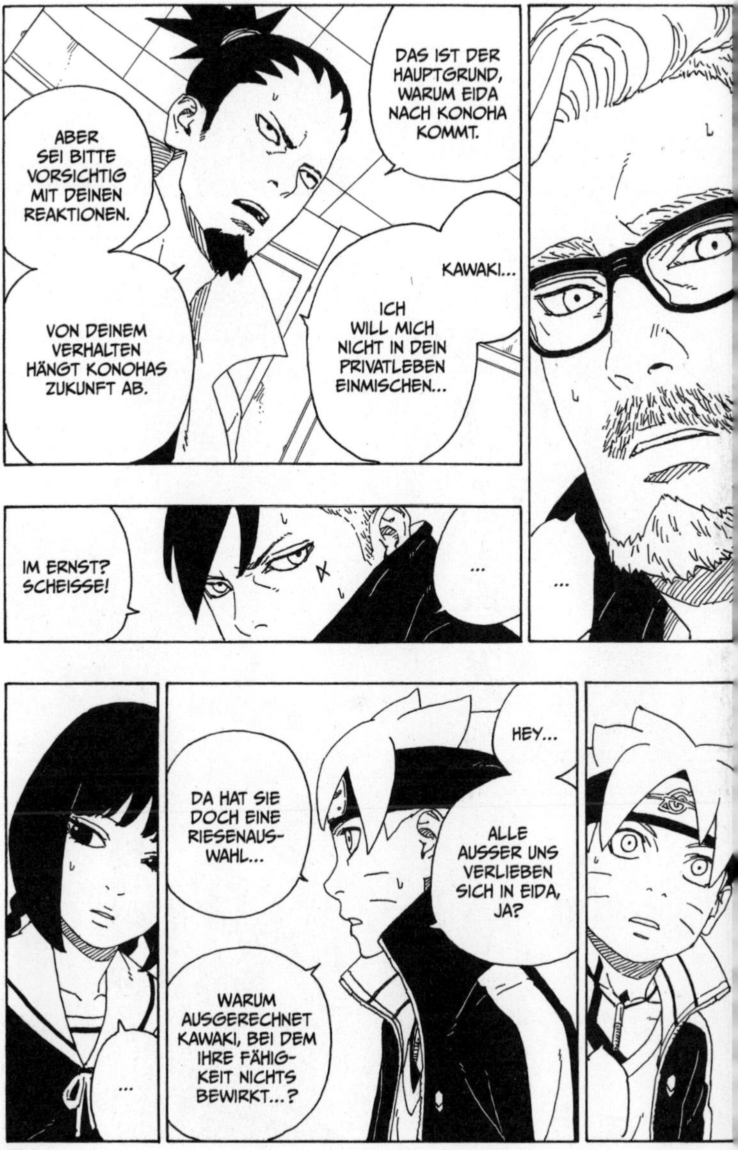
...
DAS IST DER HAUPTGRUND, WARUM EIDA NACH KONOHA KOMMT.
KAWAKI...
ICH WILL MICH NICHT IN DEIN PRIVATLEBEN EINMISCHEN...
ABER SEI BITTE VORSICHTIG MIT DEINEN REAKTIONEN.
VON DEINEM VERHALTEN HÄNGT KONOHAS ZUKUNFT AB.
...
IM ERNST? SCHEISSE!
HEY...
ALLE AUSSER UNS VERLIEBEN SICH IN EIDA, JA?
DA HAT SIE DOCH EINE RIESENAUSWAHL...
WARUM AUSGERECHNET KAWAKI, BEI DEM IHRE FÄHIGKEIT NICHTS BEWIRKT...?
...

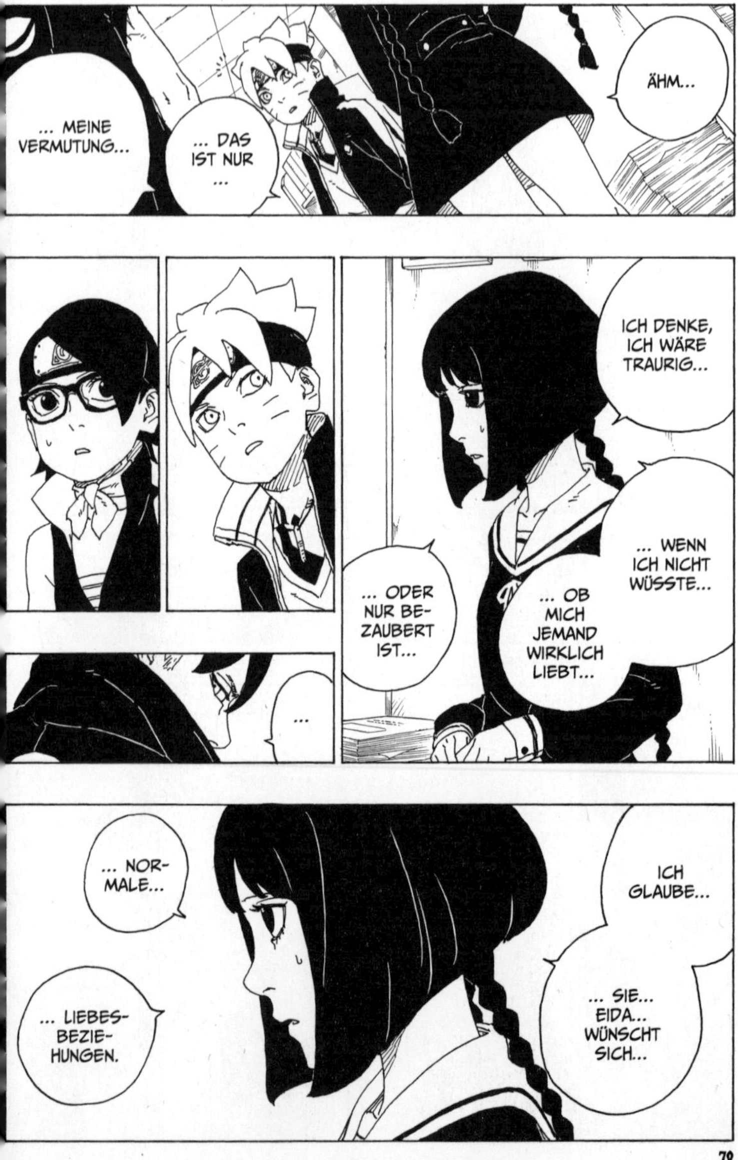
ÄHM...
... DAS IST NUR ...
... MEINE VERMUTUNG...
ICH DENKE, ICH WÄRE TRAURIG...
... WENN ICH NICHT WÜSSTE...
... OB MICH JEMAND WIRKLICH LIEBT...
... ODER NUR BEZAUBERT IST...
...
ICH GLAUBE...
... SIE... EIDA... WÜNSCHT SICH...
... NORMALE...
... LIEBESBEZIEHUNGEN.

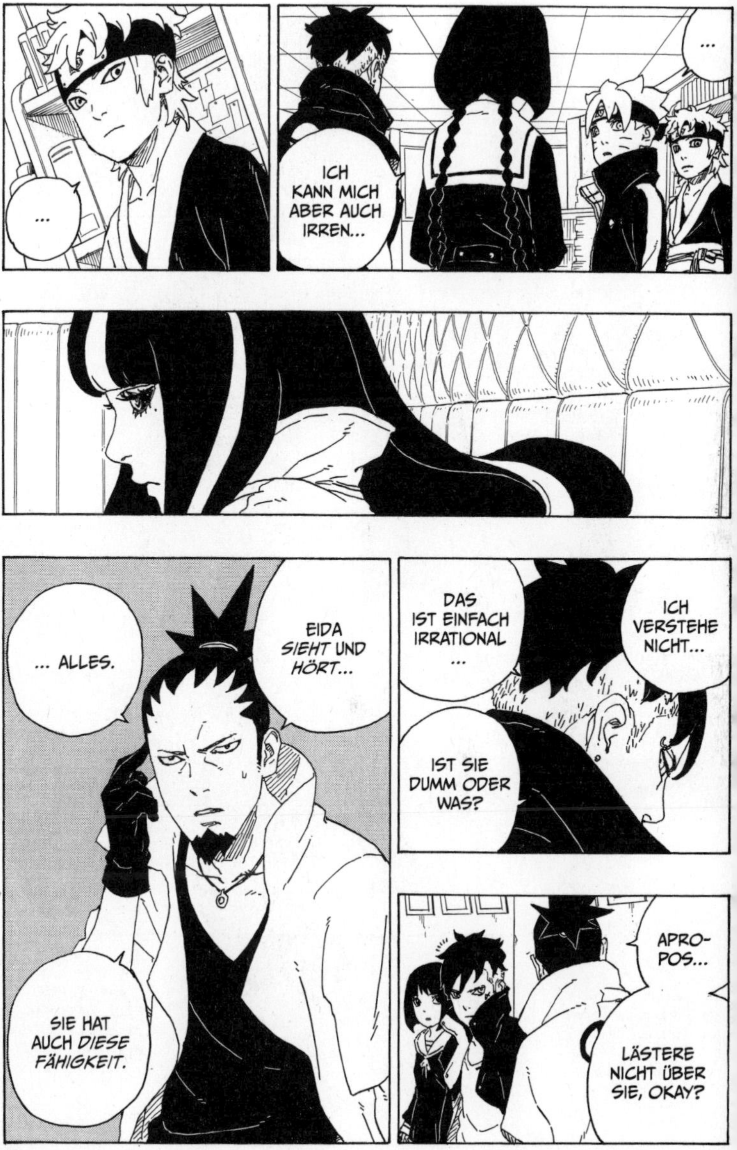
...
ICH KANN MICH ABER AUCH IRREN...
...
ICH VERSTEHE NICHT...
DAS IST EINFACH IRRATIONAL ...
IST SIE DUMM ODER WAS?
EIDA *SIEHT* UND *HÖRT*...
... ALLES.
SIE HAT AUCH *DIESE* FÄHIGKEIT.
APROPOS...
LÄSTERE NICHT ÜBER SIE, OKAY?

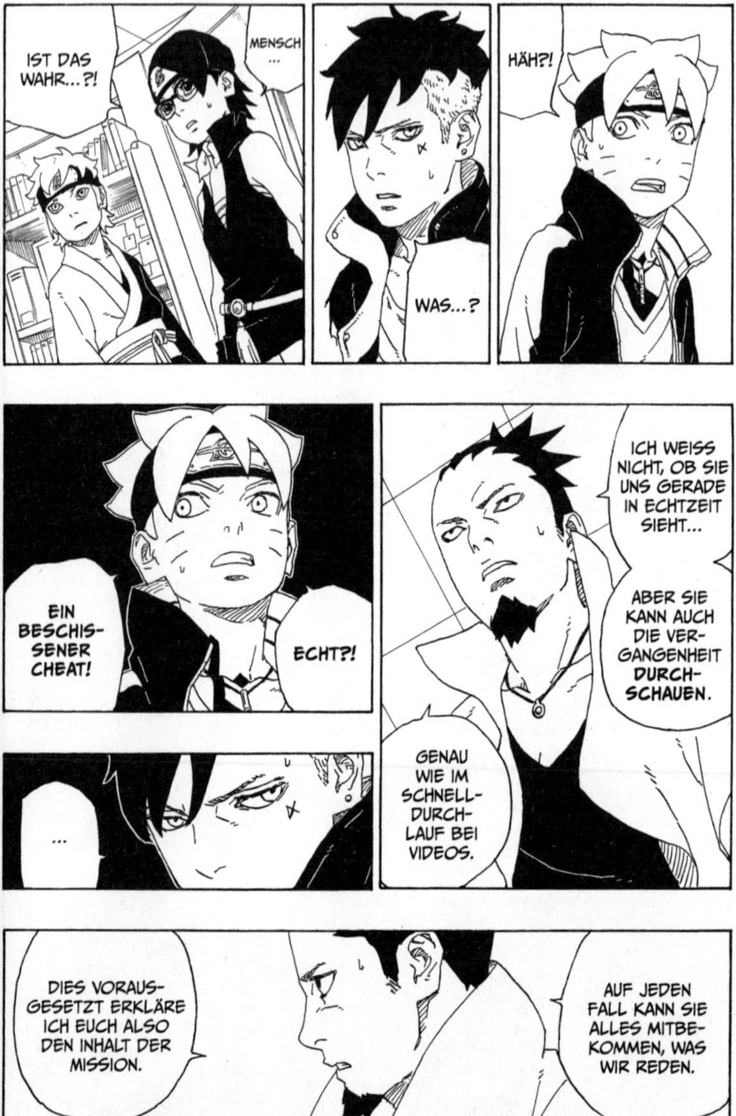
HÄH?!
WAS...?
MENSCH ...
IST DAS WAHR...?!
ICH WEISS NICHT, OB SIE UNS GERADE IN ECHTZEIT SIEHT...
ABER SIE KANN AUCH DIE VERGANGENHEIT **DURCHSCHAUEN.**
GENAU WIE IM SCHNELLDURCHLAUF BEI VIDEOS.
ECHT?!
EIN BESCHISSENER CHEAT!
...
AUF JEDEN FALL KANN SIE ALLES MITBEKOMMEN, WAS WIR REDEN.
DIES VORAUSGESETZT ERKLÄRE ICH EUCH ALSO DEN INHALT DER MISSION.

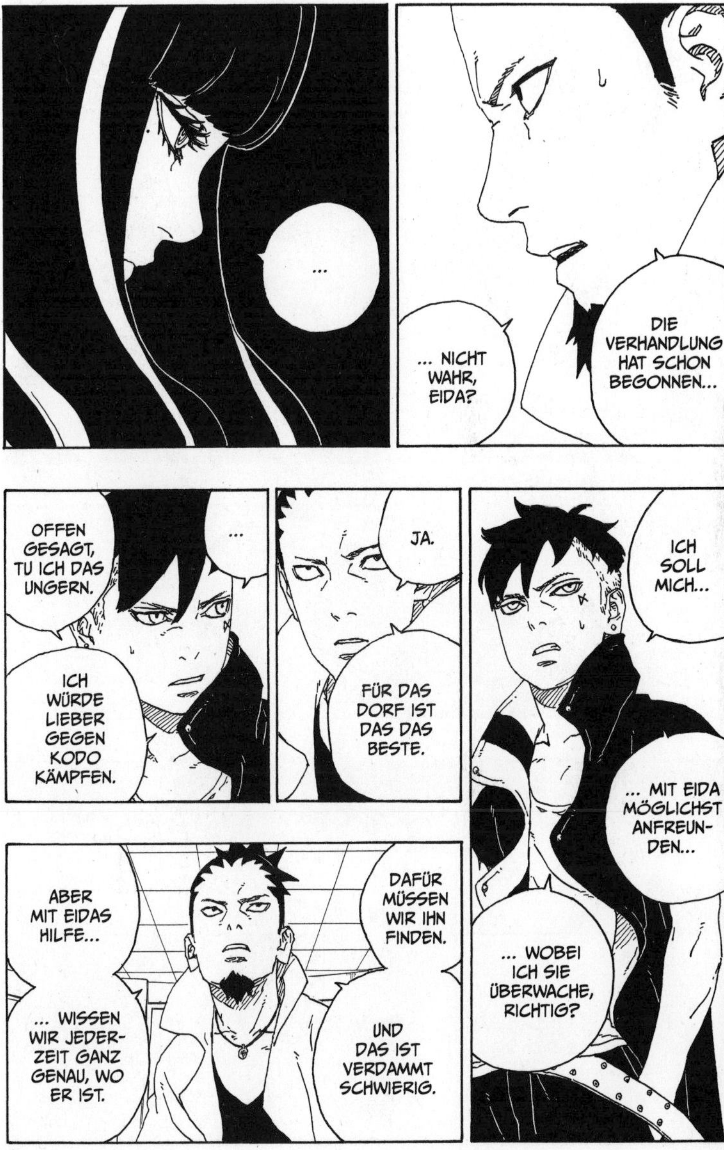
DIE VERHANDLUNG HAT SCHON BEGONNEN...
... NICHT WAHR, EIDA?
...
ICH SOLL MICH...
... MIT EIDA MÖGLICHST ANFREUN-DEN...
... WOBEI ICH SIE ÜBERWACHE, RICHTIG?
JA.
FÜR DAS DORF IST DAS DAS BESTE.
...
OFFEN GESAGT, TU ICH DAS UNGERN.
ICH WÜRDE LIEBER GEGEN KODO KÄMPFEN.
DAFÜR MÜSSEN WIR IHN FINDEN.
UND DAS IST VERDAMMT SCHWIERIG.
ABER MIT EIDAS HILFE...
... WISSEN WIR JEDER-ZEIT GANZ GENAU, WO ER IST.

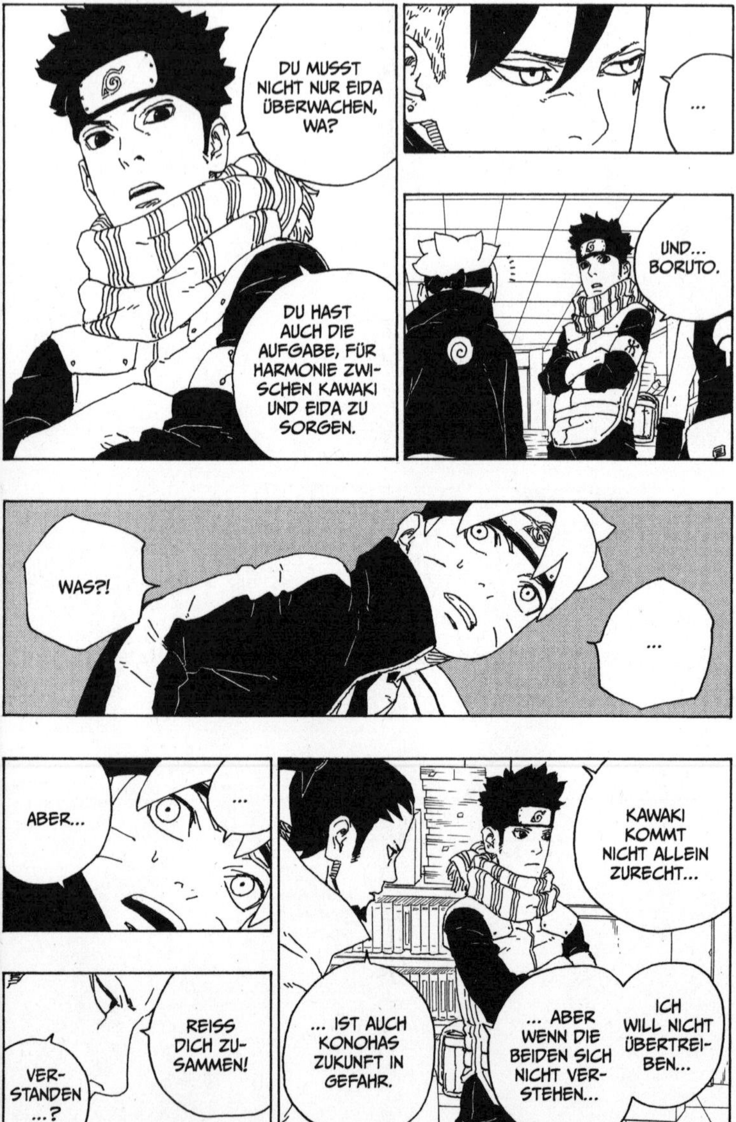
DU MUSST NICHT NUR EIDA ÜBERWACHEN, WA?
DU HAST AUCH DIE AUFGABE, FÜR HARMONIE ZWI-SCHEN KAWAKI UND EIDA ZU SORGEN.
...
UND... BORUTO.
WAS?!
...
KAWAKI KOMMT NICHT ALLEIN ZURECHT...
ICH WILL NICHT ÜBERTREI-BEN...
... ABER WENN DIE BEIDEN SICH NICHT VER-STEHEN...
... IST AUCH KONOHAS ZUKUNFT IN GEFAHR.
...
ABER...
REISS DICH ZU-SAMMEN!
VER-STANDEN ...?

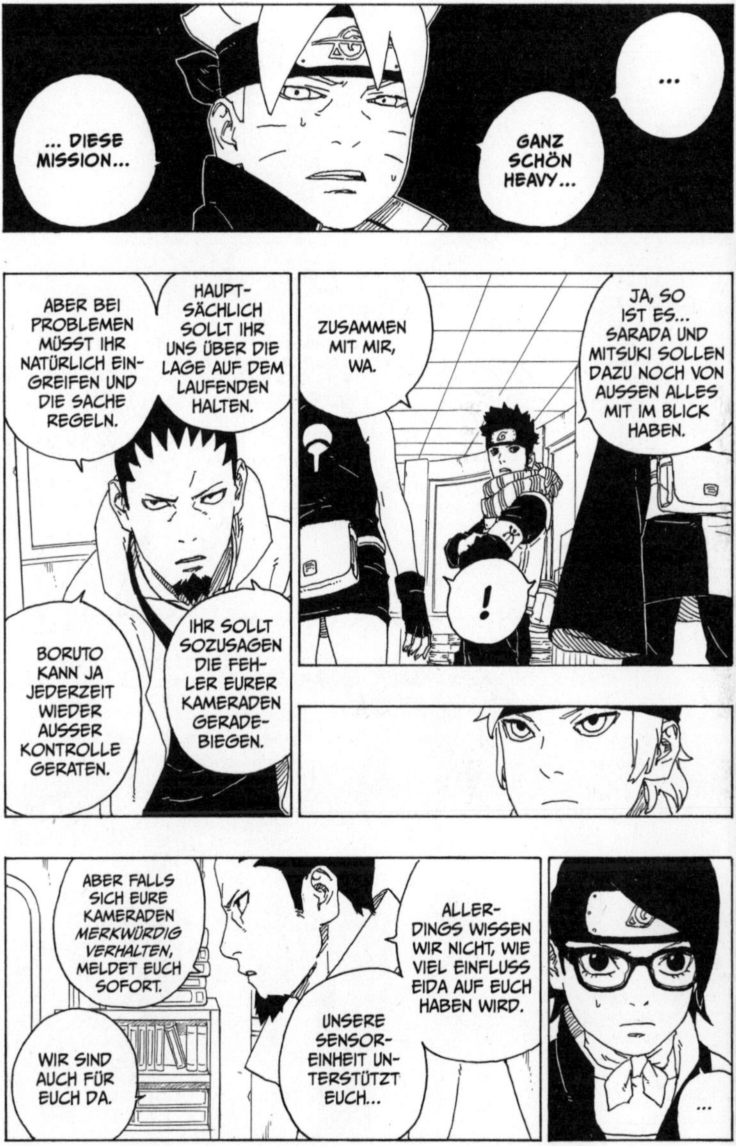
...
GANZ SCHÖN HEAVY...
... DIESE MISSION...
JA, SO IST ES... SARADA UND MITSUKI SOLLEN DAZU NOCH VON AUSSEN ALLES MIT IM BLICK HABEN.
ZUSAMMEN MIT MIR, WA.
!
HAUPT-SÄCHLICH SOLLT IHR UNS ÜBER DIE LAGE AUF DEM LAUFENDEN HALTEN.
ABER BEI PROBLEMEN MÜSST IHR NATÜRLICH EIN-GREIFEN UND DIE SACHE REGELN.
IHR SOLLT SOZUSAGEN DIE FEH-LER EURER KAMERADEN GERADE-BIEGEN.
BORUTO KANN JA JEDERZEIT WIEDER AUSSER KONTROLLE GERATEN.
...
ALLER-DINGS WISSEN WIR NICHT, WIE VIEL EINFLUSS EIDA AUF EUCH HABEN WIRD.
UNSERE SENSOR-EINHEIT UN-TERSTÜTZT EUCH...
ABER FALLS SICH EURE KAMERADEN *MERKWÜRDIG VERHALTEN*, MELDET EUCH SOFORT.
WIR SIND AUCH FÜR EUCH DA.

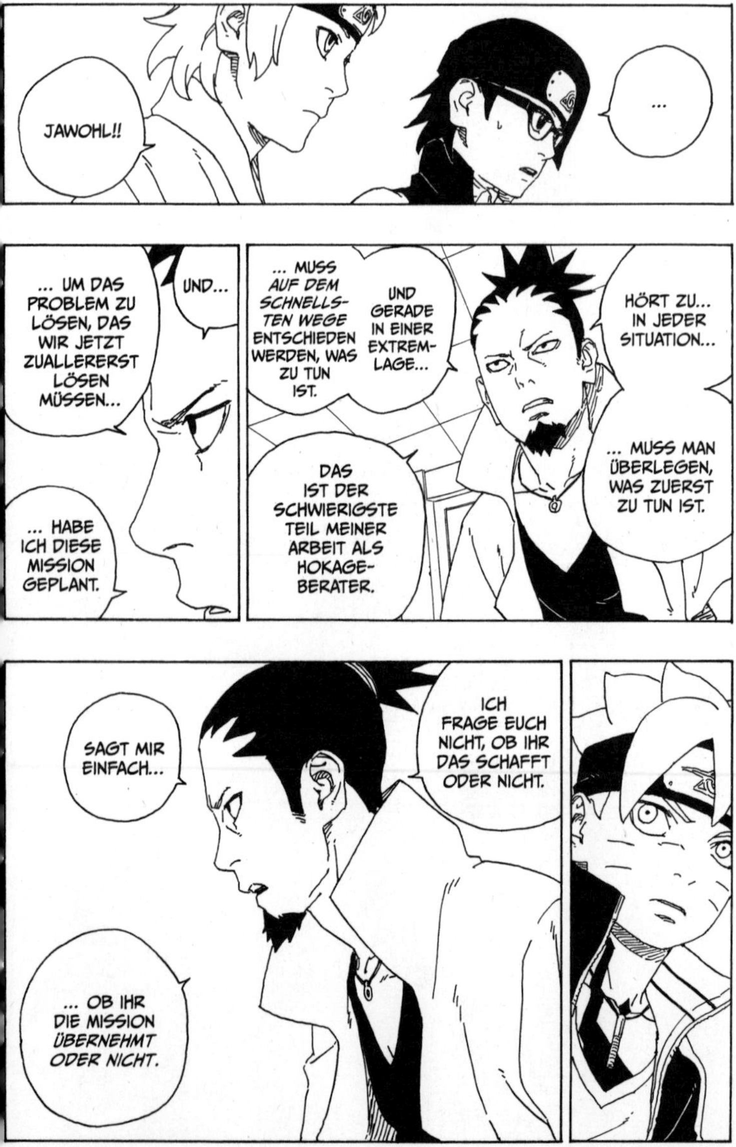
...
JAWOHL!!
HÖRT ZU... IN JEDER SITUATION...
... MUSS MAN ÜBERLEGEN, WAS ZUERST ZU TUN IST.
UND GERADE IN EINER EXTREMLAGE...
... MUSS AUF DEM SCHNELLSTEN WEGE ENTSCHIEDEN WERDEN, WAS ZU TUN IST.
DAS IST DER SCHWIERIGSTE TEIL MEINER ARBEIT ALS HOKAGEBERATER.
UND...
... UM DAS PROBLEM ZU LÖSEN, DAS WIR JETZT ZUALLERERST LÖSEN MÜSSEN...
... HABE ICH DIESE MISSION GEPLANT.
ICH FRAGE EUCH NICHT, OB IHR DAS SCHAFFT ODER NICHT.
SAGT MIR EINFACH...
... OB IHR DIE MISSION ÜBERNEHMT ODER NICHT.

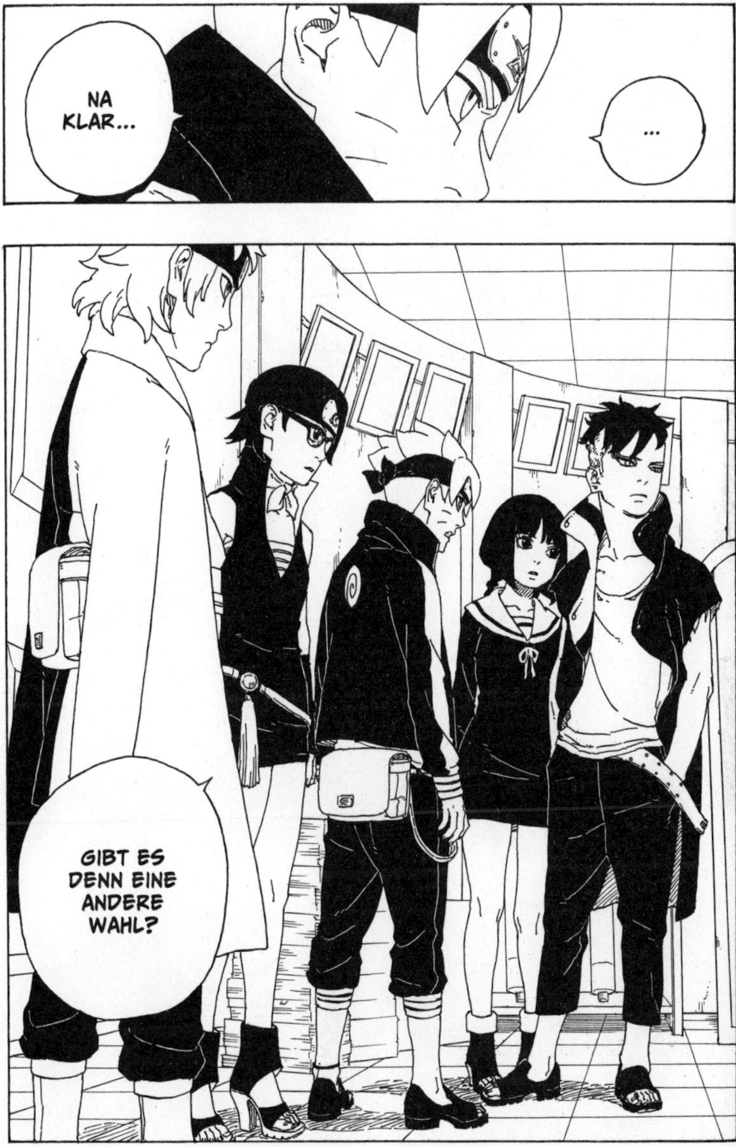
...
NA KLAR...
GIBT ES DENN EINE ANDERE WAHL?

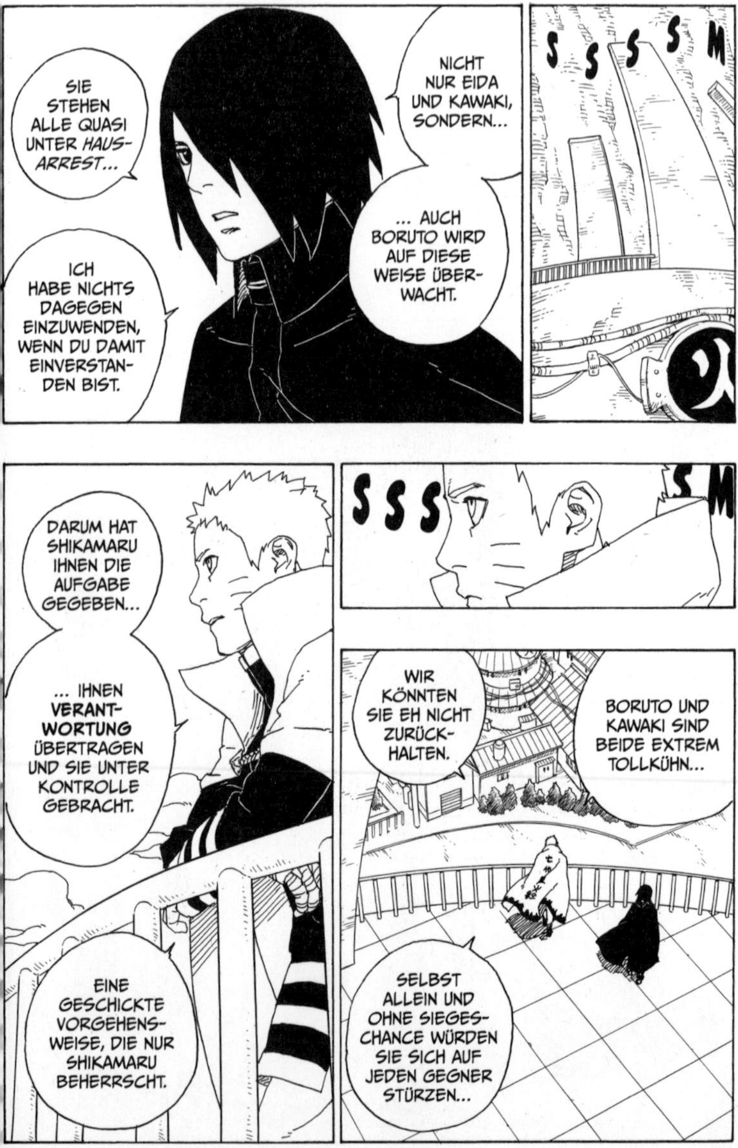
SSSSM
NICHT NUR EIDA UND KAWAKI, SONDERN...
... AUCH BORUTO WIRD AUF DIESE WEISE ÜBERWACHT.
SIE STEHEN ALLE QUASI UNTER *HAUSARREST*...
ICH HABE NICHTS DAGEGEN EINZUWENDEN, WENN DU DAMIT EINVERSTANDEN BIST.
SSSSM
DARUM HAT SHIKAMARU IHNEN DIE AUFGABE GEGEBEN...
... IHNEN **VERANTWORTUNG** ÜBERTRAGEN UND SIE UNTER KONTROLLE GEBRACHT.
BORUTO UND KAWAKI SIND BEIDE EXTREM TOLLKÜHN...
WIR KÖNNTEN SIE EH NICHT ZURÜCKHALTEN.
SELBST ALLEIN UND OHNE SIEGESCHANCE WÜRDEN SIE SICH AUF JEDEN GEGNER STÜRZEN...
EINE GESCHICKTE VORGEHENSWEISE, DIE NUR SHIKAMARU BEHERRSCHT.

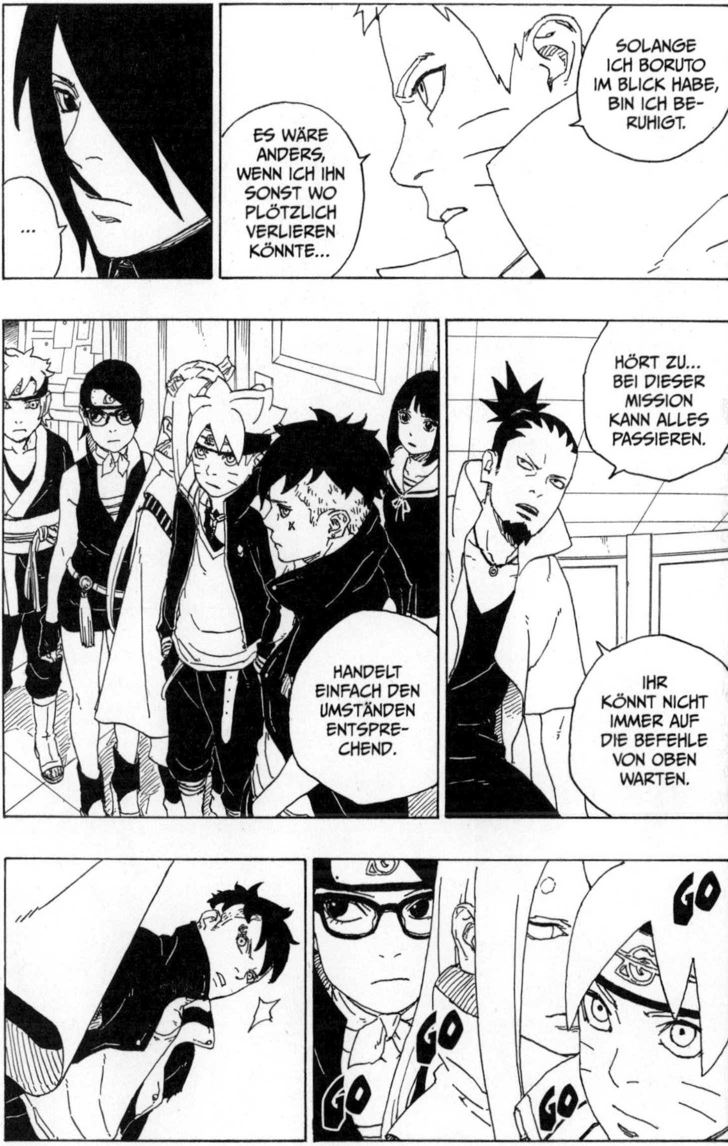
SOLANGE ICH BORUTO IM BLICK HABE, BIN ICH BE-RUHIGT.
ES WÄRE ANDERS, WENN ICH IHN SONST WO PLÖTZLICH VERLIEREN KÖNNTE...
...
HÖRT ZU... BEI DIESER MISSION KANN ALLES PASSIEREN.
IHR KÖNNT NICHT IMMER AUF DIE BEFEHLE VON OBEN WARTEN.
HANDELT EINFACH DEN UMSTÄNDEN ENTSPRE-CHEND.
GO
GO
GO
GO

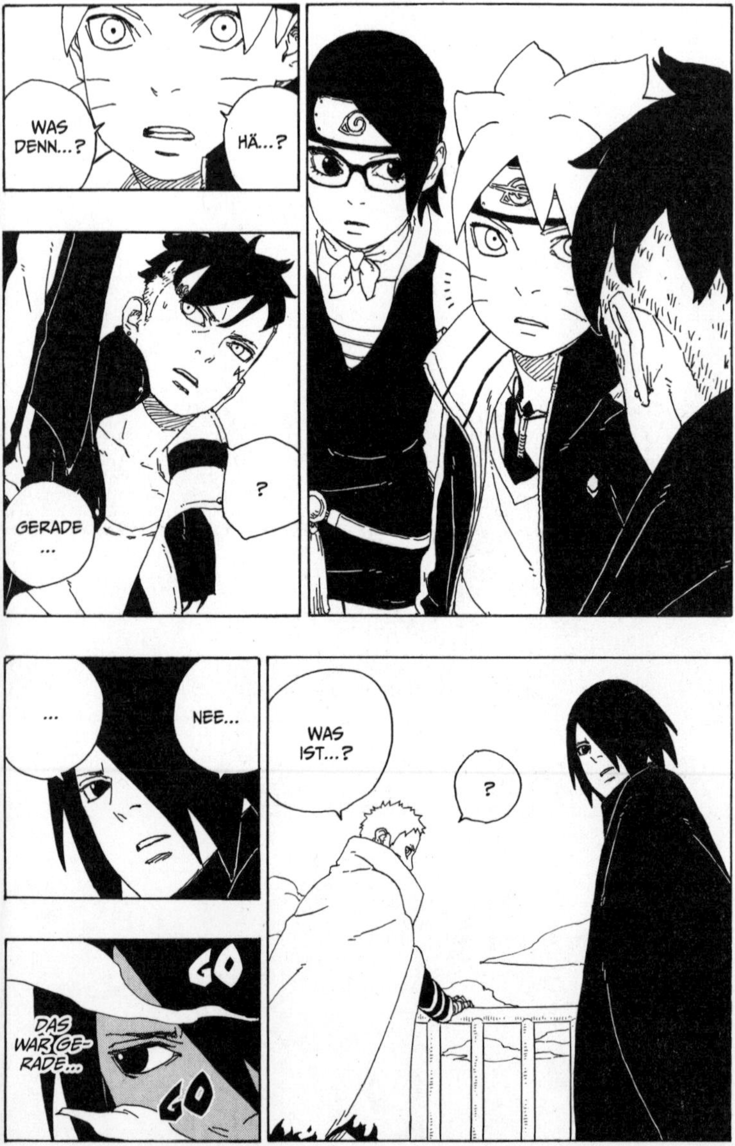
HÄ...?
WAS DENN...?
?
GERADE ...
?
WAS IST...?
NEE...
...
GO
DAS WAR GE-RADE...
GO

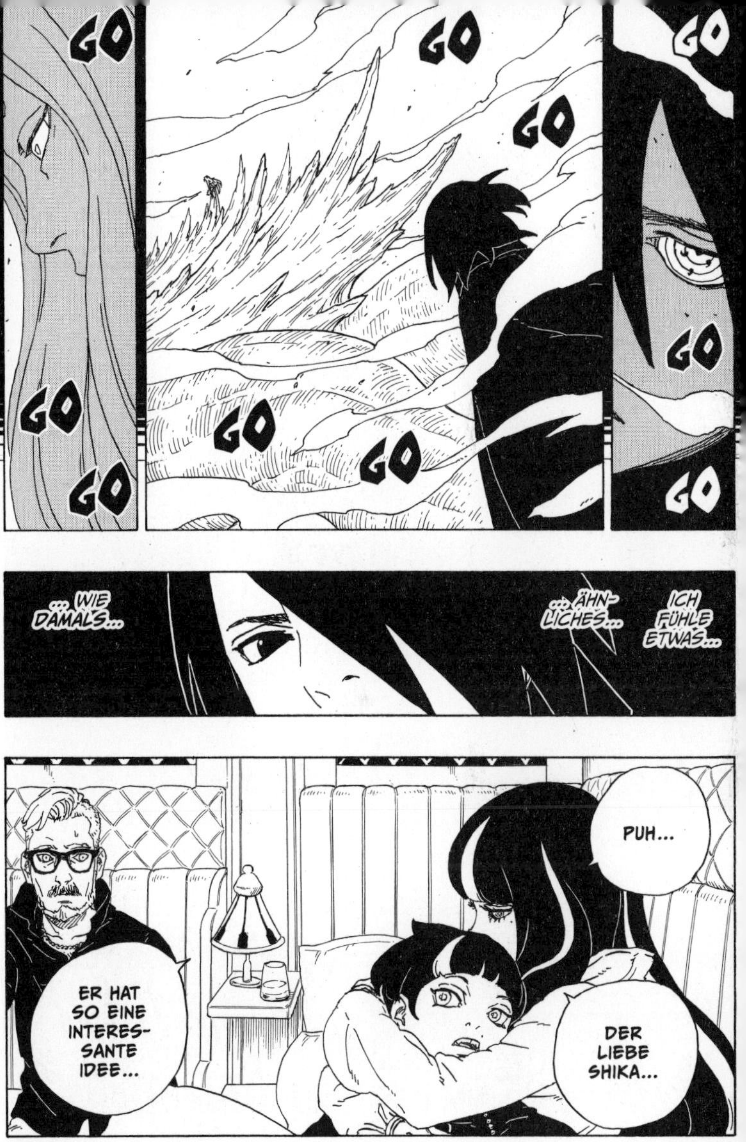
GO GO GO
GO GO GO
GO GO
GO GO
ICH FÜHLE ETWAS...
... ÄHNLICHES...
... WIE DAMALS...
PUH...
DER LIEBE SHIKA...
ER HAT SO EINE INTERES-SANTE IDEE...

BORUTO
-NARUTO NEXT GENERATIONS-

74: Die Taufe

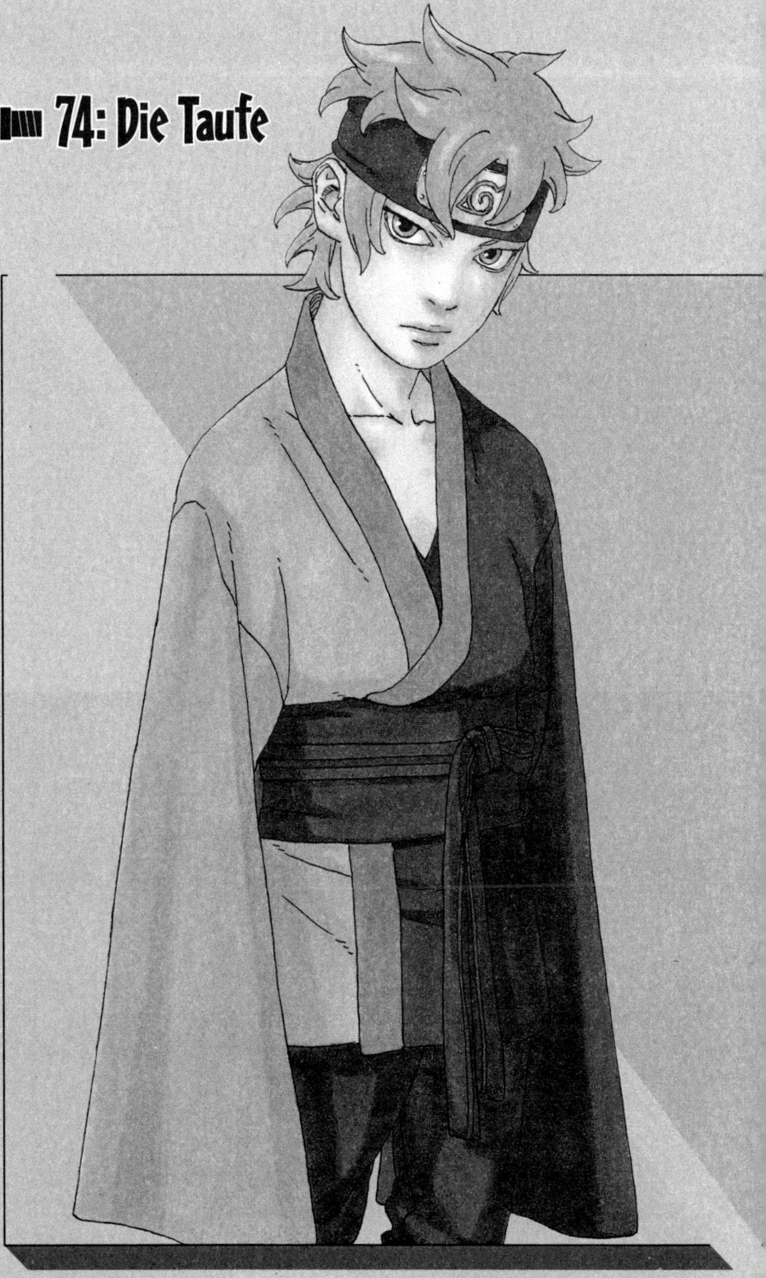

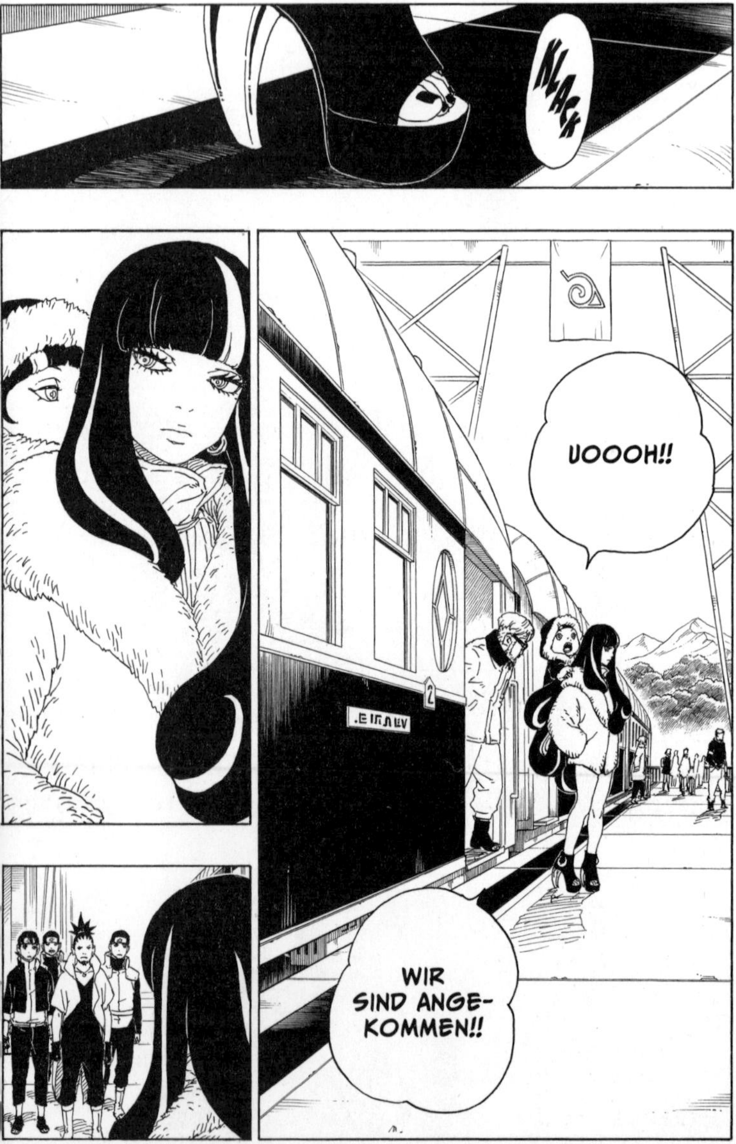
KLACK
UOOOH!!
WIR SIND ANGE-KOMMEN!!

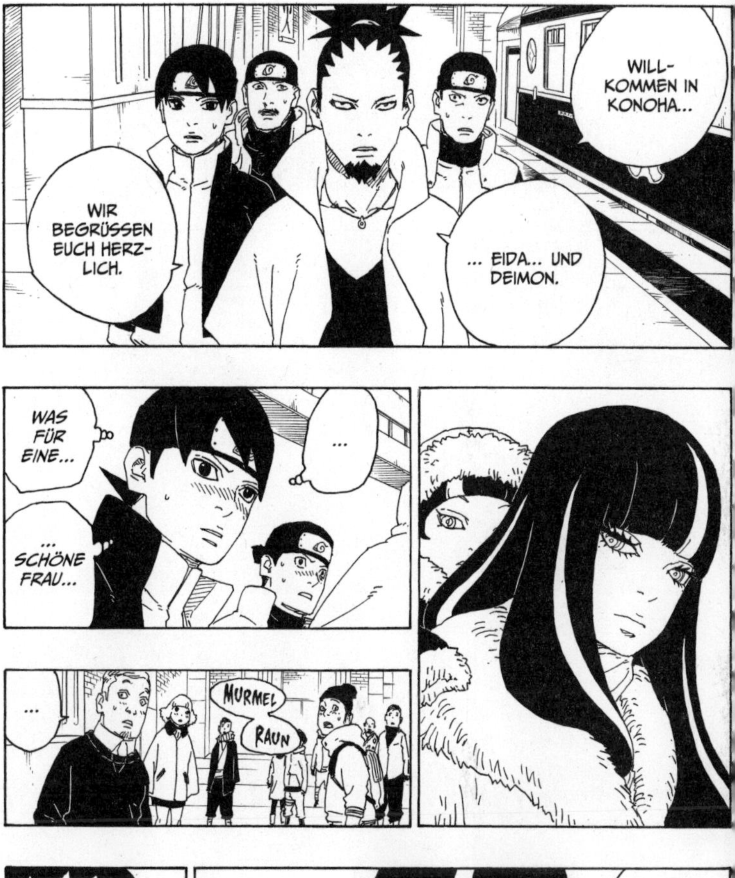
WILL-
KOMMEN IN
KONOHA...
... EIDA... UND
DEIMON.
WIR
BEGRÜSSEN
EUCH HERZ-
LICH.
...
WAS
FÜR
EINE...
... SCHÖNE
FRAU...
MURMEL
RAUN
...
LASS DIE
FORMELLE
BEGRÜSSUNG,
LIEBER
SHIKA.
ÜBER
DEINEN PLAN
WEISS ICH
BESCHEID.
...

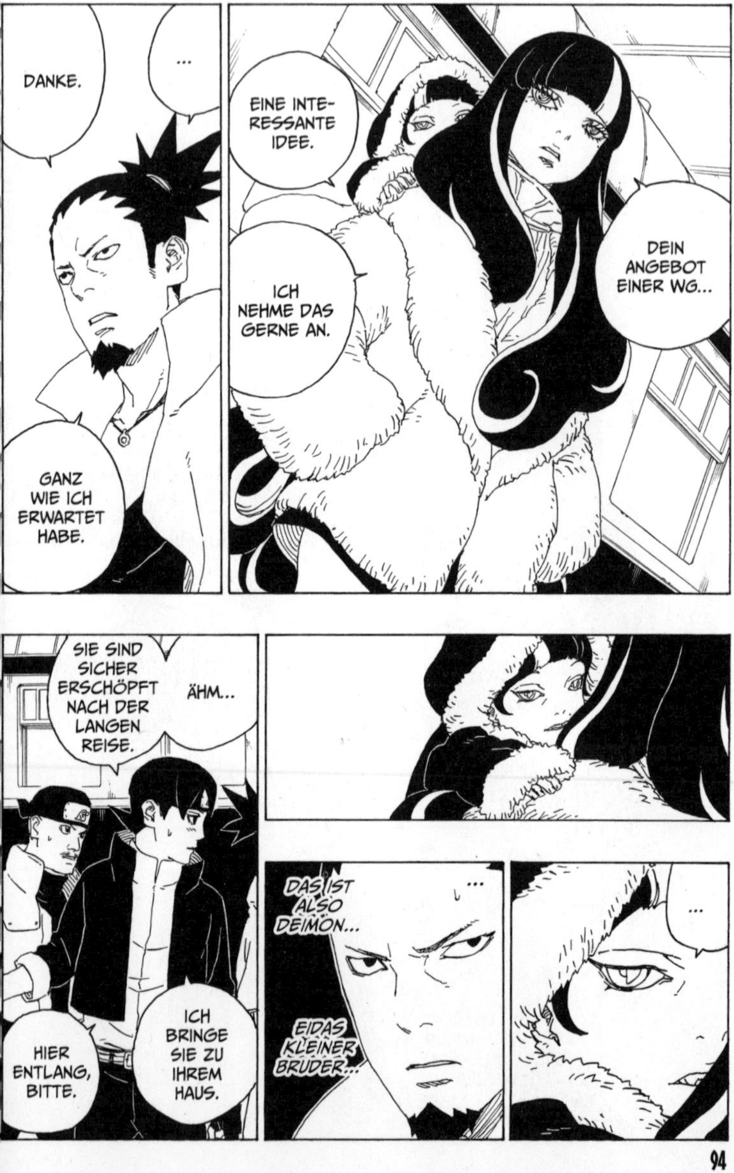
DEIN ANGEBOT EINER WG...
EINE INTERESSANTE IDEE.
ICH NEHME DAS GERNE AN.
...
DANKE.
GANZ WIE ICH ERWARTET HABE.
...
...
DAS IST ALSO DEIMON...
EIDAS KLEINER BRUDER...
ÄHM...
SIE SIND SICHER ERSCHÖPFT NACH DER LANGEN REISE.
ICH BRINGE SIE ZU IHREM HAUS.
HIER ENTLANG, BITTE.

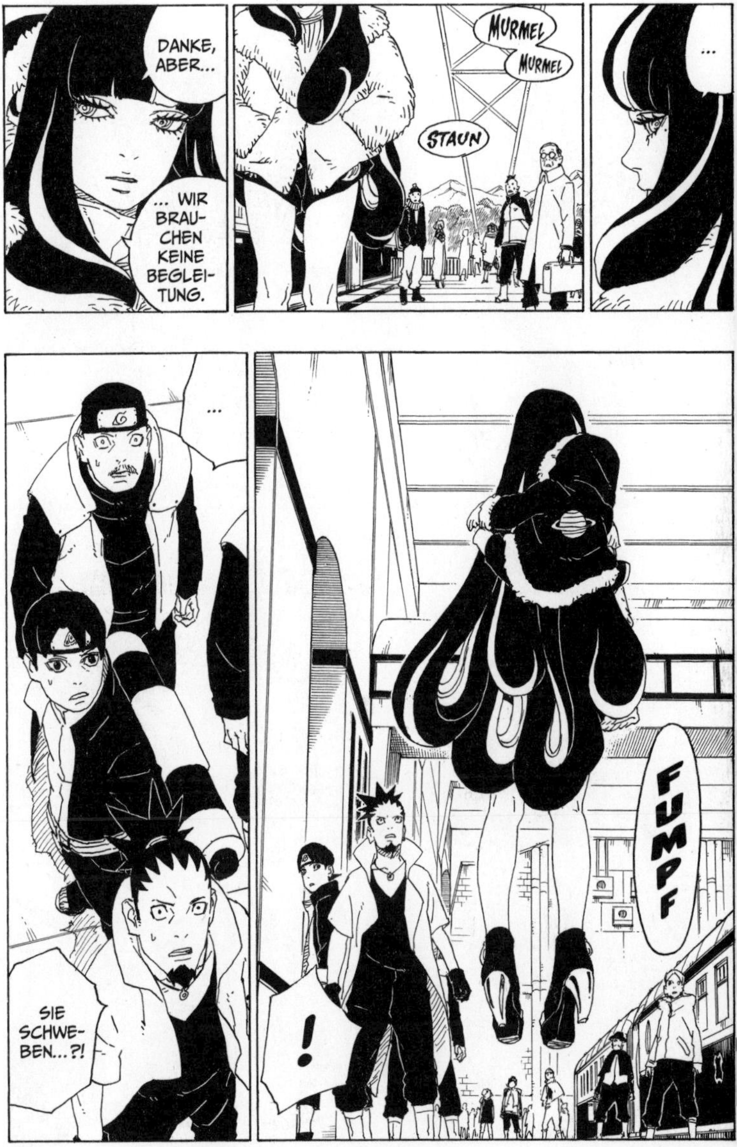
...
MURMEL
MURMEL
STAUN
DANKE, ABER...
... WIR BRAUCHEN KEINE BEGLEITUNG.
FUMPF
!
...
SIE SCHWEBEN...?!

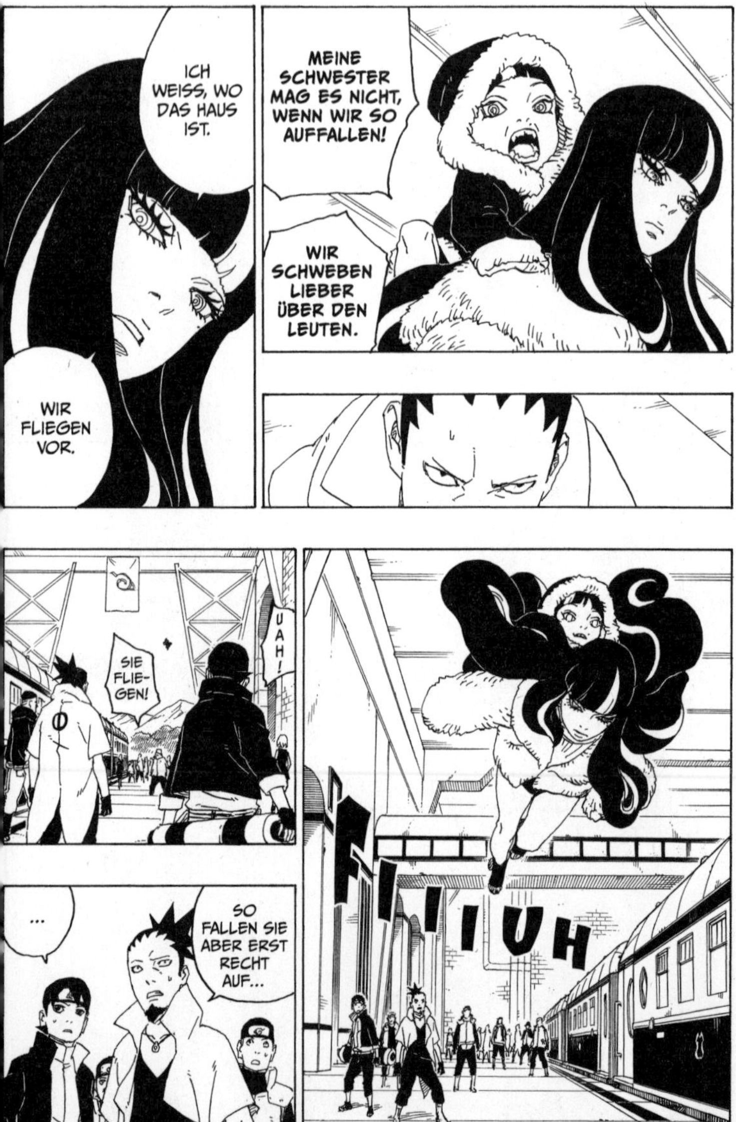
MEINE SCHWESTER MAG ES NICHT, WENN WIR SO AUFFALLEN!
WIR SCHWEBEN LIEBER ÜBER DEN LEUTEN.
ICH WEISS, WO DAS HAUS IST.
WIR FLIEGEN VOR.
FIIIIUH
UAH!
SIE FLIE-GEN!
SO FALLEN SIE ABER ERST RECHT AUF...
...

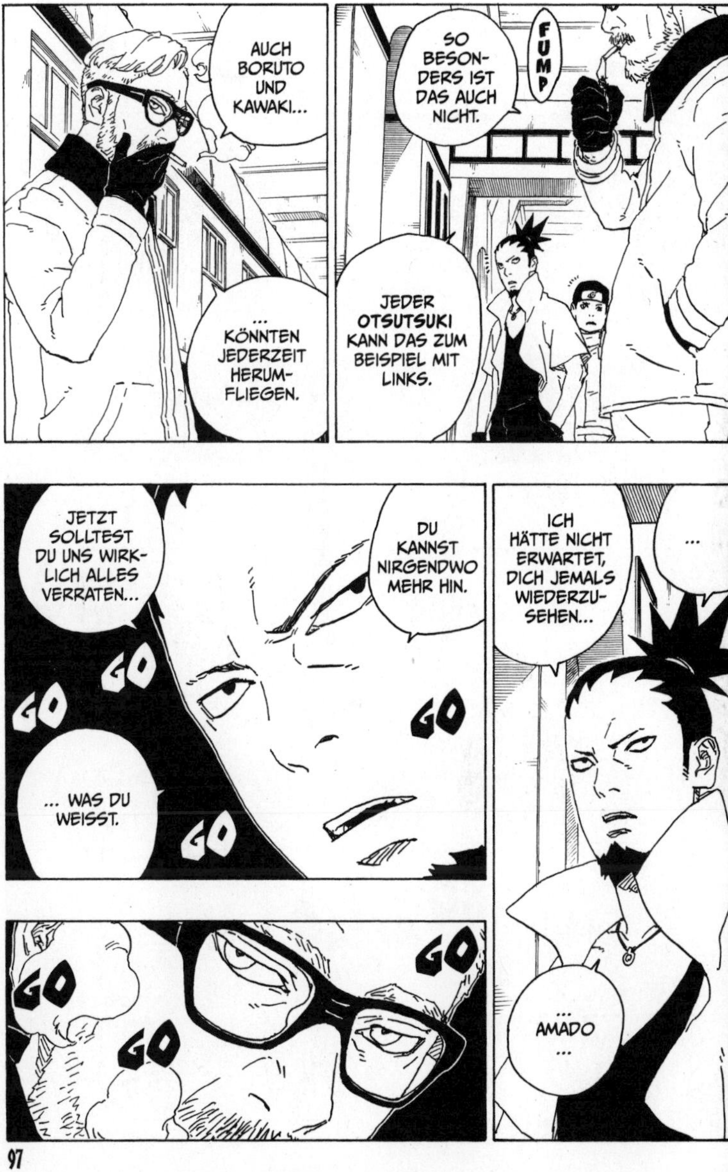
SO BESONDERS IST DAS AUCH NICHT.
FUMP
JEDER OTSUTSUKI KANN DAS ZUM BEISPIEL MIT LINKS.
AUCH BORUTO UND KAWAKI...
... KÖNNTEN JEDERZEIT HERUMFLIEGEN.
...
ICH HÄTTE NICHT ERWARTET, DICH JEMALS WIEDERZUSEHEN...
... AMADO ...
DU KANNST NIRGENDWO MEHR HIN.
JETZT SOLLTEST DU UNS WIRKLICH ALLES VERRATEN...
GO GO GO GO
... WAS DU WEISST.
GO GO GO

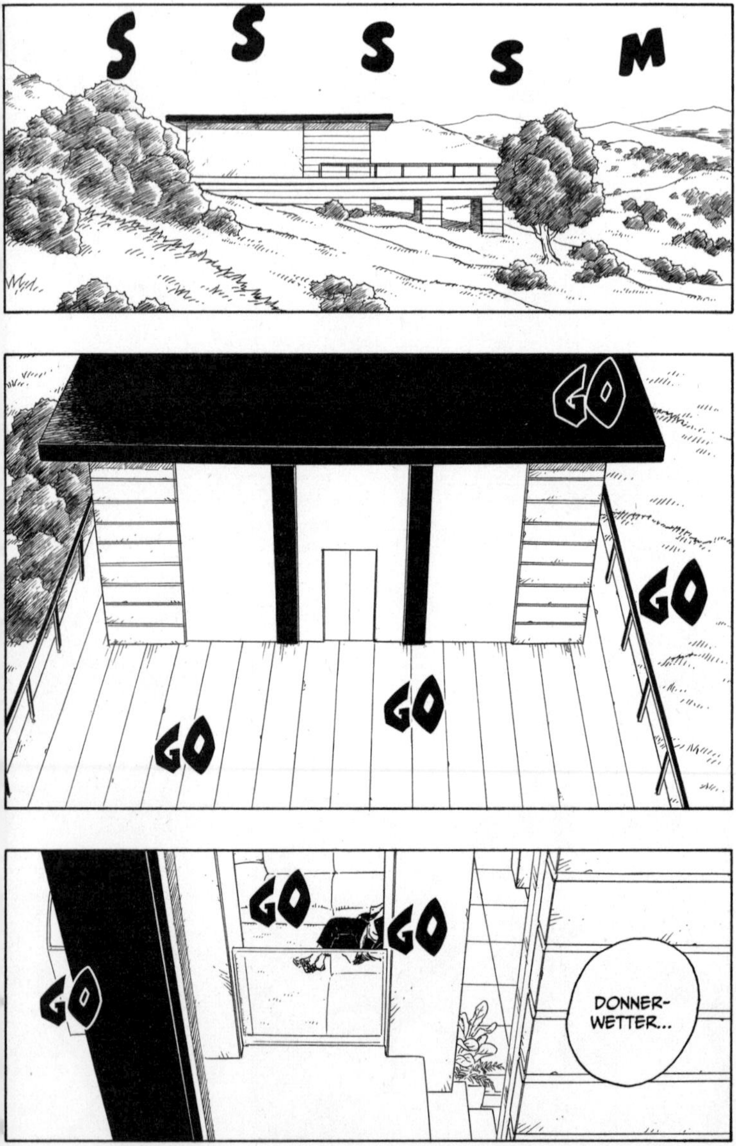
SSSSM
GO
GO
GO
GO
GO
GO
GO
DONNER-
WETTER...

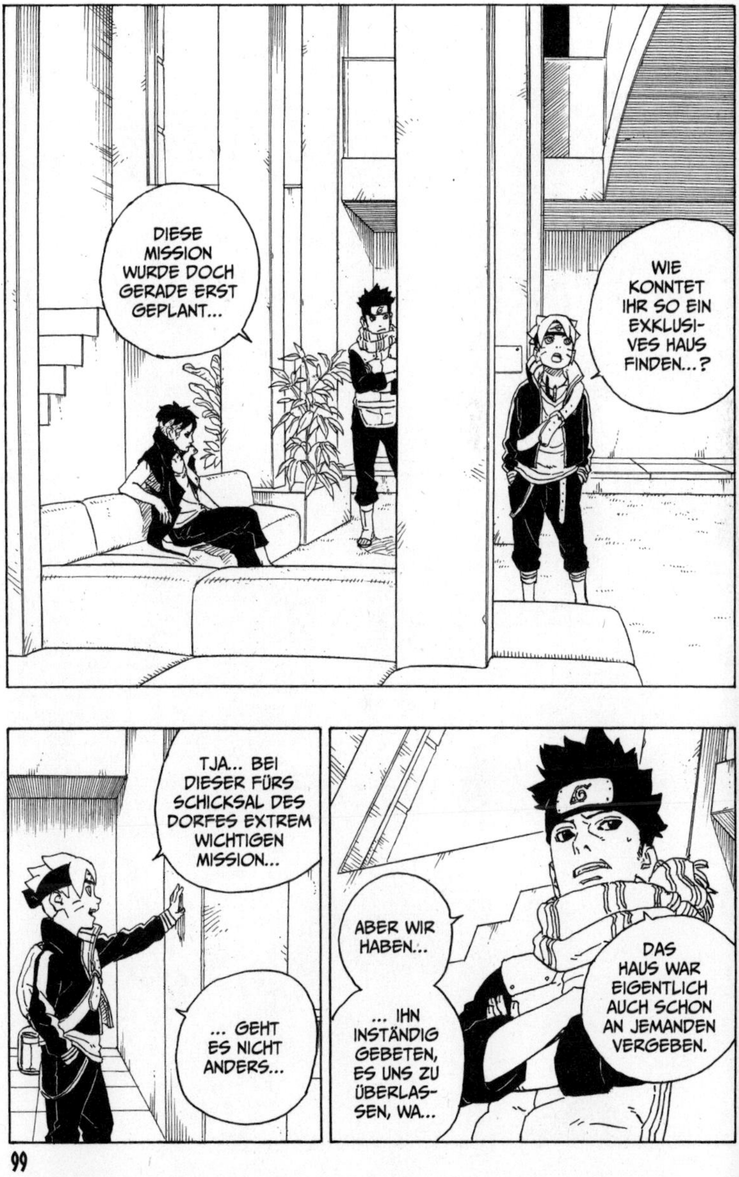
WIE KONNTET IHR SO EIN EXKLUSIVES HAUS FINDEN...?
DIESE MISSION WURDE DOCH GERADE ERST GEPLANT...
DAS HAUS WAR EIGENTLICH AUCH SCHON AN JEMANDEN VERGEBEN.
ABER WIR HABEN...
... IHN INSTÄNDIG GEBETEN, ES UNS ZU ÜBERLASSEN, WA...
TJA... BEI DIESER FÜRS SCHICKSAL DES DORFES EXTREM WICHTIGEN MISSION...
... GEHT ES NICHT ANDERS...

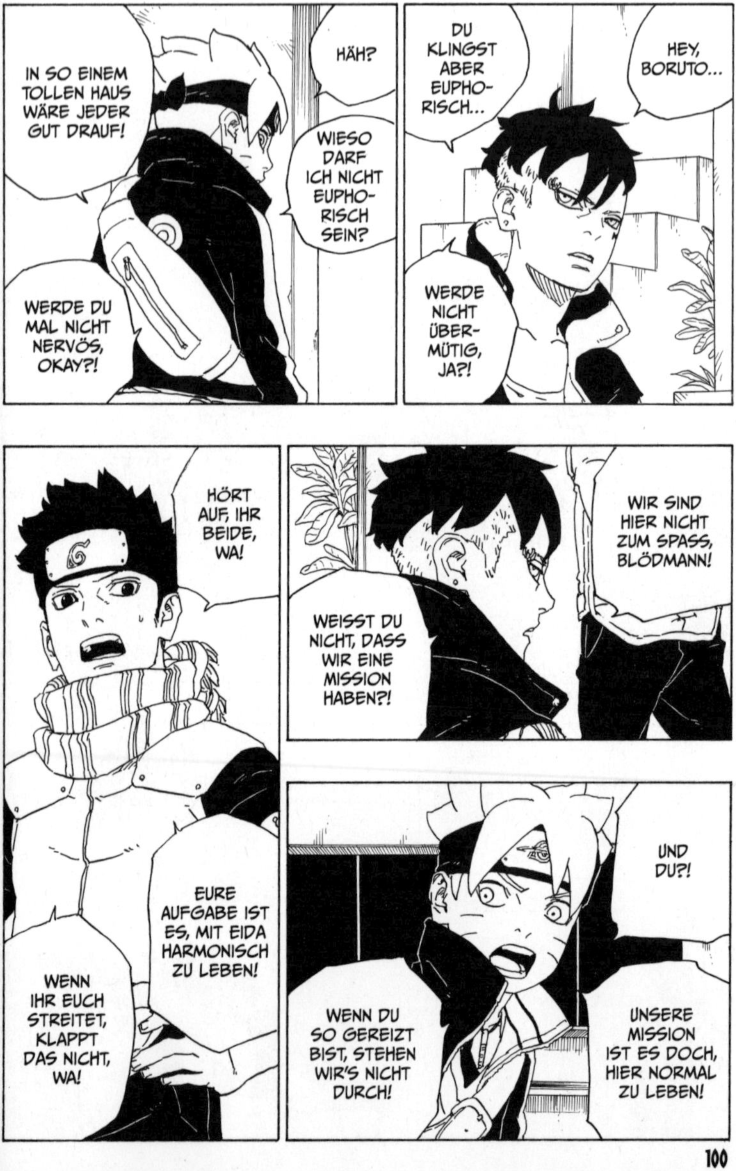
HEY, BORUTO...
DU KLINGST ABER EUPHORISCH...
WERDE NICHT ÜBERMÜTIG, JA?!
HÄH?
WIESO DARF ICH NICHT EUPHORISCH SEIN?
IN SO EINEM TOLLEN HAUS WÄRE JEDER GUT DRAUF!
WERDE DU MAL NICHT NERVÖS, OKAY?!
WIR SIND HIER NICHT ZUM SPASS, BLÖDMANN!
WEISST DU NICHT, DASS WIR EINE MISSION HABEN?!
UND DU?!
UNSERE MISSION IST ES DOCH, HIER NORMAL ZU LEBEN!
WENN DU SO GEREIZT BIST, STEHEN WIR'S NICHT DURCH!
HÖRT AUF, IHR BEIDE, WA!
EURE AUFGABE IST ES, MIT EIDA HARMONISCH ZU LEBEN!
WENN IHR EUCH STREITET, KLAPPT DAS NICHT, WA!

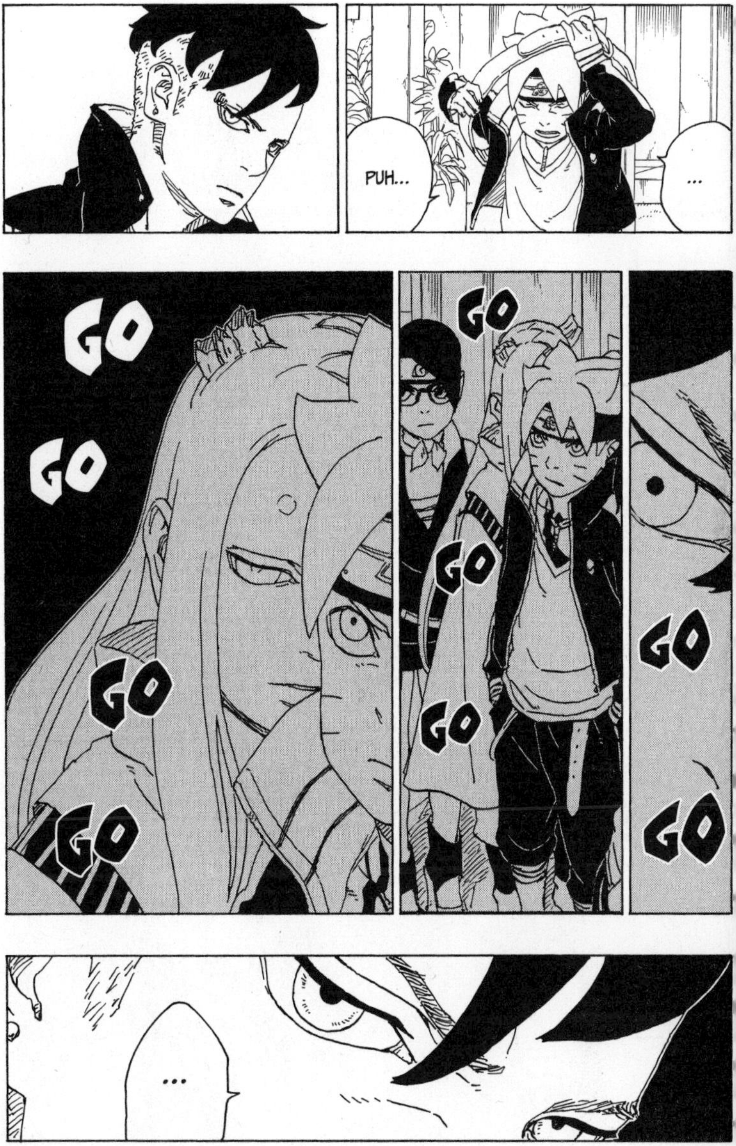
...
PUH...
GO
GO
GO
GO
GO
GO
GO
GO
GO
GO
...

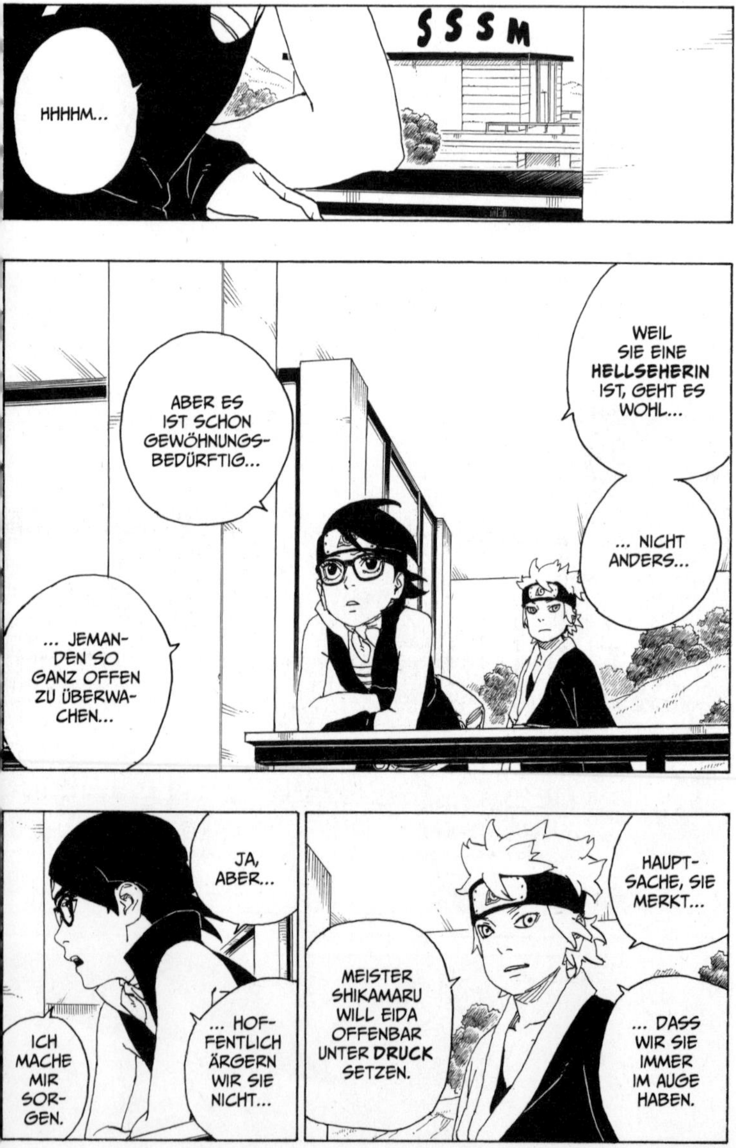
SSSM
HHHHM...
WEIL SIE EINE **HELLSEHERIN** IST, GEHT ES WOHL...
... NICHT ANDERS...
ABER ES IST SCHON GEWÖHNUNGSBEDÜRFTIG...
... JEMANDEN SO GANZ OFFEN ZU ÜBERWACHEN...
HAUPTSACHE, SIE MERKT...
... DASS WIR SIE IMMER IM AUGE HABEN.
MEISTER SHIKAMARU WILL EIDA OFFENBAR UNTER **DRUCK** SETZEN.
JA, ABER...
... HOFFENTLICH ÄRGERN WIR SIE NICHT...
ICH MACHE MIR SORGEN.

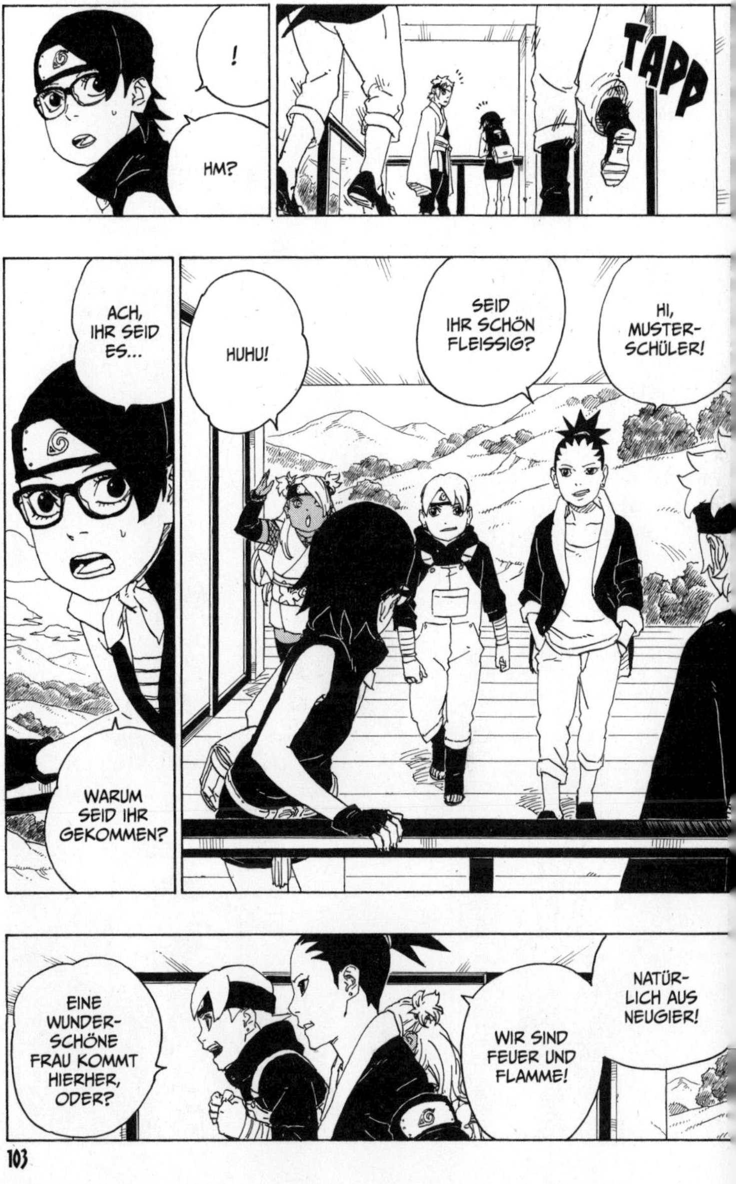
TAPP
!
HM?
HI, MUSTERSCHÜLER!
SEID IHR SCHÖN FLEISSIG?
HUHU!
ACH, IHR SEID ES...
WARUM SEID IHR GEKOMMEN?
NATÜRLICH AUS NEUGIER!
WIR SIND FEUER UND FLAMME!
EINE WUNDERSCHÖNE FRAU KOMMT HIERHER, ODER?

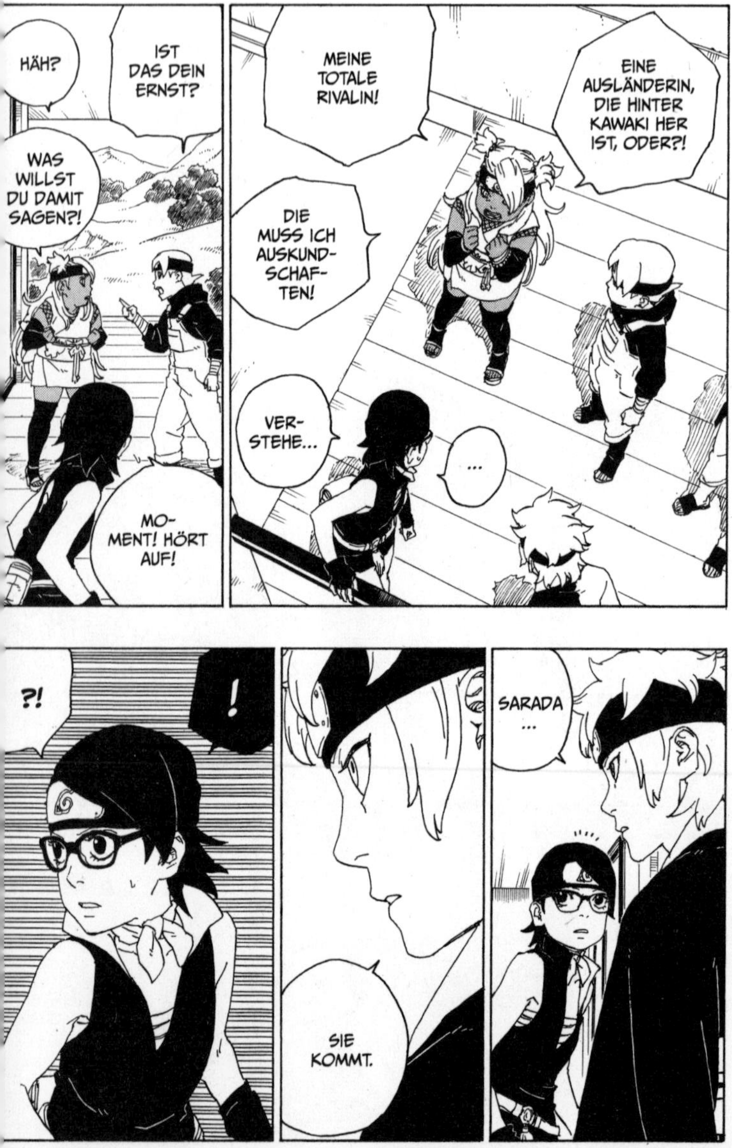
EINE AUSLÄNDERIN, DIE HINTER KAWAKI HER IST, ODER?!
MEINE TOTALE RIVALIN!
DIE MUSS ICH AUSKUNDSCHAFTEN!
...
VERSTEHE...
IST DAS DEIN ERNST?
HÄH?
WAS WILLST DU DAMIT SAGEN?!
MOMENT! HÖRT AUF!
SARADA ...
SIE KOMMT.
!
?!

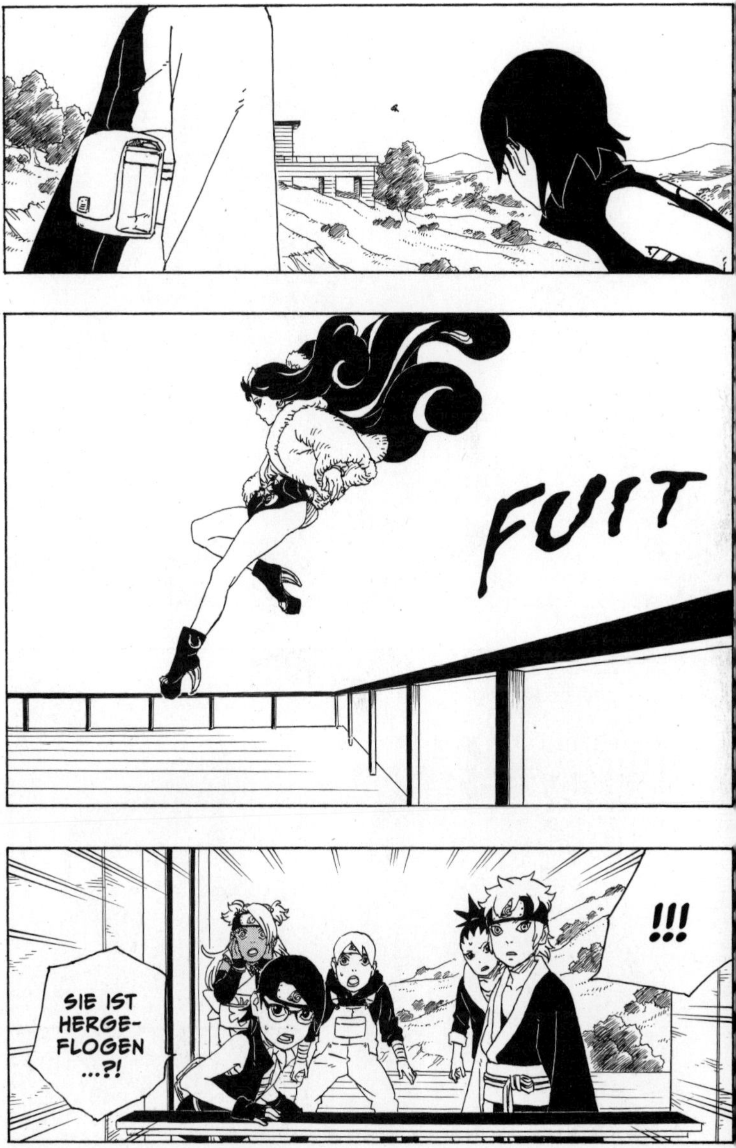
FUIT
!!!
SIE IST HERGE- FLOGEN ...?!

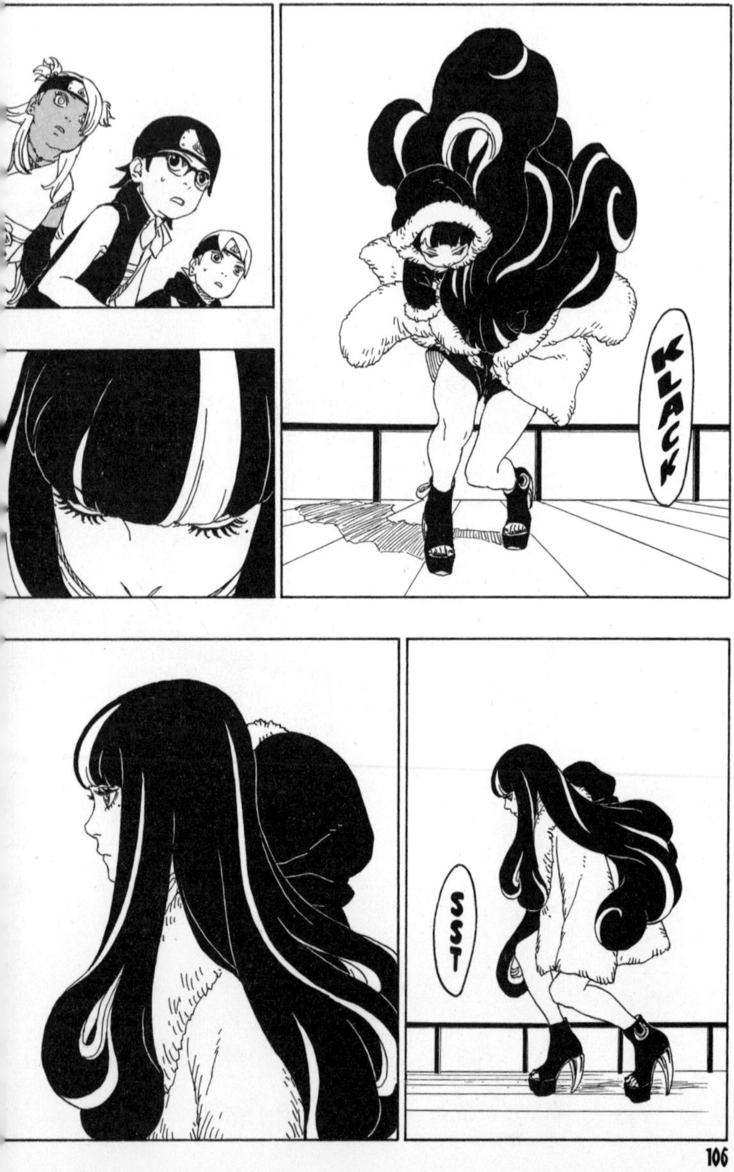
KLACK
SST

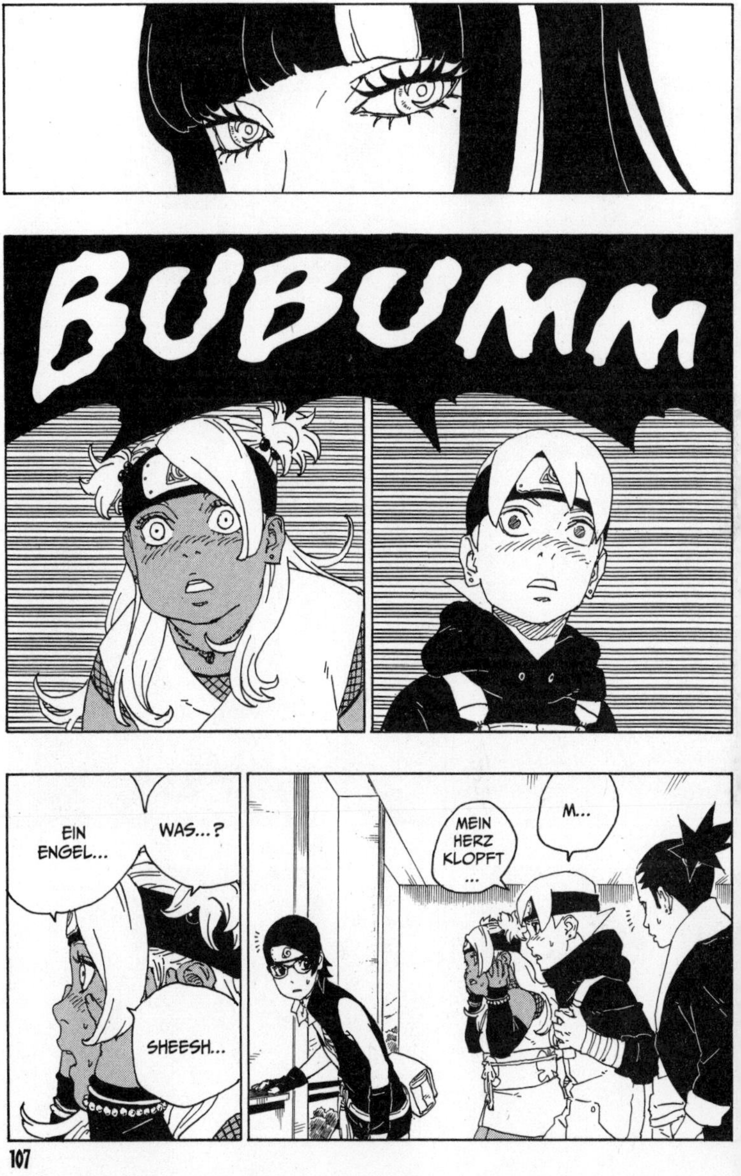
BUBUMM
M...
MEIN HERZ KLOPFT ...
WAS...?
EIN ENGEL...
SHEESH...

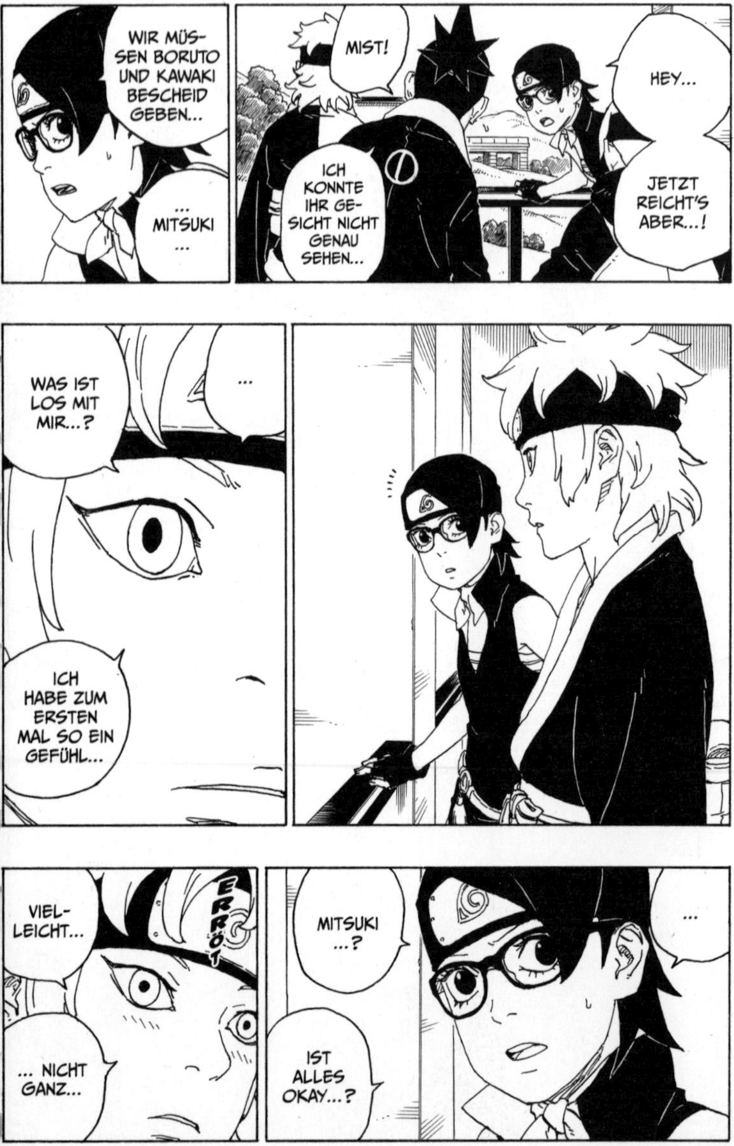
HEY...
JETZT REICHT'S ABER...!
MIST!
ICH KONNTE IHR GESICHT NICHT GENAU SEHEN...
WIR MÜS-SEN BORUTO UND KAWAKI BESCHEID GEBEN...
... MITSUKI ...
...
WAS IST LOS MIT MIR...?
ICH HABE ZUM ERSTEN MAL SO EIN GEFÜHL...
...
MITSUKI ...?
IST ALLES OKAY...?
ERRÖT
VIEL-LEICHT...
... NICHT GANZ...

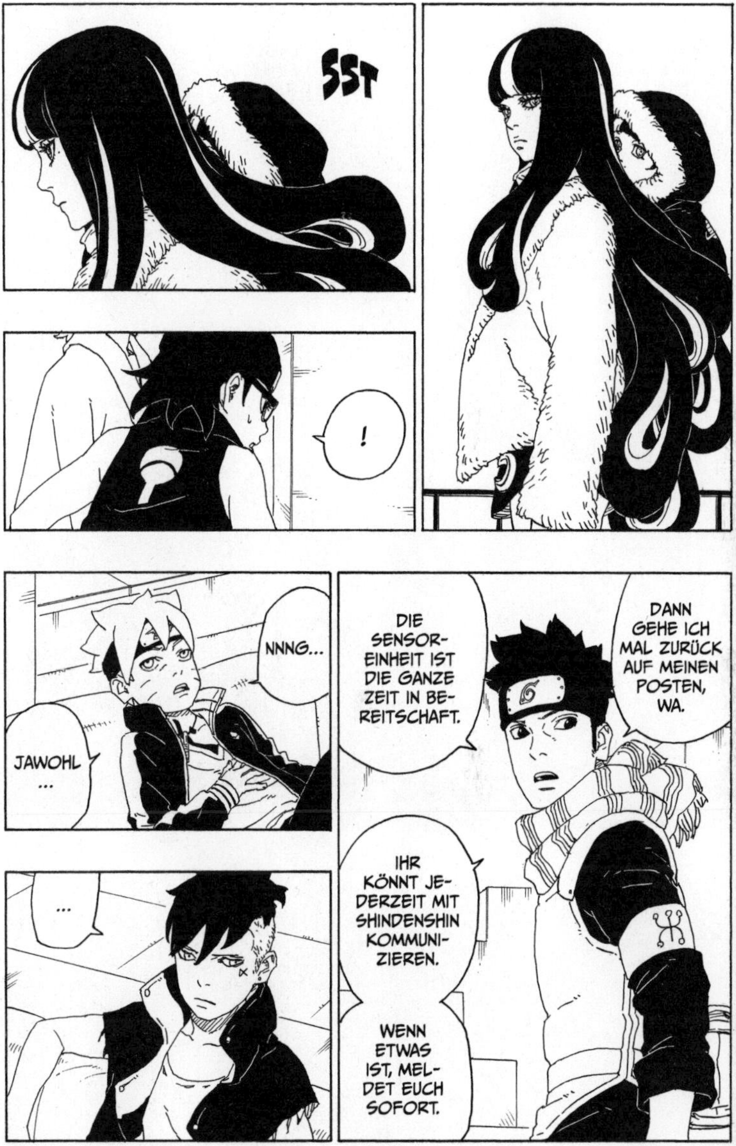
SST
!
DANN GEHE ICH MAL ZURÜCK AUF MEINEN POSTEN, WA.
DIE SENSOR-EINHEIT IST DIE GANZE ZEIT IN BE-REITSCHAFT.
IHR KÖNNT JE-DERZEIT MIT SHINDENSHIN KOMMUNI-ZIEREN.
WENN ETWAS IST, MEL-DET EUCH SOFORT.
NNNG...
JAWOHL ...
...

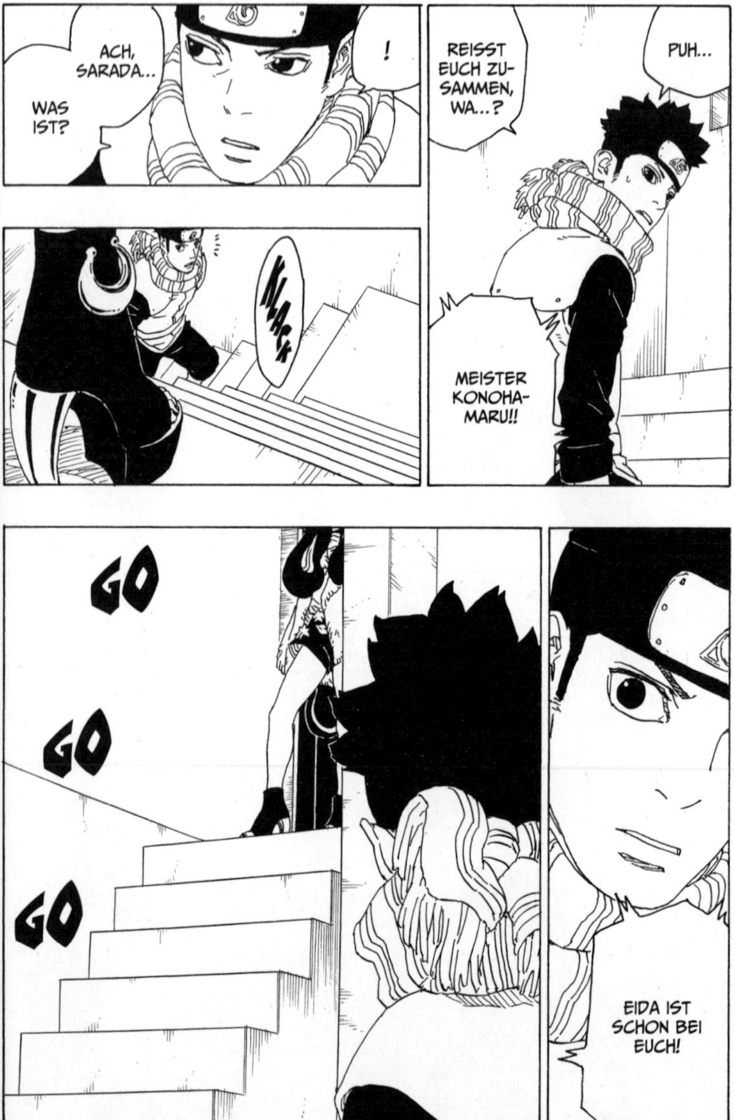
PUH...
REISST EUCH ZU-SAMMEN, WA...?
MEISTER KONOHA-MARU!!
!
ACH, SARADA...
WAS IST?
KLACK
EIDA IST SCHON BEI EUCH!
GO
GO
GO

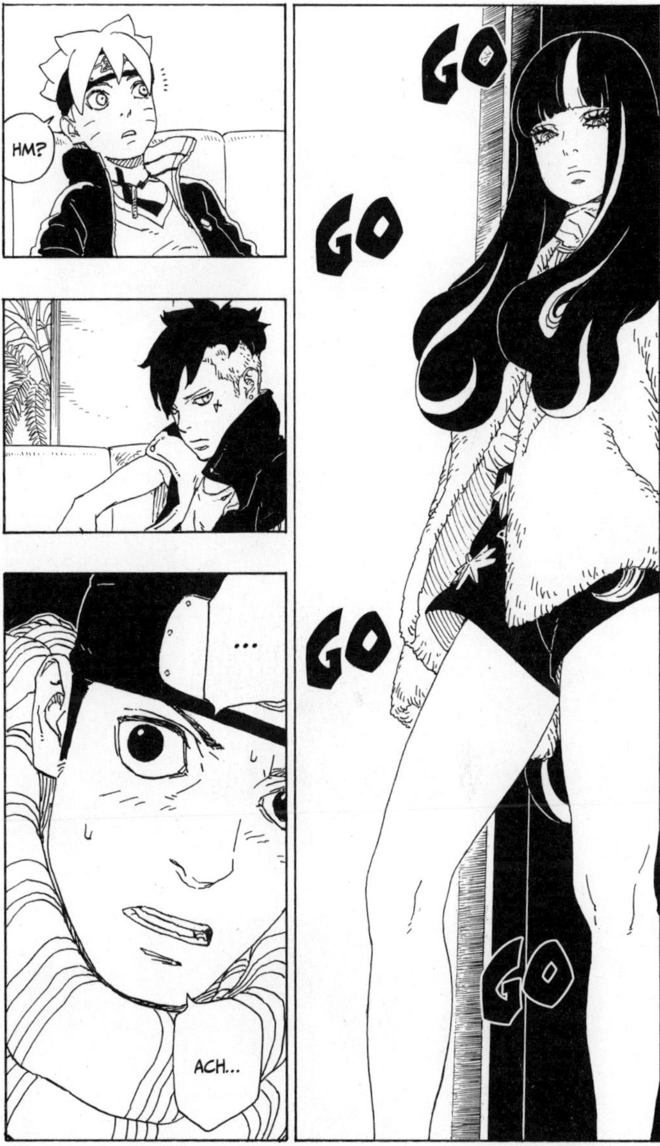
GO
GO
HM?
GO
...
ACH...
GO

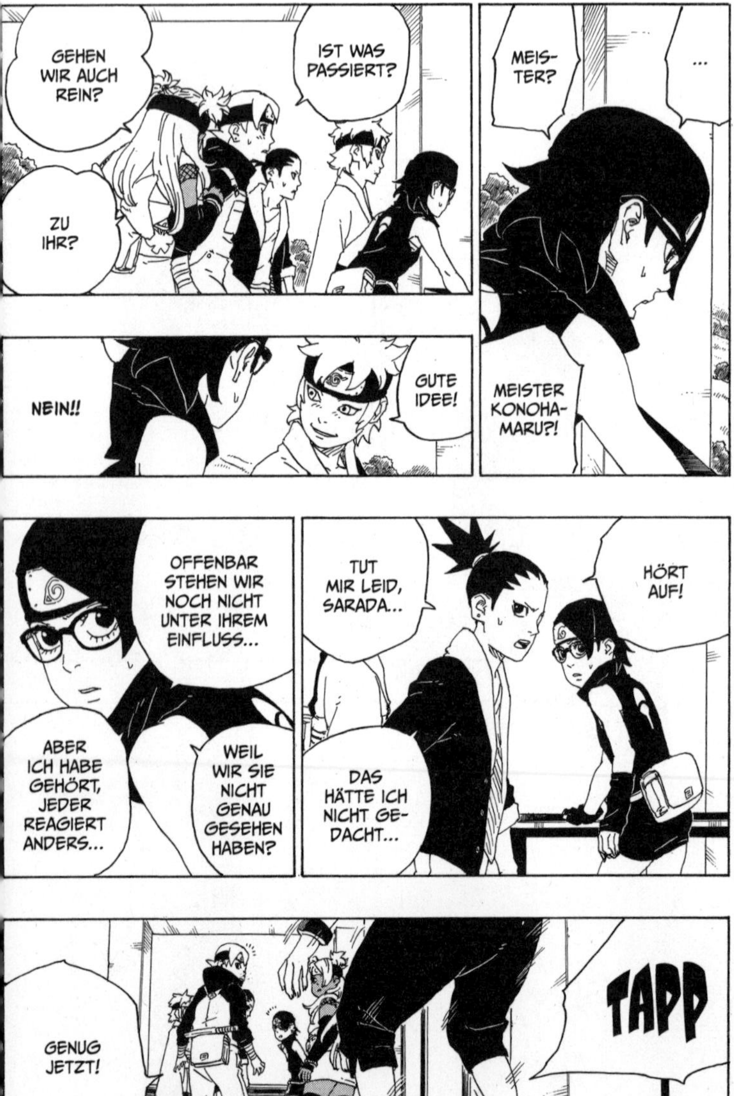
...
MEIS-TER?
MEISTER KONOHA-MARU?!
IST WAS PASSIERT?
GEHEN WIR AUCH REIN?
ZU IHR?
GUTE IDEE!
NEIN!!
HÖRT AUF!
TUT MIR LEID, SARADA...
DAS HÄTTE ICH NICHT GE-DACHT...
OFFENBAR STEHEN WIR NOCH NICHT UNTER IHREM EINFLUSS...
WEIL WIR SIE NICHT GENAU GESEHEN HABEN?
ABER ICH HABE GEHÖRT, JEDER REAGIERT ANDERS...
TAPP
GENUG JETZT!

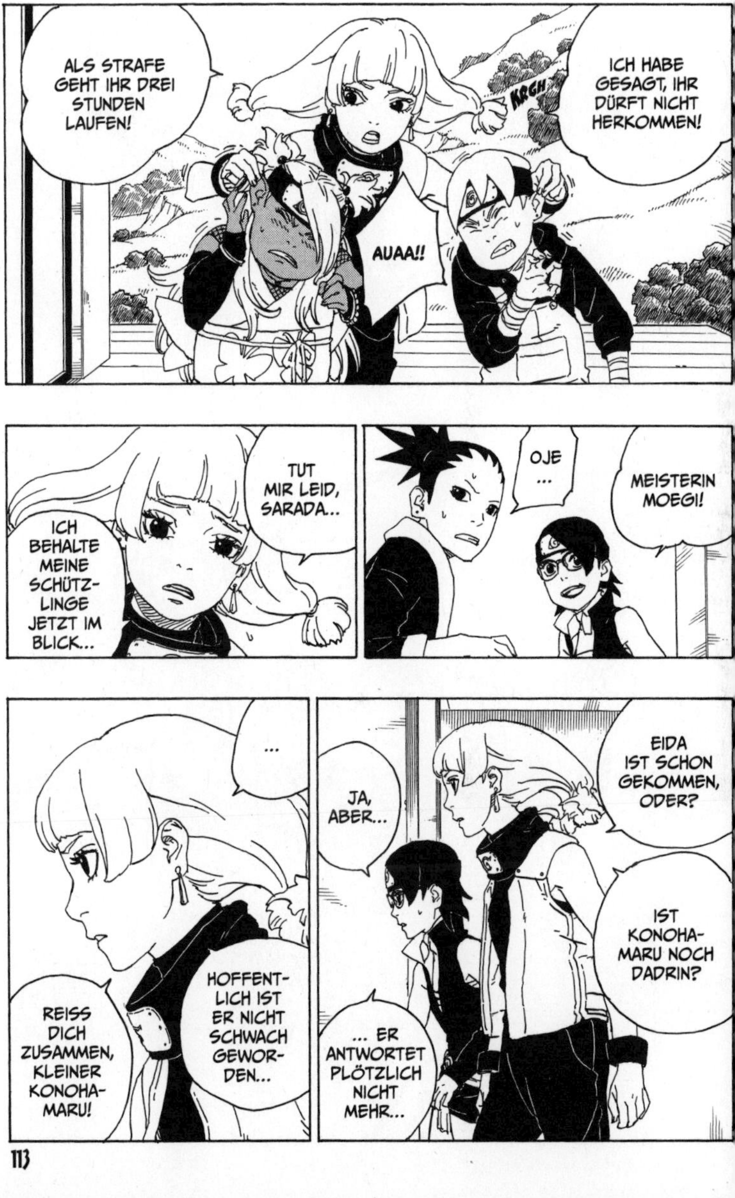
ICH HABE GESAGT, IHR DÜRFT NICHT HERKOMMEN!
KRGH
AUAA!!
ALS STRAFE GEHT IHR DREI STUNDEN LAUFEN!
MEISTERIN MOEGI!
OJE ...
TUT MIR LEID, SARADA...
ICH BEHALTE MEINE SCHÜTZLINGE JETZT IM BLICK...
EIDA IST SCHON GEKOMMEN, ODER?
JA, ABER...
IST KONOHAMARU NOCH DADRIN?
... ER ANTWORTET PLÖTZLICH NICHT MEHR...
...
HOFFENTLICH IST ER NICHT SCHWACH GEWORDEN...
REISS DICH ZUSAMMEN, KLEINER KONOHAMARU!

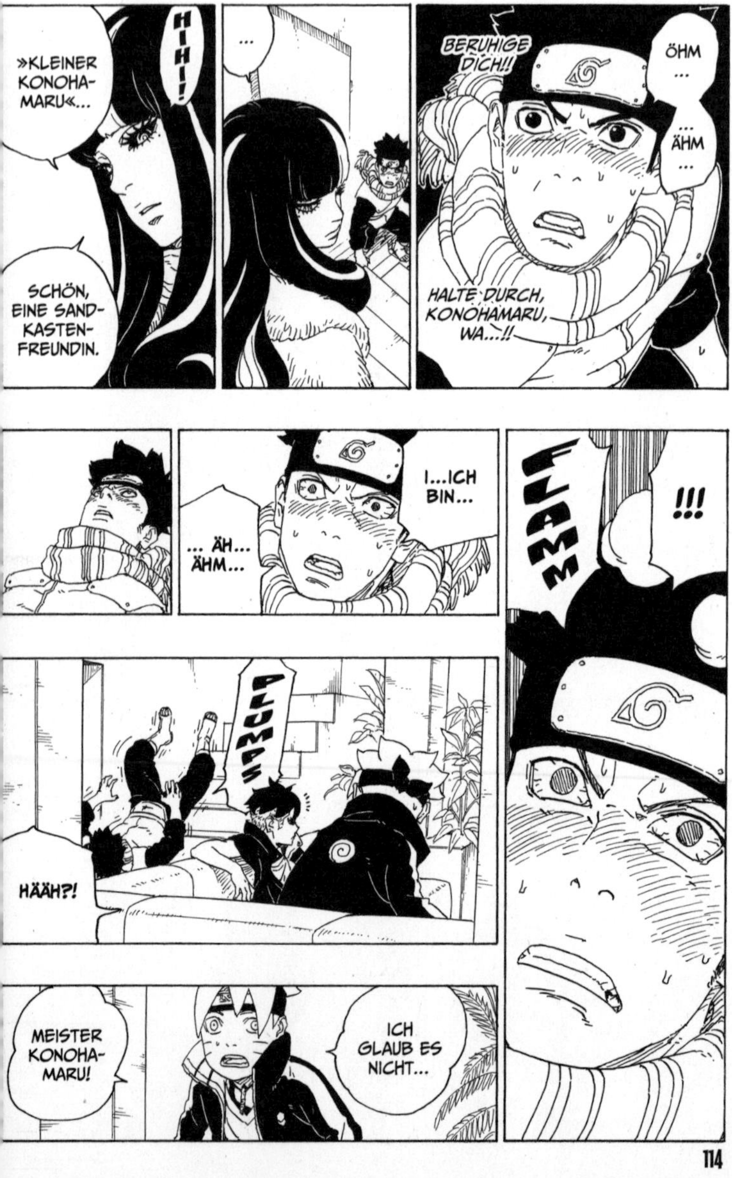
BERUHIGE DICH!!
ÖHM ...
... ÄHM ...
HALTE DURCH, KONOHAMARU, WA...!!
...
HIHI!
»KLEINER KONOHAMARU«...
SCHÖN, EINE SANDKASTENFREUNDIN.
FLAMM
!!!
I...ICH BIN...
... ÄH... ÄHM...
PLUMPS
HÄÄH?!
ICH GLAUB ES NICHT...
MEISTER KONOHAMARU!

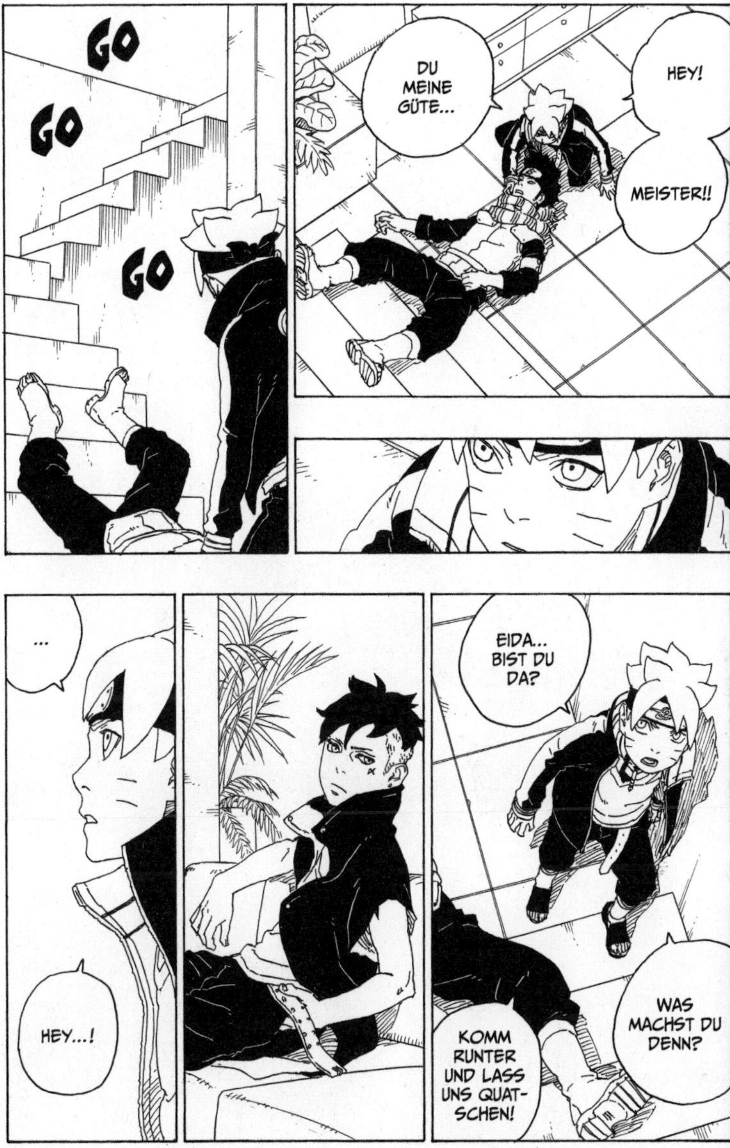
HEY!
MEISTER!!
DU MEINE GÜTE...
GO
GO
GO
EIDA... BIST DU DA?
WAS MACHST DU DENN?
KOMM RUNTER UND LASS UNS QUATSCHEN!
...
HEY...!

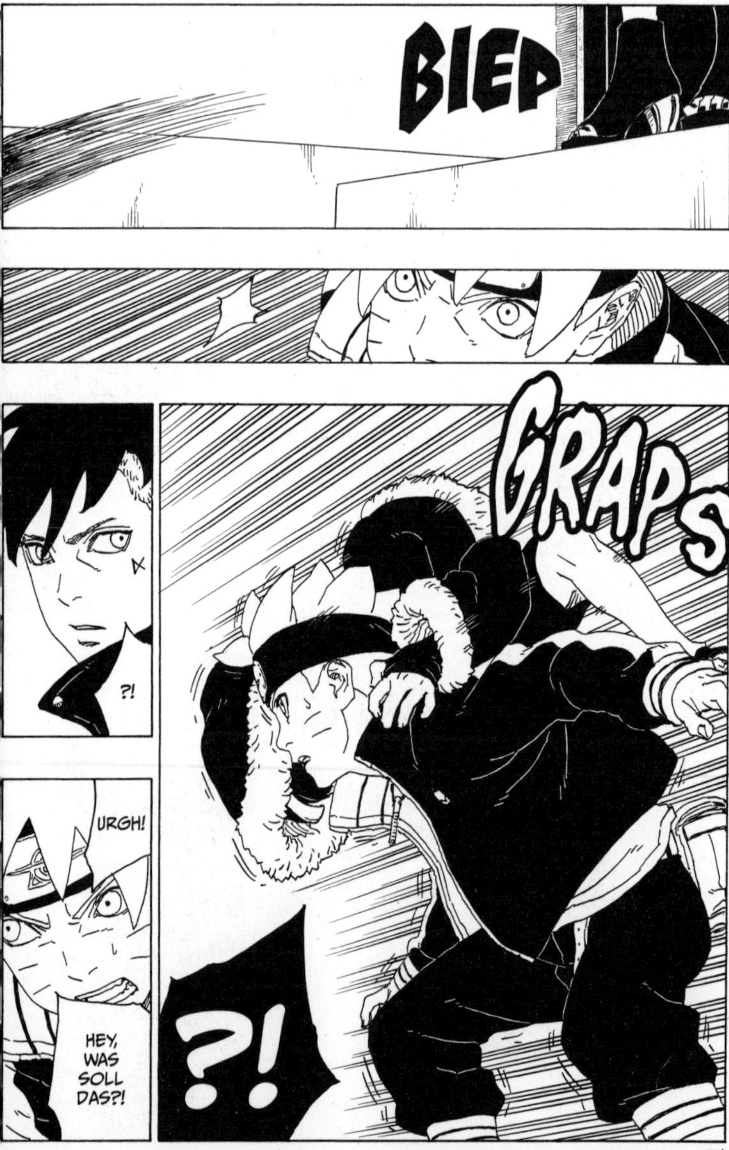
BIEP
GRAPS
?!
URGH!
HEY, WAS SOLL DAS?!
?!

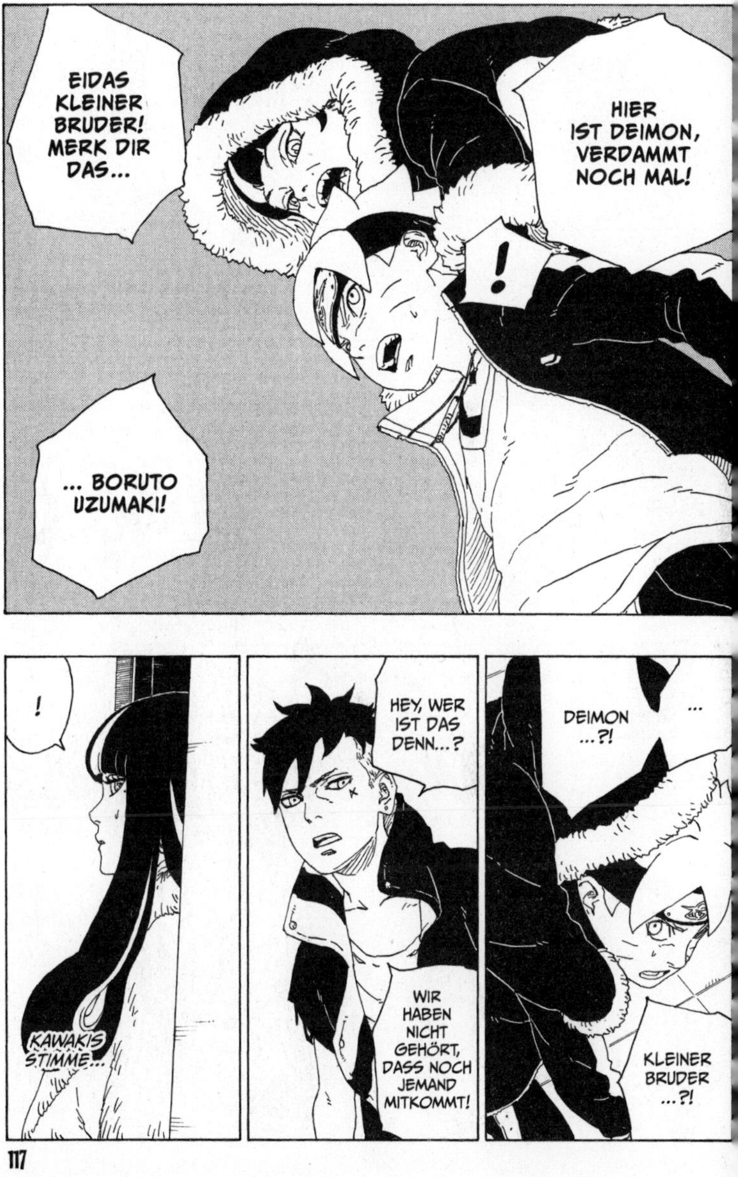
HIER IST DEIMON, VERDAMMT NOCH MAL!
!
EIDAS KLEINER BRUDER! MERK DIR DAS...
... BORUTO UZUMAKI!
...
DEIMON ...?!
KLEINER BRUDER ...?!
HEY, WER IST DAS DENN...?
WIR HABEN NICHT GEHÖRT, DASS NOCH JEMAND MITKOMMT!
!
KAWAKIS STIMME...

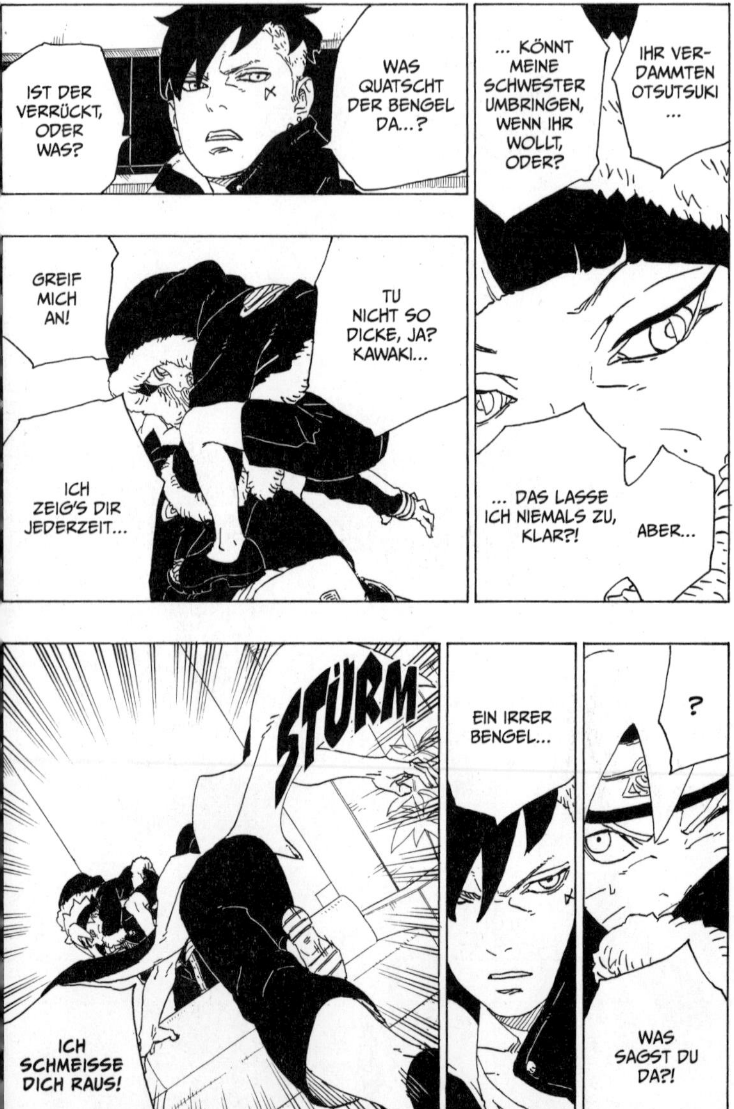
IHR VERDAMMTEN OTSUTSUKI ...
... KÖNNT MEINE SCHWESTER UMBRINGEN, WENN IHR WOLLT, ODER?
ABER...
... DAS LASSE ICH NIEMALS ZU, KLAR?!
WAS QUATSCHT DER BENGEL DA...?
IST DER VERRÜCKT, ODER WAS?
TU NICHT SO DICKE, JA? KAWAKI...
GREIF MICH AN!
ICH ZEIG'S DIR JEDERZEIT...
?
WAS SAGST DU DA?!
EIN IRRER BENGEL...
STÜRM
ICH SCHMEISSE DICH RAUS!

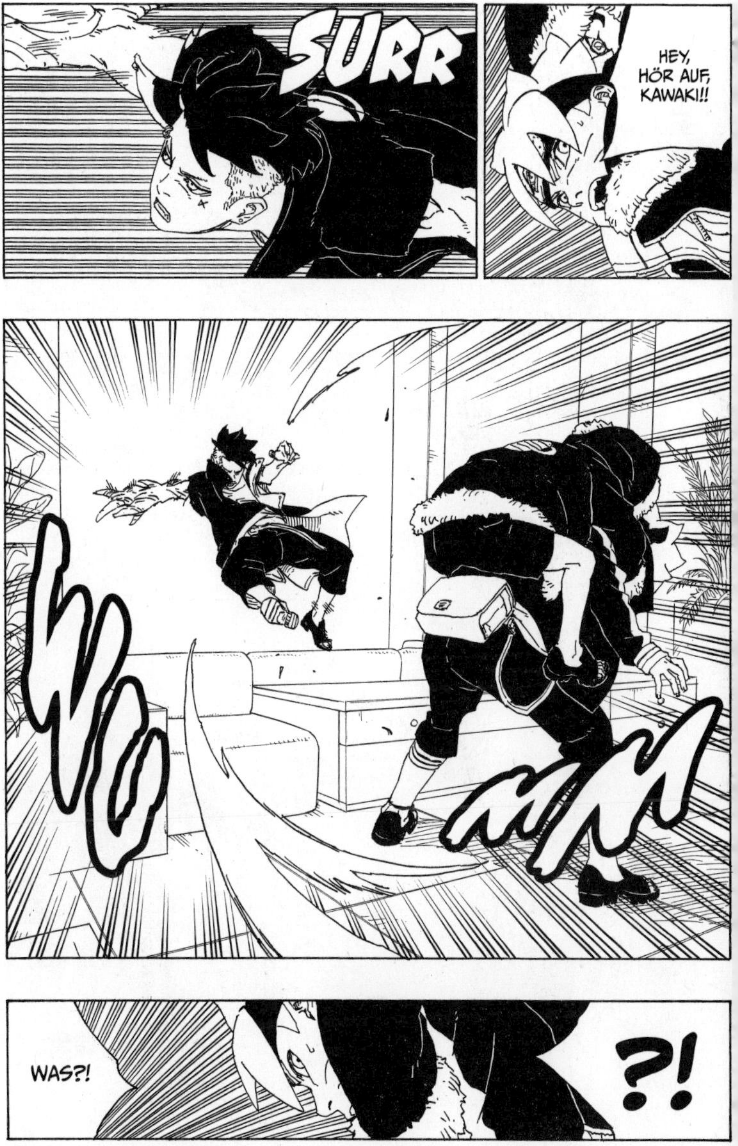
HEY, HÖR AUF, KAWAKI!!
SURR
?!
WAS?!

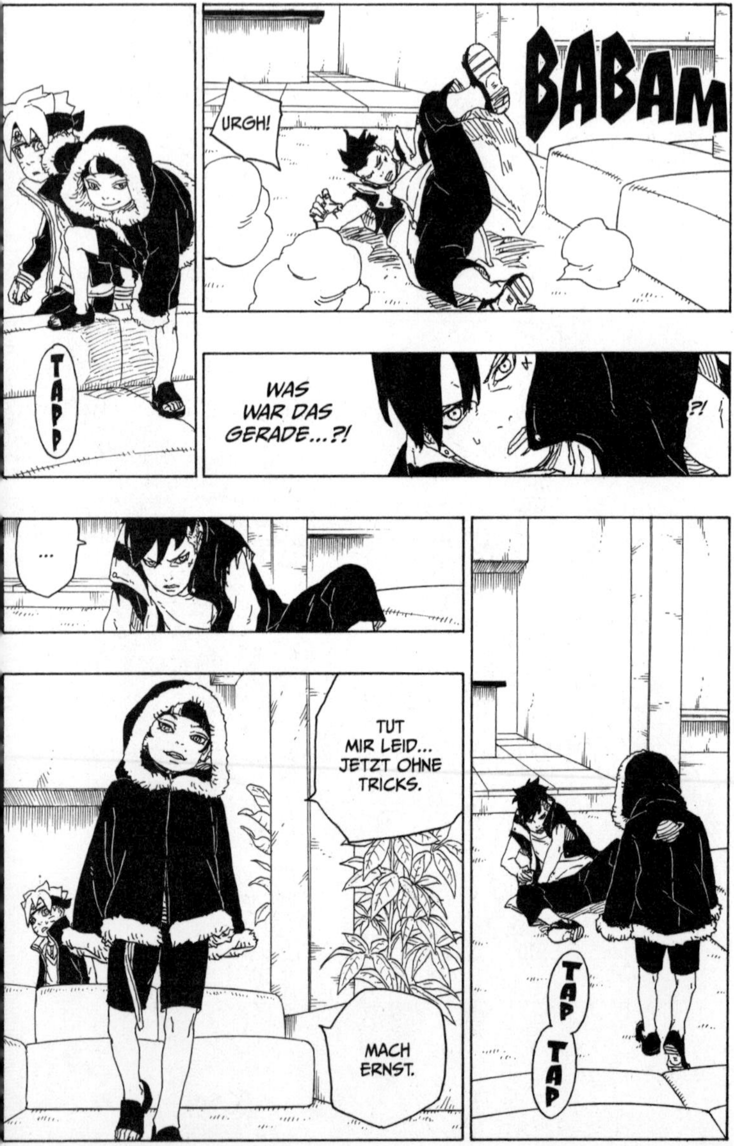
BABAM
URGH!
WAS WAR DAS GERADE...?!
?!
TAPP
TAP TAP
...
TUT MIR LEID... JETZT OHNE TRICKS.
MACH ERNST.

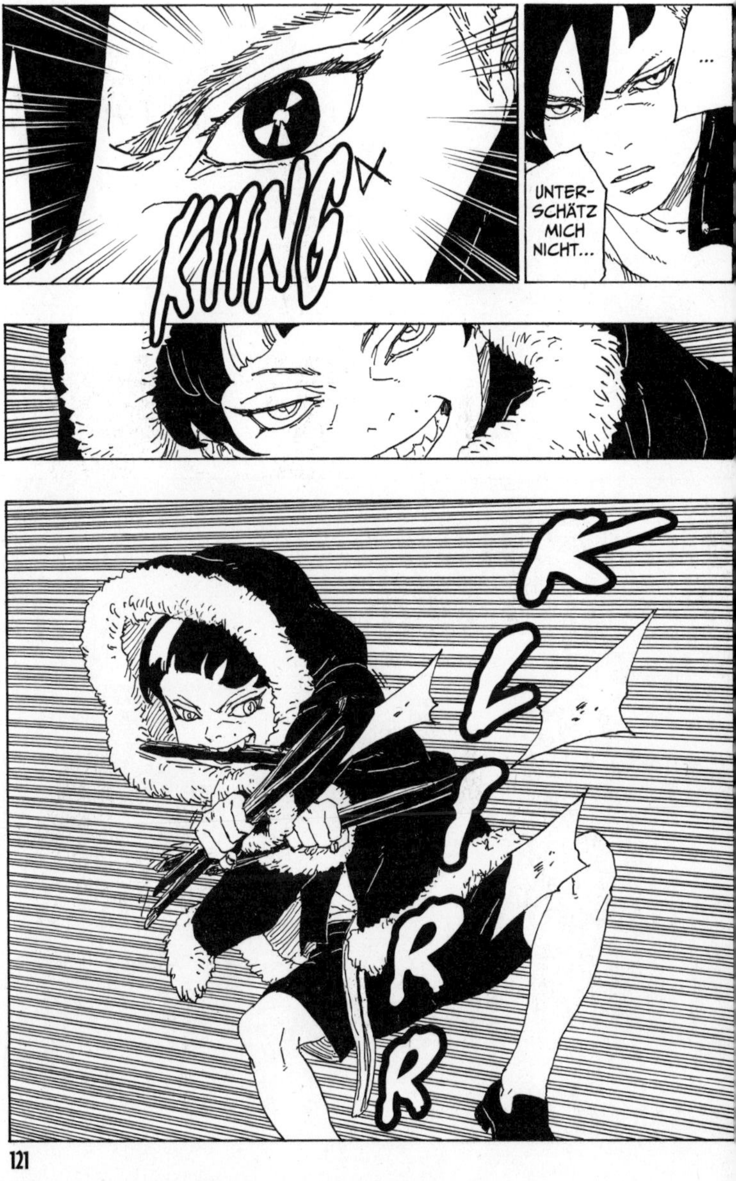
...
UNTER-SCHÄTZ MICH NICHT...
KLING
KLIRR

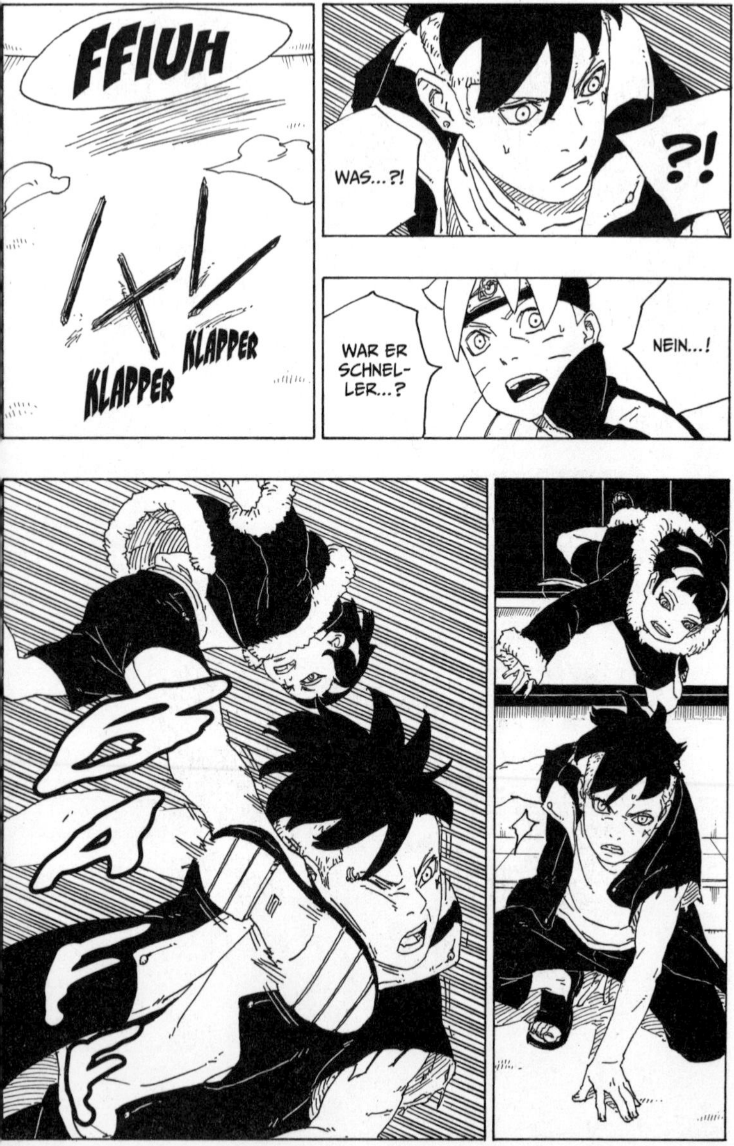
?!
WAS...?!
NEIN...!
WAR ER SCHNEL-LER...?
FFIUH
KLAPPER
KLAPPER

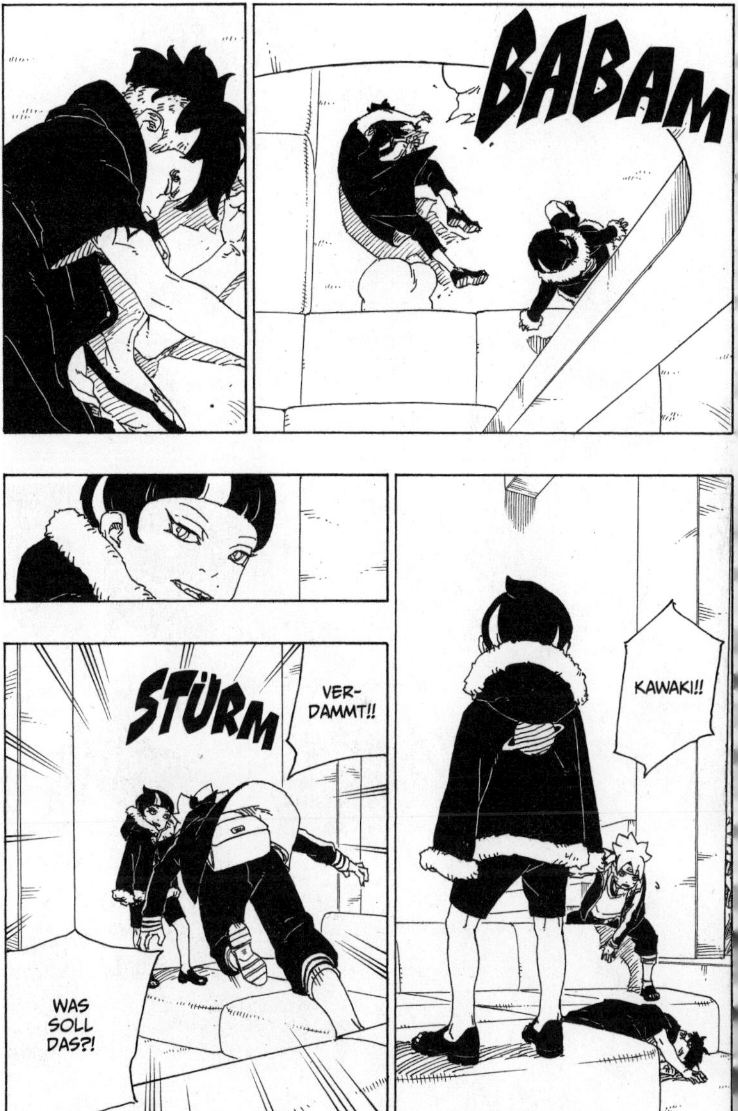
BABAM
KAWAKI!!
STÜRM
VER-
DAMMT!!
WAS
SOLL
DAS?!

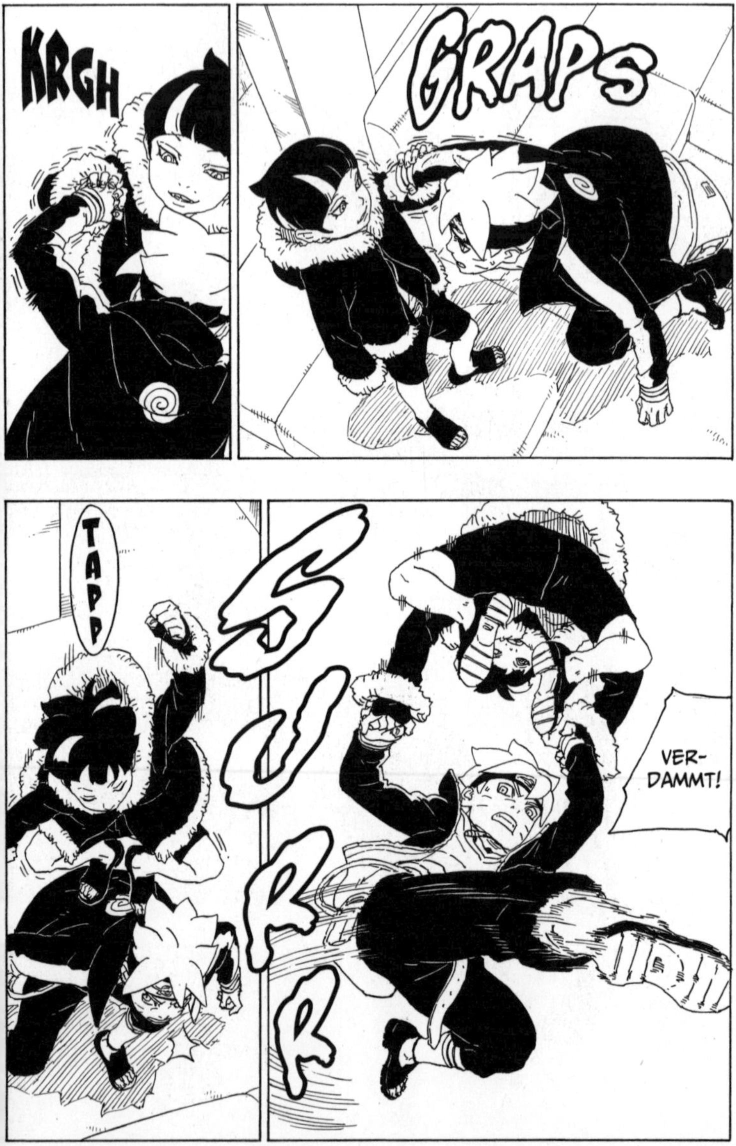
GRAPS
KRGH
VER-
DAMMT!
SURR
TAPP

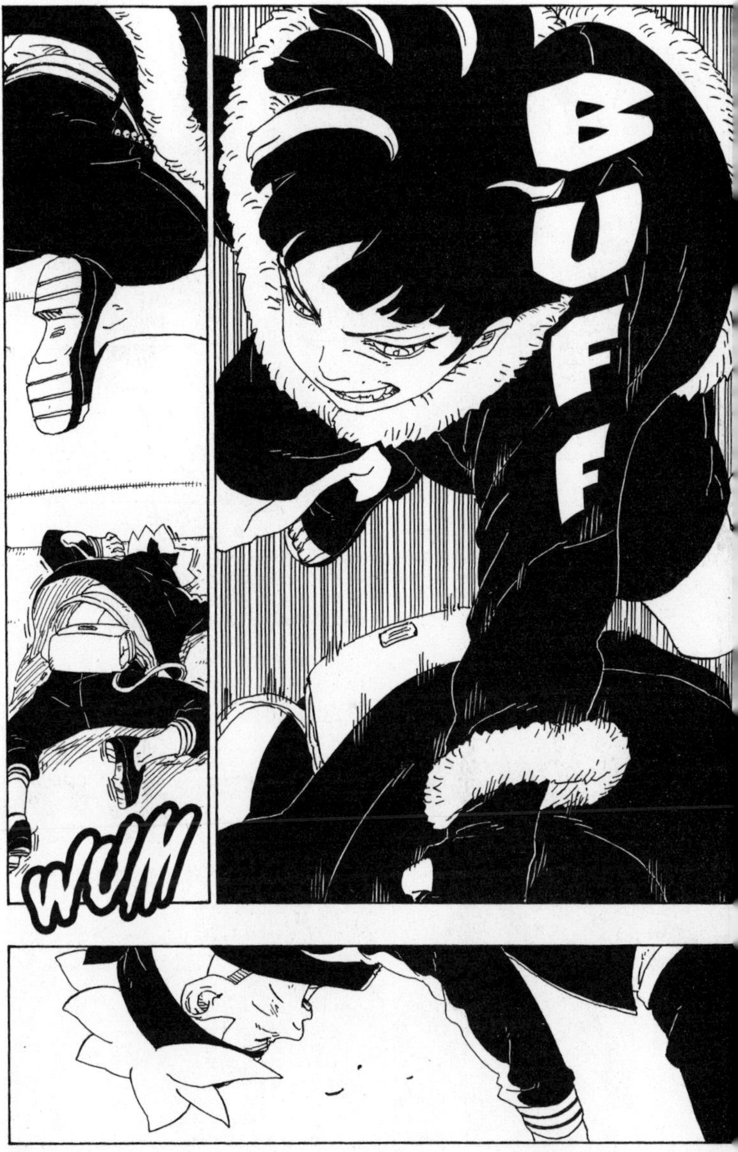
BUFFF
WUM

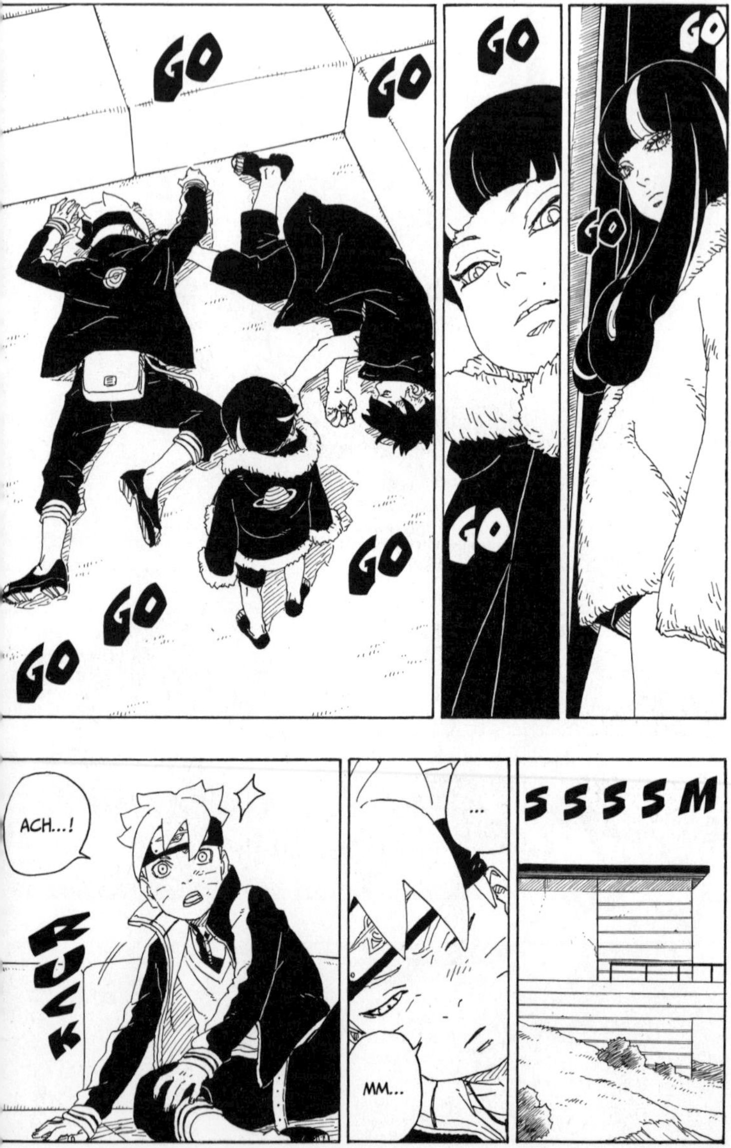

GO
GO
GO
GO
GO
GO
GO
GO
GO
SSSSM
...
MM...
ACH...!
RUCK

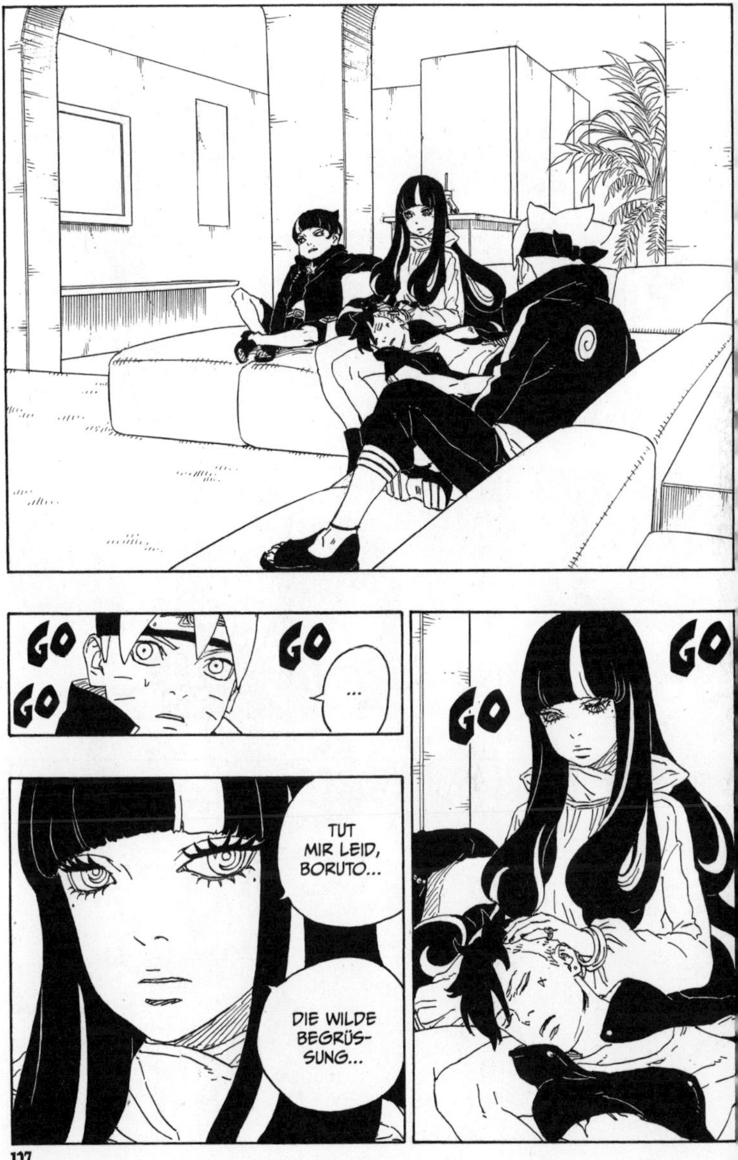
GO
GO
GO
GO
GO
...
TUT MIR LEID, BORUTO...
DIE WILDE BEGRÜS-SUNG...

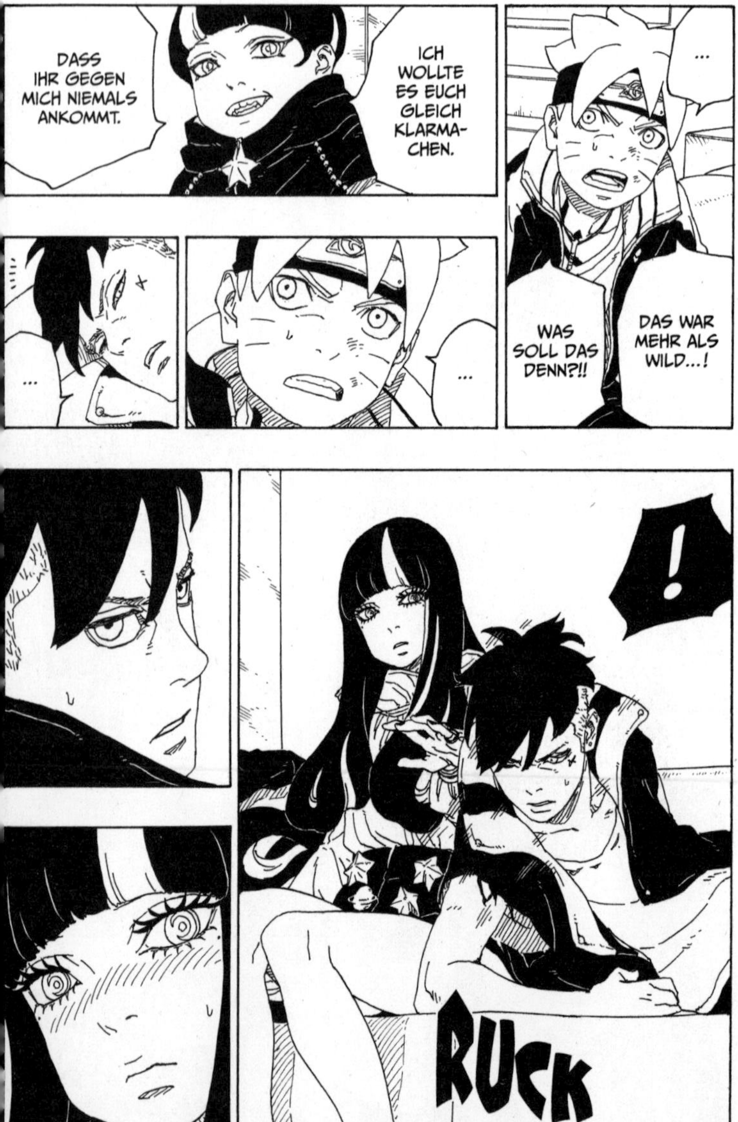
ICH WOLLTE ES EUCH GLEICH KLARMACHEN.
DASS IHR GEGEN MICH NIEMALS ANKOMMT.
...
DAS WAR MEHR ALS WILD...!
WAS SOLL DAS DENN?!!
...
...
!
RUCK

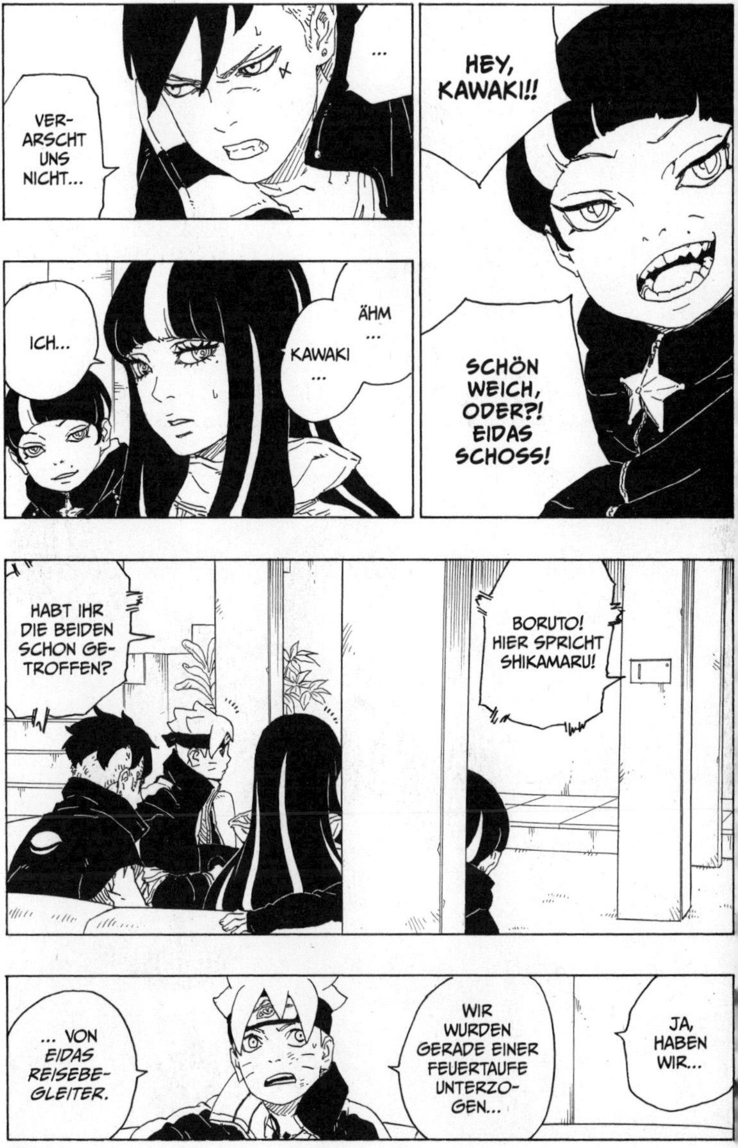
HEY, KAWAKI!!
SCHÖN WEICH, ODER?! EIDAS SCHOSS!
...
VER-ARSCHT UNS NICHT...
ÄHM ... KAWAKI ...
ICH...
BORUTO! HIER SPRICHT SHIKAMARU!
HABT IHR DIE BEIDEN SCHON GE-TROFFEN?
JA, HABEN WIR...
WIR WURDEN GERADE EINER FEUERTAUFE UNTERZO-GEN...
... VON EIDAS REISEBE-GLEITER.

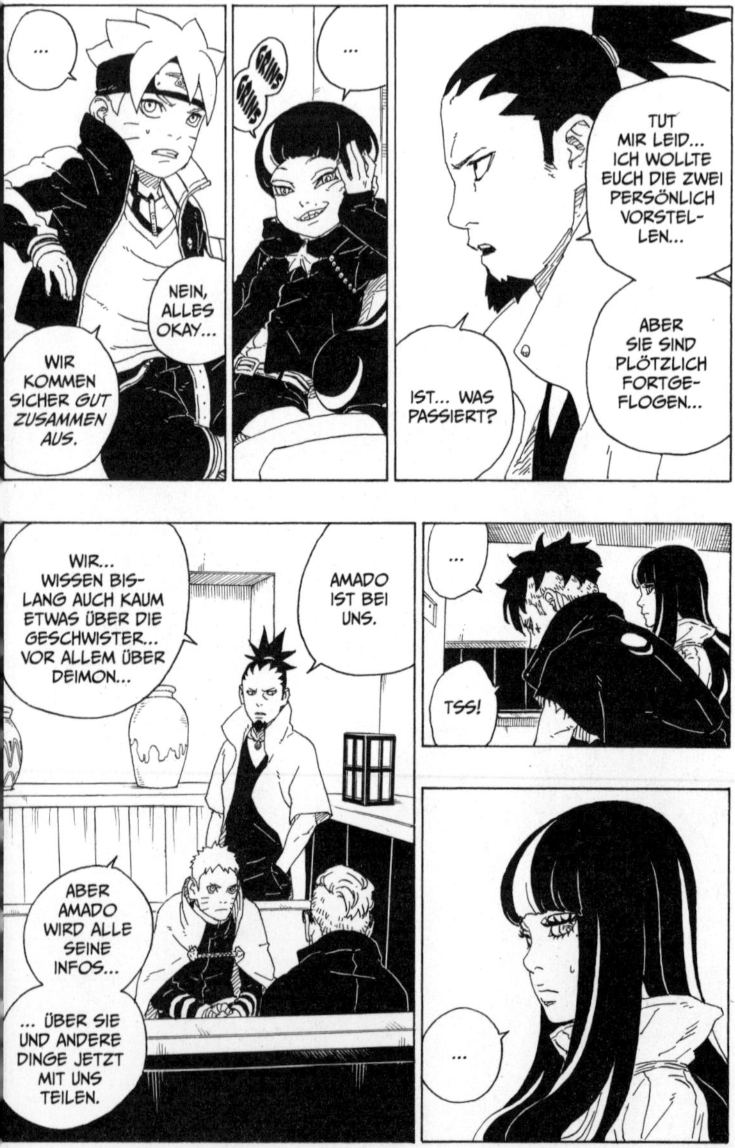
TUT MIR LEID... ICH WOLLTE EUCH DIE ZWEI PERSÖNLICH VORSTEL-LEN...
ABER SIE SIND PLÖTZLICH FORTGE-FLOGEN...
IST... WAS PASSIERT?
...
GRINS GRINS
NEIN, ALLES OKAY...
...
WIR KOMMEN SICHER GUT ZUSAMMEN AUS.
...
TSS!
AMADO IST BEI UNS.
WIR... WISSEN BIS-LANG AUCH KAUM ETWAS ÜBER DIE GESCHWISTER... VOR ALLEM ÜBER DEIMON...
ABER AMADO WIRD ALLE SEINE INFOS...
... ÜBER SIE UND ANDERE DINGE JETZT MIT UNS TEILEN.
...

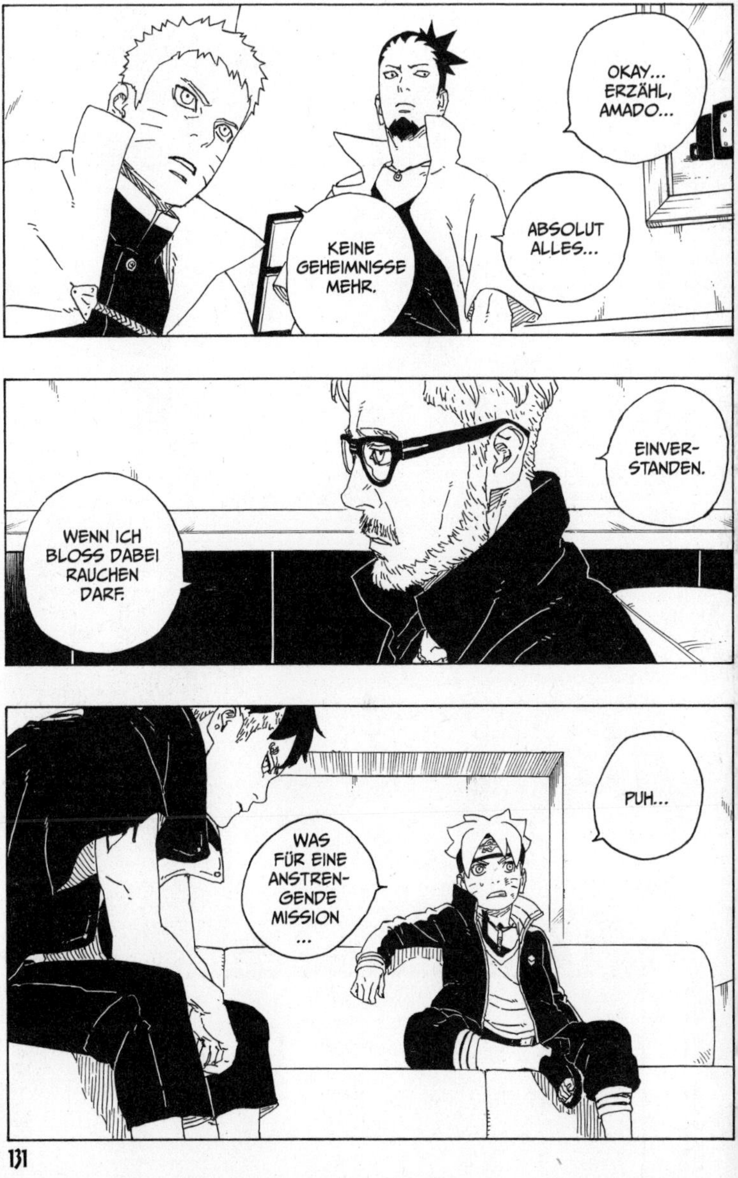
OKAY... ERZÄHL, AMADO...
ABSOLUT ALLES...
KEINE GEHEIMNISSE MEHR.
EINVERSTANDEN.
WENN ICH BLOSS DABEI RAUCHEN DARF.
PUH...
WAS FÜR EINE ANSTRENGENDE MISSION ...

IHR UNBEKANNTEN NINJAS, ZEIGT EUCH DER WELT!!

KURZ: BORU-STAR!!

『BORUTO』 STAR-WETTBEWERB!!

ZEICHNE DEINEN EIGENEN NINJA UND NIMM AM BORU-STAR TEIL!!

INFOS FÜR DICH, BEWERBER

EIN PAAR TIPPS ZUR ENTWICKLUNG DEINES EIGENEN NINJAS!

1 DER NAME SOLLTE RICHTIG BEEINDRUCKEND SEIN!

EIN ORIGINELLER NAME, DEN MAN IMMER WIEDER RUFEN WILL, MACHT GROSSEN EINDRUCK! DU KANNST DEINEN CHARAKTER LEBENDIG MACHEN, WENN DU IHN NACH EINEM REALEN GEGENSTAND UND DESSEN EIGENSCHAFTEN BENENNST!

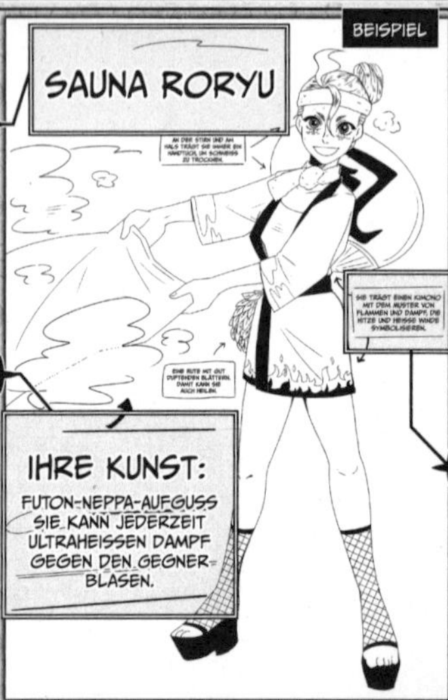

2 DAS WICHTIGSTE IST EIN KLARES UND ERKENNBARES DESIGN!

DER CHARAKTER AUF DER BEISPIEL-KARTE IST ANHAND DER SAUNA CHARAKTERISIERT. ER ENTHÄLT DETAILS, DIE ZUM MOTIV PASSEN: SEINE HAARE SEHEN WIE DAMPF AUS UND DAS KLEID HAT EIN FLAMMEN-MUSTER...!

3 NENNE DIE BESONDERE KUNST DEINES CHARAKTERS!

EINE BESONDERE KUNST, DIE NUR ZU DEINEM CHARAKTER GEHÖRT, IST AUCH SEHR WICHTIG!! UND WENN DU IHR EINEN PASSENDEN NAMEN GIBST, BIST DU SCHON FAST DER GEWINNER! DENK DIR EINEN NAMEN AUS, DEN DU GERNE AUSSPRICHST!

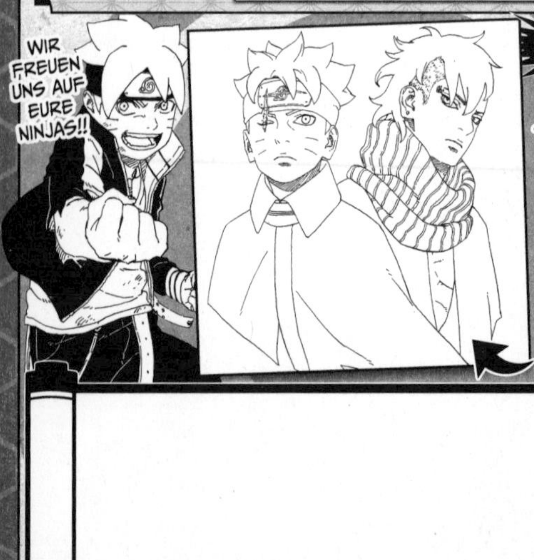

AUSSERDEM...

WENN DEIN NINJA ALS BORU-STAR AUSGEWÄHLT WIRD... WIRD MEISTER IKEMOTO DEINEN ORIGINAL-NINJA ZEICHNEN!!

...SCHENKEN WIR DIR EIN BILD VON IKEMOTO-SENSEI MIT DEINEM NAMEN UND SEINEM AUTOGRAMM!

75: Gottes Bereich

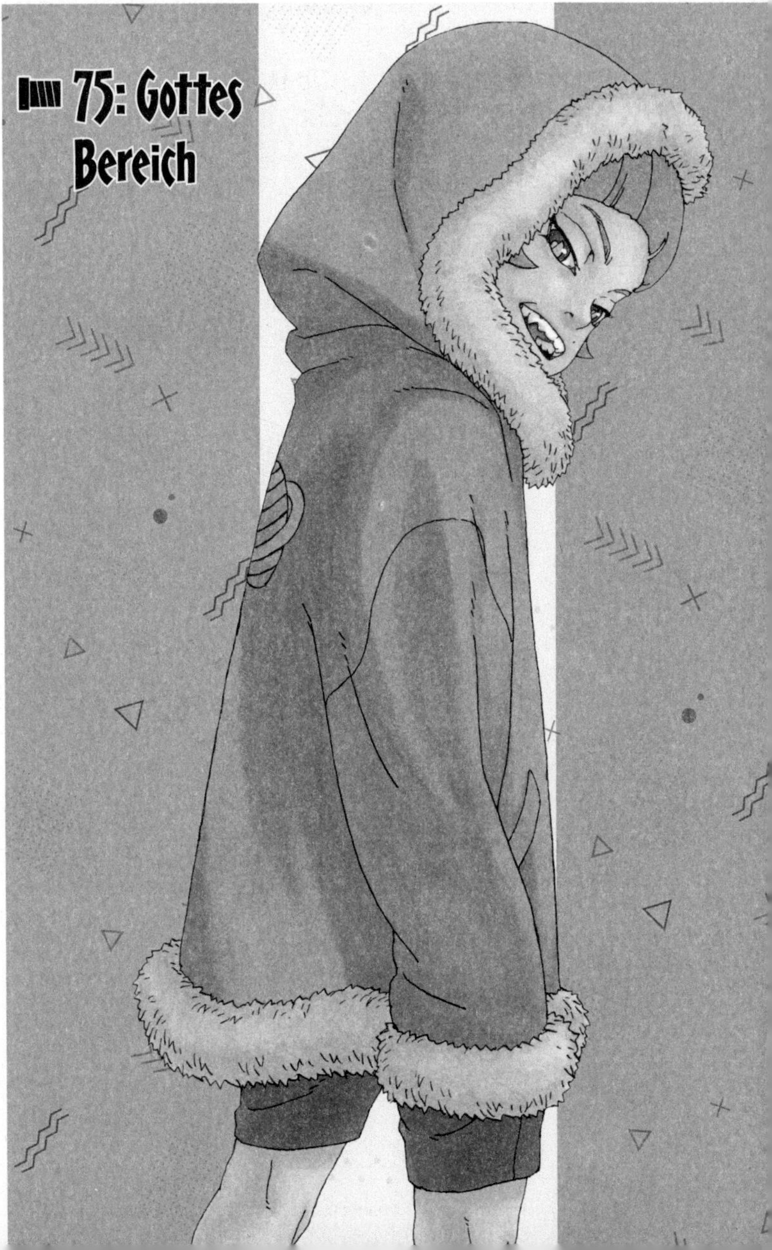

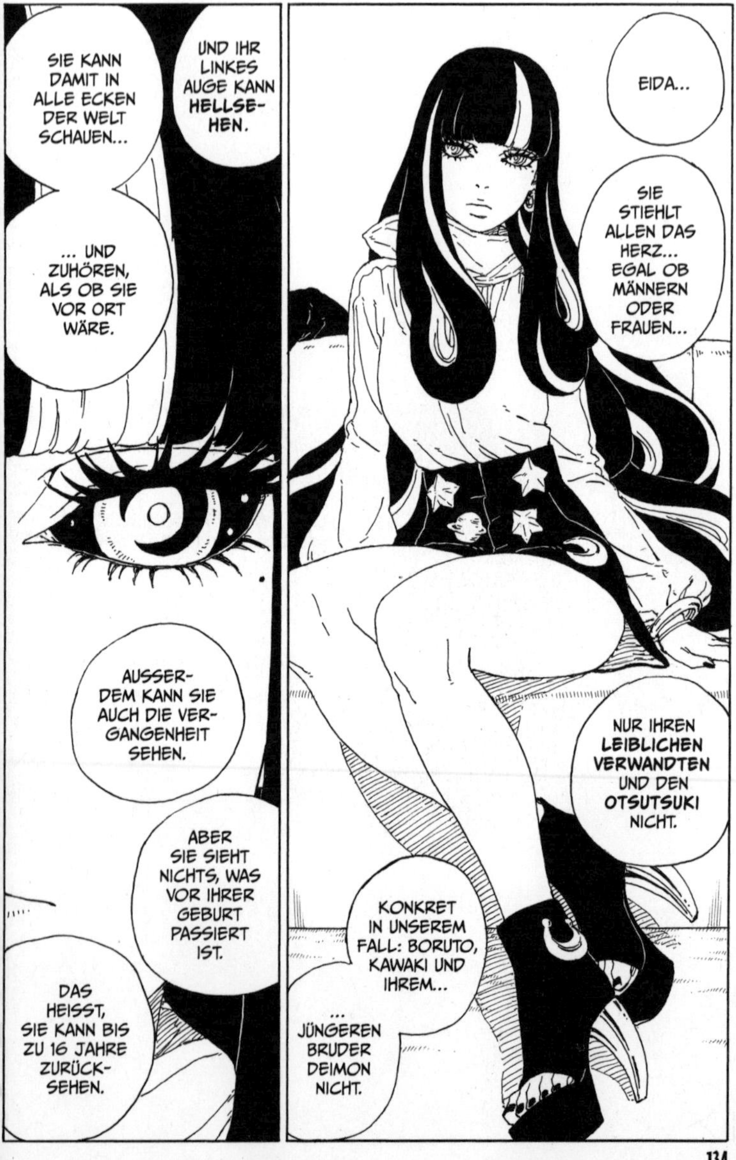
EIDA...
SIE STIEHLT ALLEN DAS HERZ... EGAL OB MÄNNERN ODER FRAUEN...
NUR IHREN LEIBLICHEN VERWANDTEN UND DEN OTSUTSUKI NICHT.
KONKRET IN UNSEREM FALL: BORUTO, KAWAKI UND IHREM...
... JÜNGEREN BRUDER DEIMON NICHT.
UND IHR LINKES AUGE KANN HELLSEHEN.
SIE KANN DAMIT IN ALLE ECKEN DER WELT SCHAUEN...
... UND ZUHÖREN, ALS OB SIE VOR ORT WÄRE.
AUSSERDEM KANN SIE AUCH DIE VERGANGENHEIT SEHEN.
ABER SIE SIEHT NICHTS, WAS VOR IHRER GEBURT PASSIERT IST.
DAS HEISST, SIE KANN BIS ZU 16 JAHRE ZURÜCKSEHEN.

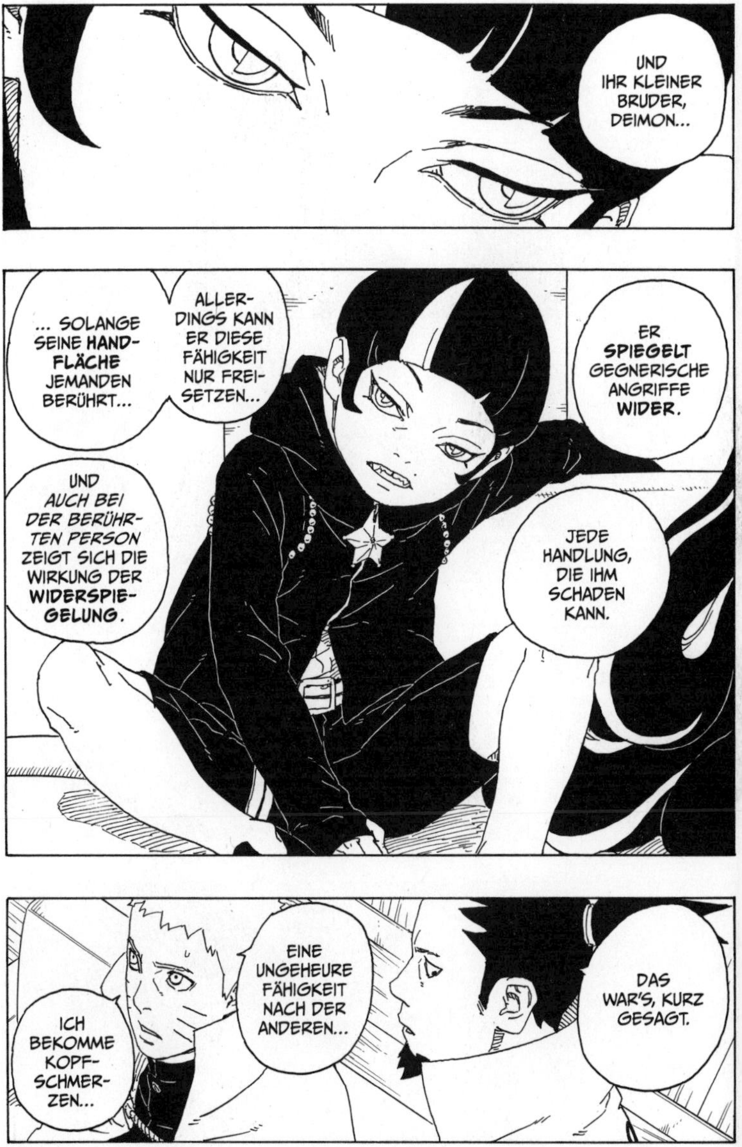

UND IHR KLEINER BRUDER, DEIMON...
ER SPIEGELT GEGNERISCHE ANGRIFFE WIDER.
JEDE HANDLUNG, DIE IHM SCHADEN KANN.
ALLERDINGS KANN ER DIESE FÄHIGKEIT NUR FREISETZEN...
... SOLANGE SEINE HANDFLÄCHE JEMANDEN BERÜHRT...
UND AUCH BEI DER BERÜHRTEN PERSON ZEIGT SICH DIE WIRKUNG DER WIDERSPIEGELUNG.
DAS WAR'S, KURZ GESAGT.
EINE UNGEHEURE FÄHIGKEIT NACH DER ANDEREN...
ICH BEKOMME KOPFSCHMERZEN...

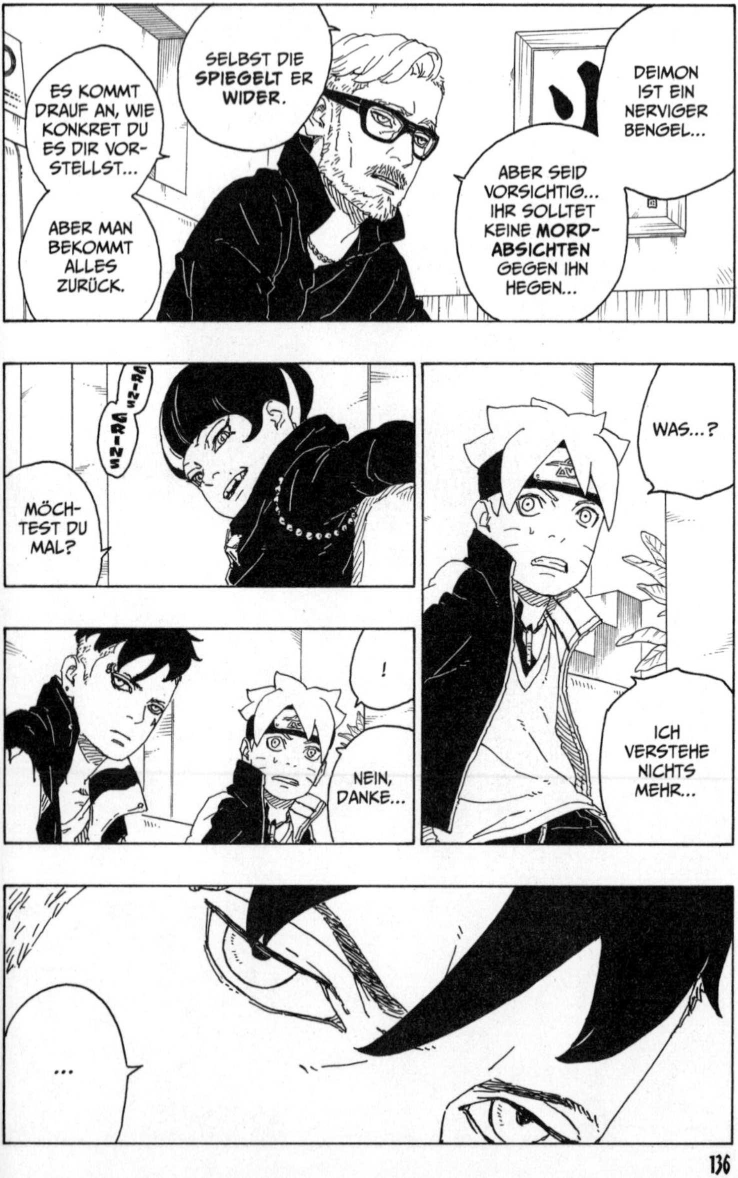
DEIMON IST EIN NERVIGER BENGEL...
ABER SEID VORSICHTIG... IHR SOLLTET KEINE MORD-ABSICHTEN GEGEN IHN HEGEN...
SELBST DIE SPIEGELT ER WIDER.
ES KOMMT DRAUF AN, WIE KONKRET DU ES DIR VOR-STELLST...
ABER MAN BEKOMMT ALLES ZURÜCK.
WAS...?
ICH VERSTEHE NICHTS MEHR...
GRINS GRINS
MÖCH-TEST DU MAL?
!
NEIN, DANKE...
...

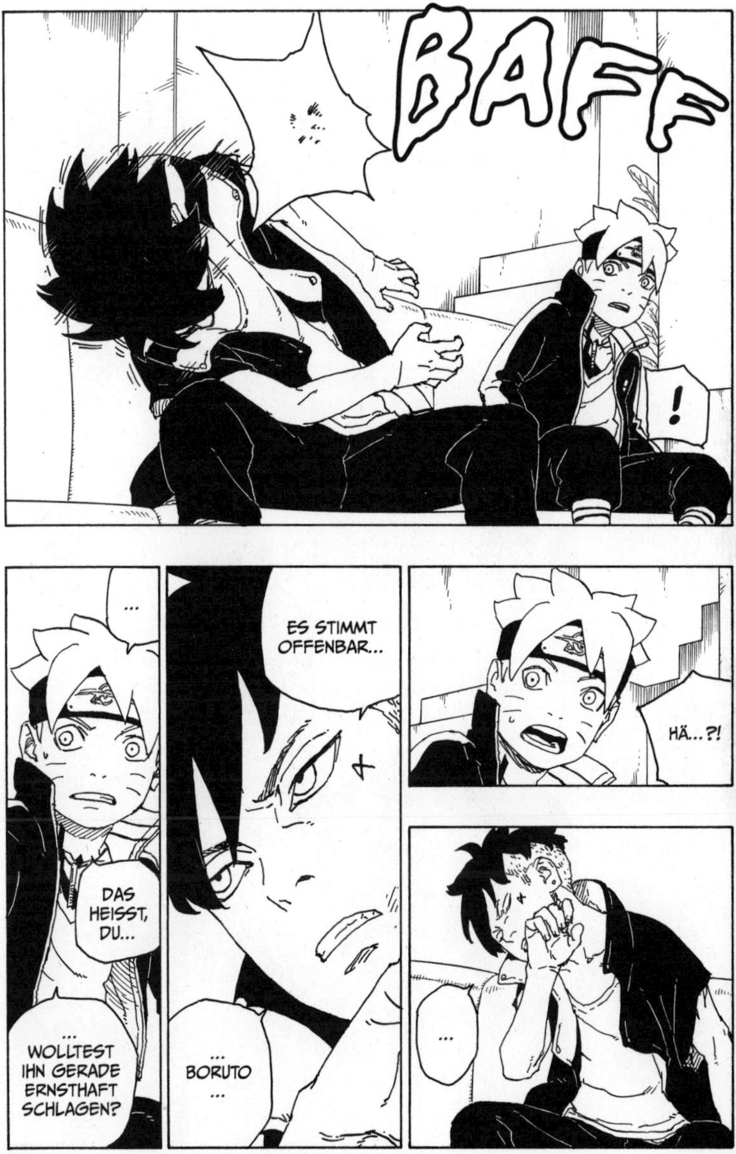

BAFF
!
HÄ...?!
...
ES STIMMT OFFENBAR...
... BORUTO ...
...
DAS HEISST, DU...
... WOLLTEST IHN GERADE ERNSTHAFT SCHLAGEN?

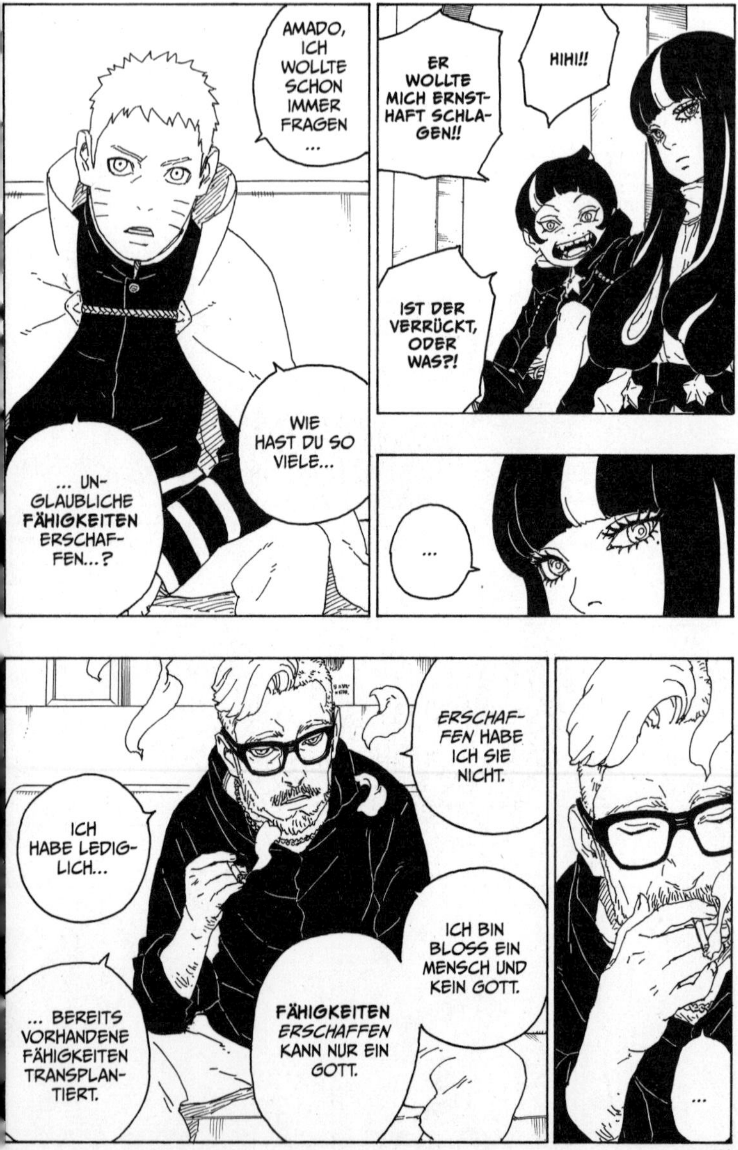
HIHI!!
ER WOLLTE MICH ERNSTHAFT SCHLAGEN!!
IST DER VERRÜCKT, ODER WAS?!
...
AMADO, ICH WOLLTE SCHON IMMER FRAGEN ...
WIE HAST DU SO VIELE...
... UNGLAUBLICHE FÄHIGKEITEN ERSCHAFFEN...?
...
ERSCHAFFEN HABE ICH SIE NICHT.
ICH HABE LEDIGLICH...
... BEREITS VORHANDENE FÄHIGKEITEN TRANSPLANTIERT.
ICH BIN BLOSS EIN MENSCH UND KEIN GOTT.
FÄHIGKEITEN ERSCHAFFEN KANN NUR EIN GOTT.

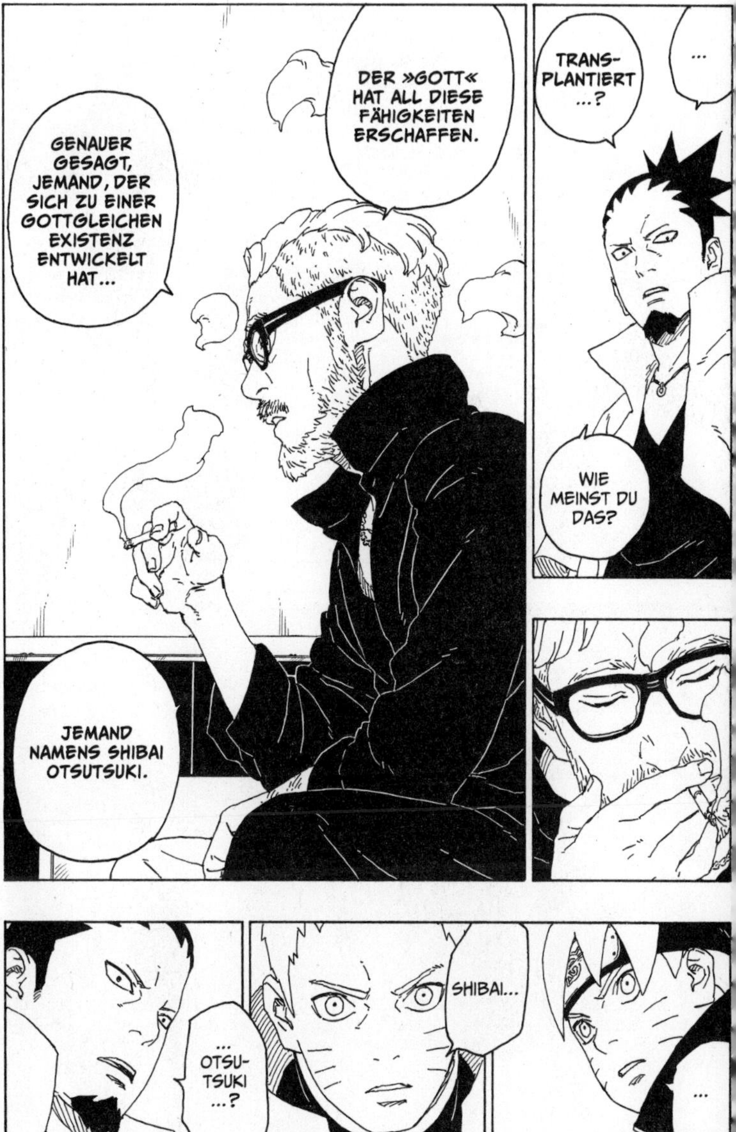
...
TRANS-PLANTIERT ...?
WIE MEINST DU DAS?
DER »GOTT« HAT ALL DIESE FÄHIGKEITEN ERSCHAFFEN.
GENAUER GESAGT, JEMAND, DER SICH ZU EINER GOTTGLEICHEN EXISTENZ ENTWICKELT HAT...
JEMAND NAMENS SHIBAI OTSUTSUKI.
...
SHIBAI...
... OTSU-TSUKI ...?

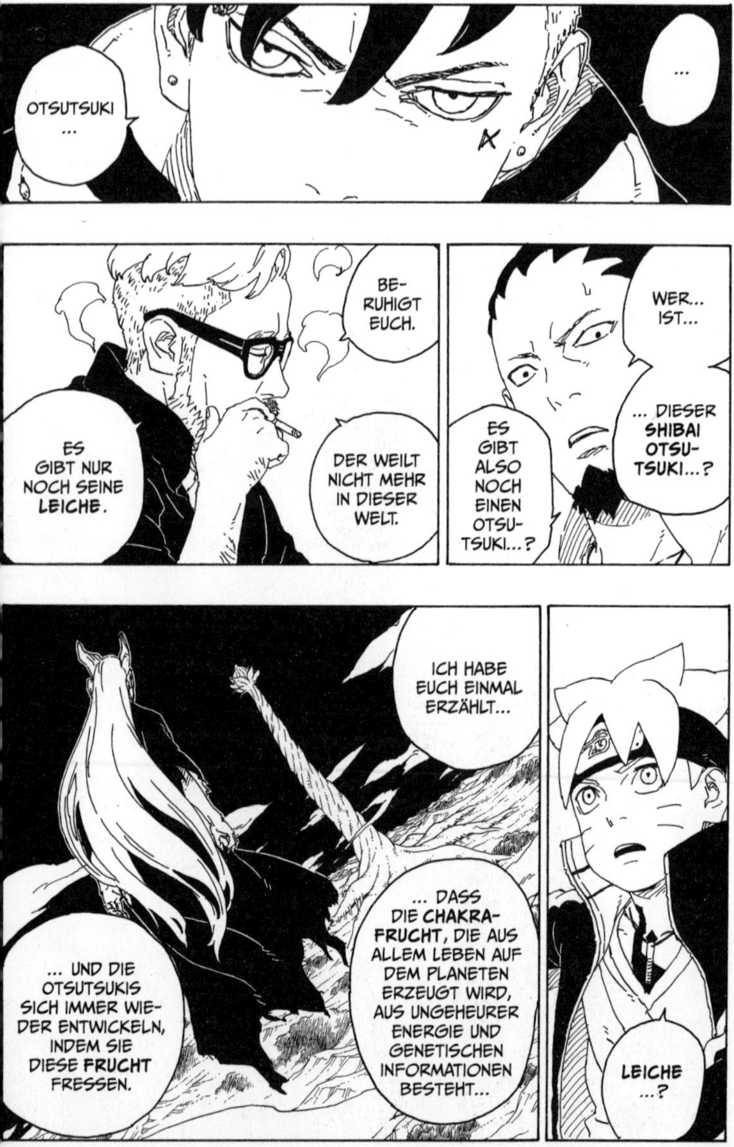
...
OTSUTSUKI ...
WER... IST...
... DIESER SHIBAI OTSUTSUKI...?
ES GIBT ALSO NOCH EINEN OTSUTSUKI...?
BERUHIGT EUCH.
DER WEILT NICHT MEHR IN DIESER WELT.
ES GIBT NUR NOCH SEINE LEICHE.
LEICHE ...?
ICH HABE EUCH EINMAL ERZÄHLT...
... DASS DIE CHAKRAFRUCHT, DIE AUS ALLEM LEBEN AUF DEM PLANETEN ERZEUGT WIRD, AUS UNGEHEURER ENERGIE UND GENETISCHEN INFORMATIONEN BESTEHT...
... UND DIE OTSUTSUKIS SICH IMMER WIEDER ENTWICKELN, INDEM SIE DIESE FRUCHT FRESSEN.

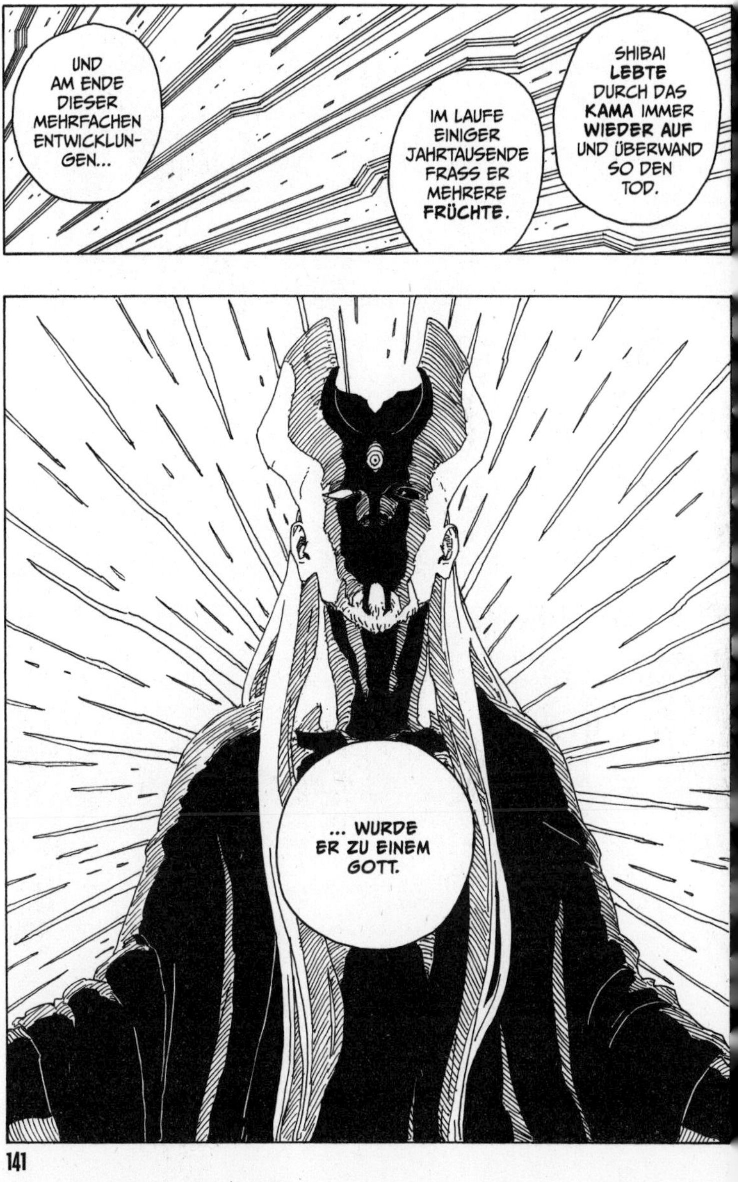
SHIBAI LEBTE DURCH DAS KAMA IMMER WIEDER AUF UND ÜBERWAND SO DEN TOD.
IM LAUFE EINIGER JAHRTAUSENDE FRASS ER MEHRERE FRÜCHTE.
UND AM ENDE DIESER MEHRFACHEN ENTWICKLUNGEN...
... WURDE ER ZU EINEM GOTT.

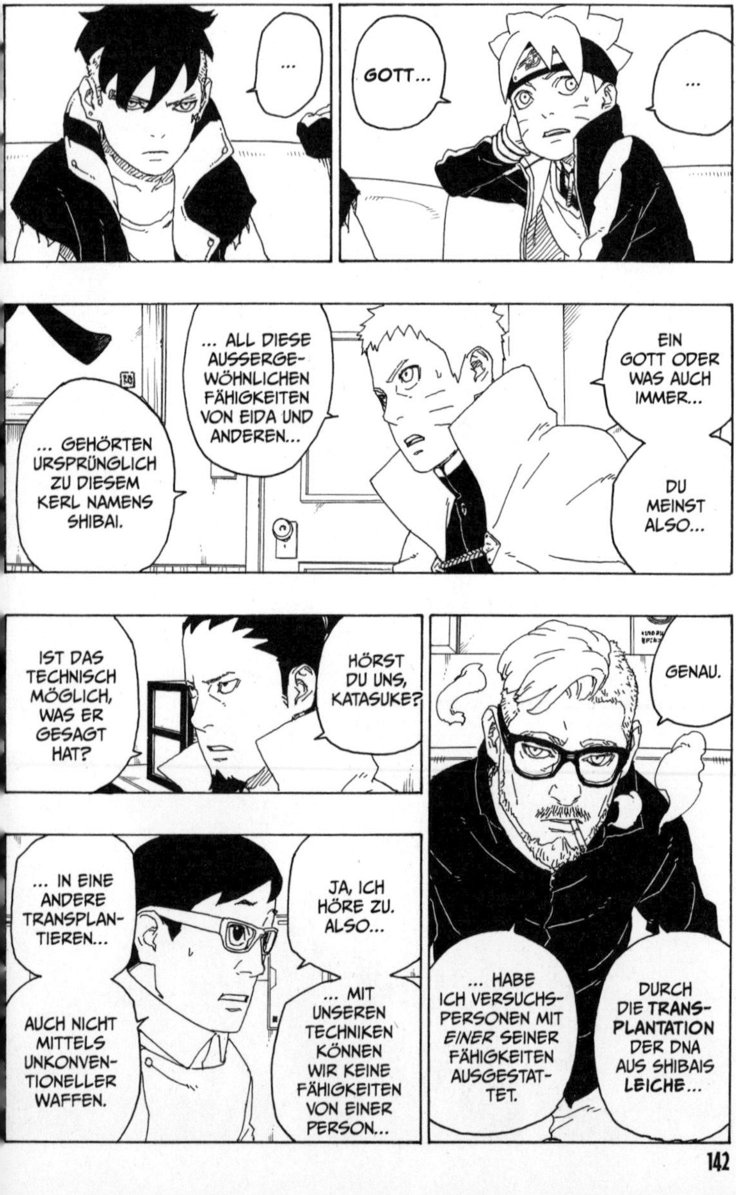
...
GOTT...
...
EIN GOTT ODER WAS AUCH IMMER...
DU MEINST ALSO...
... ALL DIESE AUSSERGE-WÖHNLICHEN FÄHIGKEITEN VON EIDA UND ANDEREN...
... GEHÖRTEN URSPRÜNGLICH ZU DIESEM KERL NAMENS SHIBAI.
HÖRST DU UNS, KATASUKE?
IST DAS TECHNISCH MÖGLICH, WAS ER GESAGT HAT?
JA, ICH HÖRE ZU. ALSO...
... MIT UNSEREN TECHNIKEN KÖNNEN WIR KEINE FÄHIGKEITEN VON EINER PERSON...
... IN EINE ANDERE TRANSPLANTIEREN...
AUCH NICHT MITTELS UNKONVENTIONELLER WAFFEN.
GENAU.
DURCH DIE TRANSPLANTATION DER DNA AUS SHIBAIS LEICHE...
... HABE ICH VERSUCHSPERSONEN MIT *EINER* SEINER FÄHIGKEITEN AUSGESTATTET.

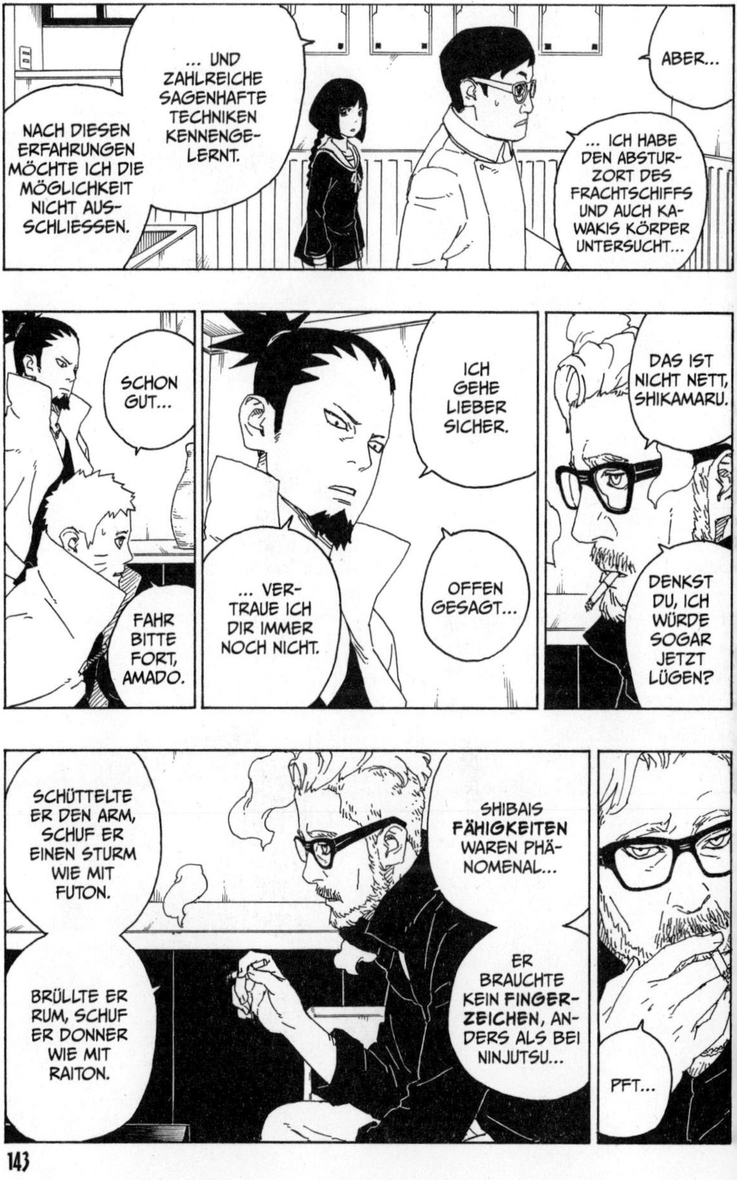
ABER...
... ICH HABE DEN ABSTURZORT DES FRACHTSCHIFFS UND AUCH KAWAKIS KÖRPER UNTERSUCHT...
... UND ZAHLREICHE SAGENHAFTE TECHNIKEN KENNENGELERNT.
NACH DIESEN ERFAHRUNGEN MÖCHTE ICH DIE MÖGLICHKEIT NICHT AUSSCHLIESSEN.
DAS IST NICHT NETT, SHIKAMARU.
DENKST DU, ICH WÜRDE SOGAR JETZT LÜGEN?
ICH GEHE LIEBER SICHER.
OFFEN GESAGT...
... VERTRAUE ICH DIR IMMER NOCH NICHT.
SCHON GUT...
FAHR BITTE FORT, AMADO.
PFT...
SHIBAIS **FÄHIGKEITEN** WAREN PHÄNOMENAL...
ER BRAUCHTE KEIN **FINGERZEICHEN**, ANDERS ALS BEI NINJUTSU...
SCHÜTTELTE ER DEN ARM, SCHUF ER EINEN STURM WIE MIT FUTON.
BRÜLLTE ER RUM, SCHUF ER DONNER WIE MIT RAITON.

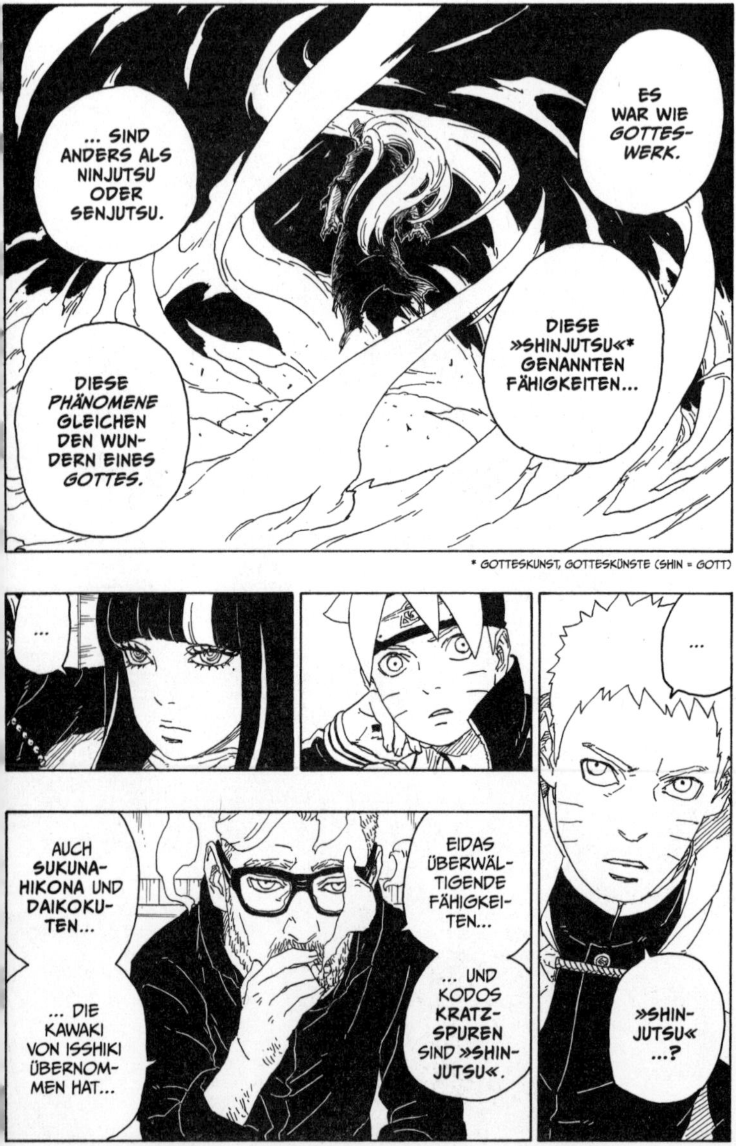

* GOTTESKUNST, GOTTESKÜNSTE (SHIN = GOTT)

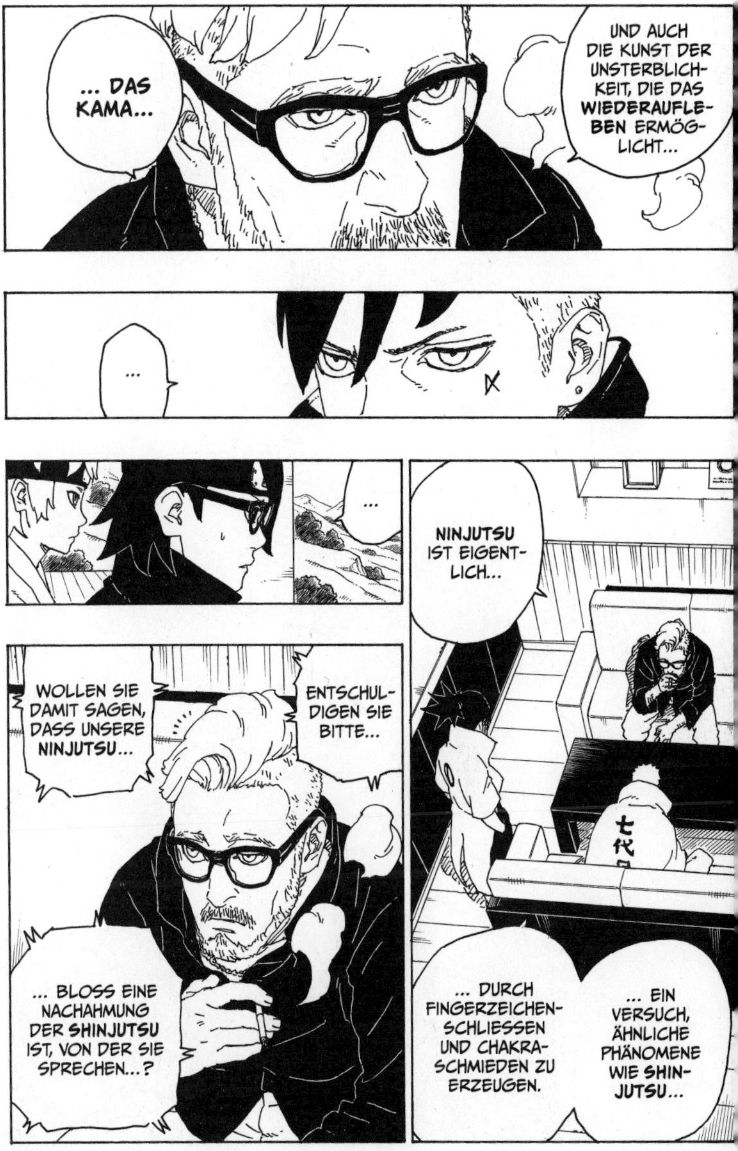
... DAS KAMA...
UND AUCH DIE KUNST DER UNSTERBLICHKEIT, DIE DAS WIEDERAUFLEBEN ERMÖGLICHT...
...
NINJUTSU IST EIGENTLICH...
... EIN VERSUCH, ÄHNLICHE PHÄNOMENE WIE SHINJUTSU...
... DURCH FINGERZEICHENSCHLIESSEN UND CHAKRASCHMIEDEN ZU ERZEUGEN.
七代
...
ENTSCHULDIGEN SIE BITTE...
WOLLEN SIE DAMIT SAGEN, DASS UNSERE NINJUTSU...
... BLOSS EINE NACHAHMUNG DER SHINJUTSU IST, VON DER SIE SPRECHEN...?

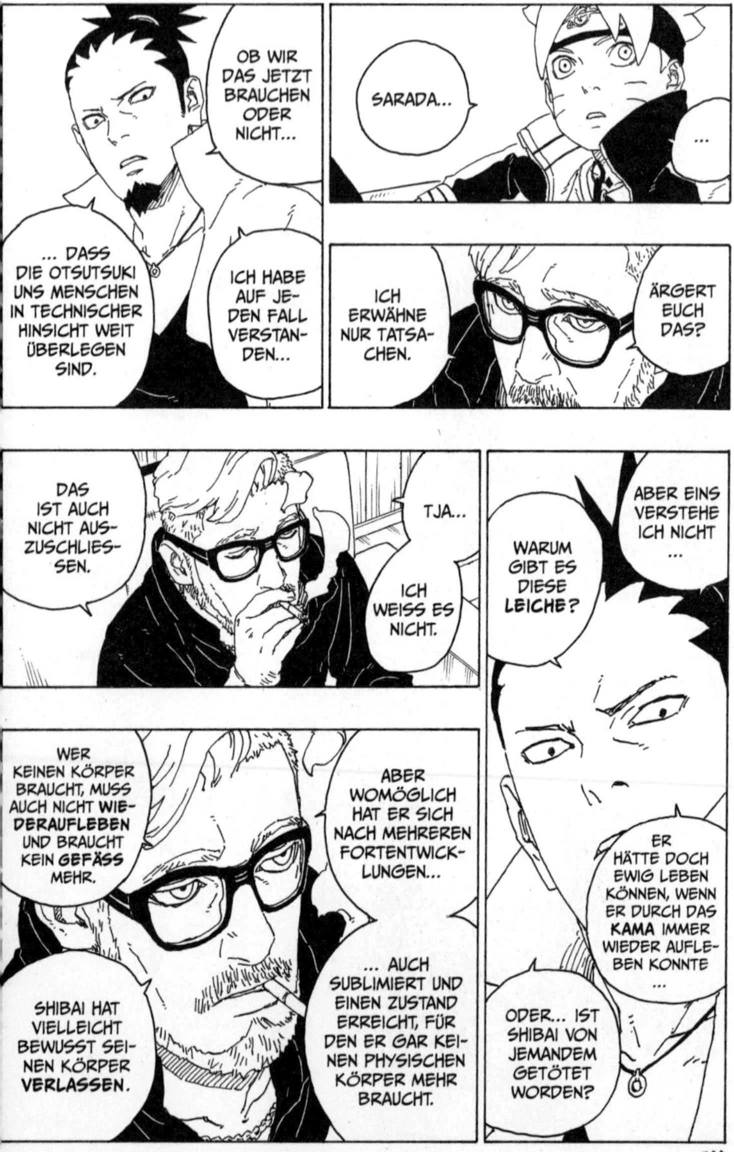
SARADA...
...
OB WIR DAS JETZT BRAUCHEN ODER NICHT...
ICH HABE AUF JEDEN FALL VERSTANDEN...
... DASS DIE OTSUTSUKI UNS MENSCHEN IN TECHNISCHER HINSICHT WEIT ÜBERLEGEN SIND.
ÄRGERT EUCH DAS?
ICH ERWÄHNE NUR TATSACHEN.
ABER EINS VERSTEHE ICH NICHT ...
WARUM GIBT ES DIESE **LEICHE**?
ER HÄTTE DOCH EWIG LEBEN KÖNNEN, WENN ER DURCH DAS **KAMA** IMMER WIEDER AUFLEBEN KONNTE ...
ODER... IST SHIBAI VON JEMANDEM GETÖTET WORDEN?
TJA...
ICH WEISS ES NICHT.
DAS IST AUCH NICHT AUSZUSCHLIESSEN.
ABER WOMÖGLICH HAT ER SICH NACH MEHREREN FORTENTWICKLUNGEN...
... AUCH SUBLIMIERT UND EINEN ZUSTAND ERREICHT, FÜR DEN ER GAR KEINEN PHYSISCHEN KÖRPER MEHR BRAUCHT.
WER KEINEN KÖRPER BRAUCHT, MUSS AUCH NICHT **WIEDERAUFLEBEN** UND BRAUCHT KEIN **GEFÄSS** MEHR.
SHIBAI HAT VIELLEICHT BEWUSST SEINEN KÖRPER **VERLASSEN**.

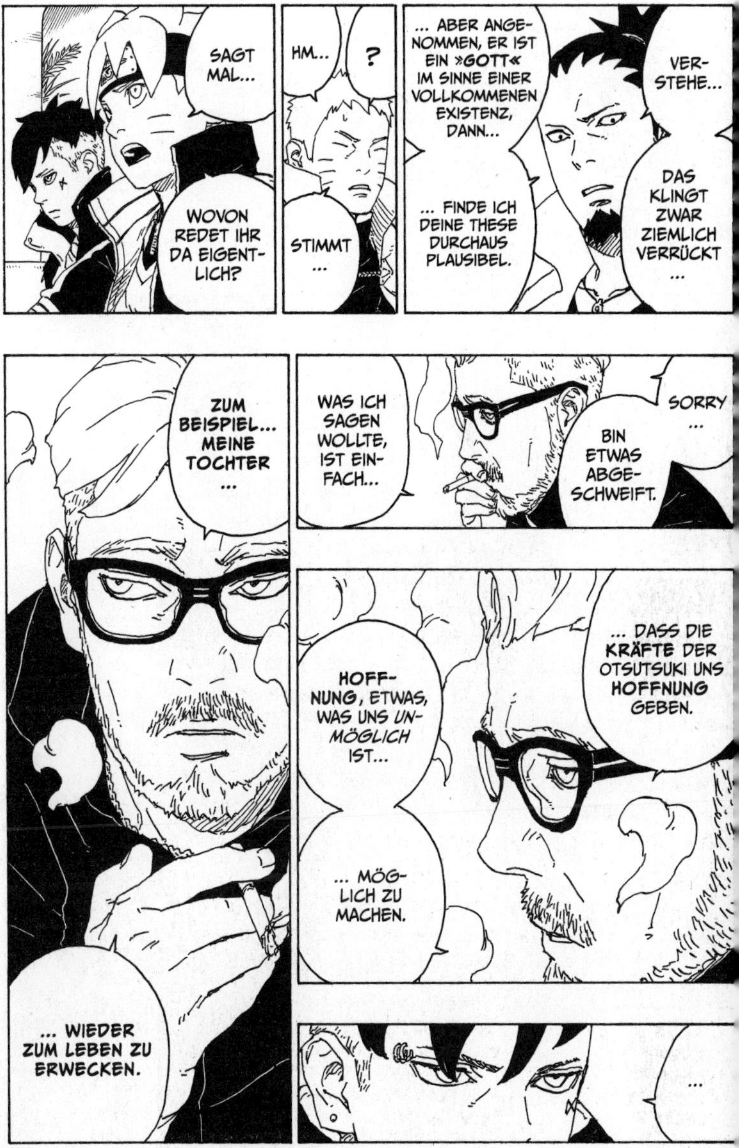
VERSTEHE...
DAS KLINGT ZWAR ZIEMLICH VERRÜCKT ...
... ABER ANGENOMMEN, ER IST EIN »GOTT« IM SINNE EINER VOLLKOMMENEN EXISTENZ, DANN...
... FINDE ICH DEINE THESE DURCHAUS PLAUSIBEL.
?
HM...
STIMMT ...
SAGT MAL...
WOVON REDET IHR DA EIGENTLICH?
SORRY ...
BIN ETWAS ABGESCHWEIFT.
WAS ICH SAGEN WOLLTE, IST EINFACH...
... DASS DIE KRÄFTE DER OTSUTSUKI UNS HOFFNUNG GEBEN.
HOFFNUNG, ETWAS, WAS UNS *UNMÖGLICH* IST...
... MÖGLICH ZU MACHEN.
ZUM BEISPIEL... MEINE TOCHTER ...
... WIEDER ZUM LEBEN ZU ERWECKEN.
...

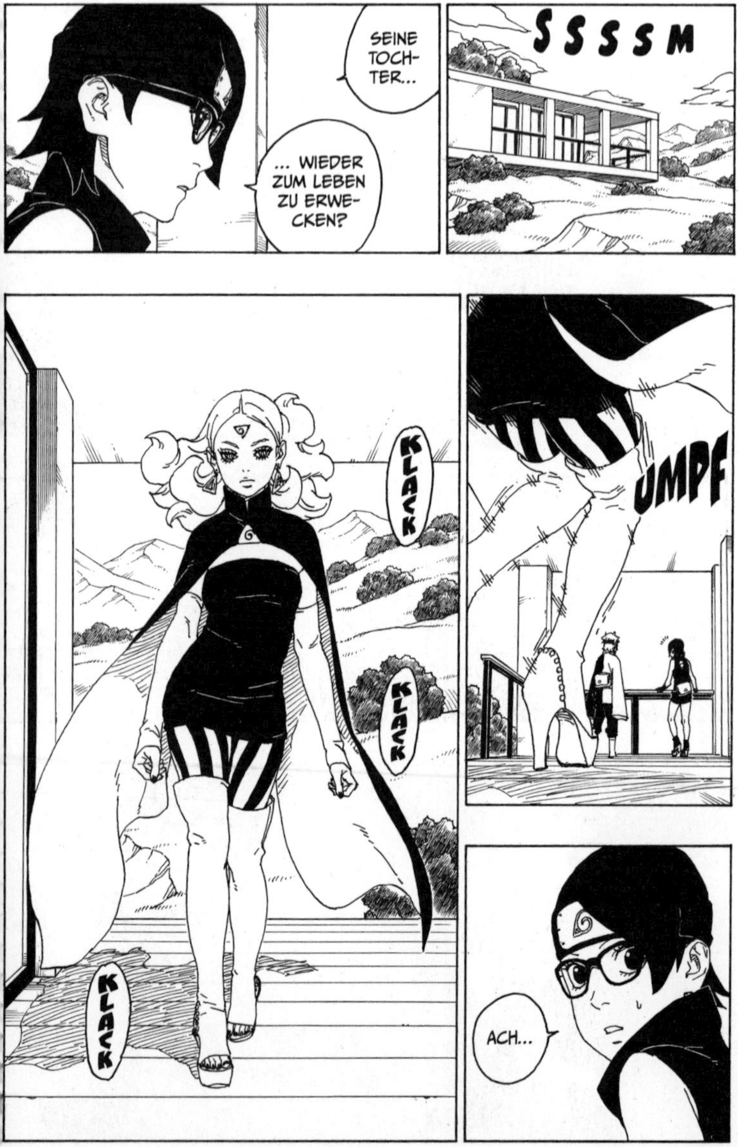
SSSSM
SEINE TOCHTER...
... WIEDER ZUM LEBEN ZU ERWECKEN?
UMPF
ACH...
KLACK
KLACK
KLACK

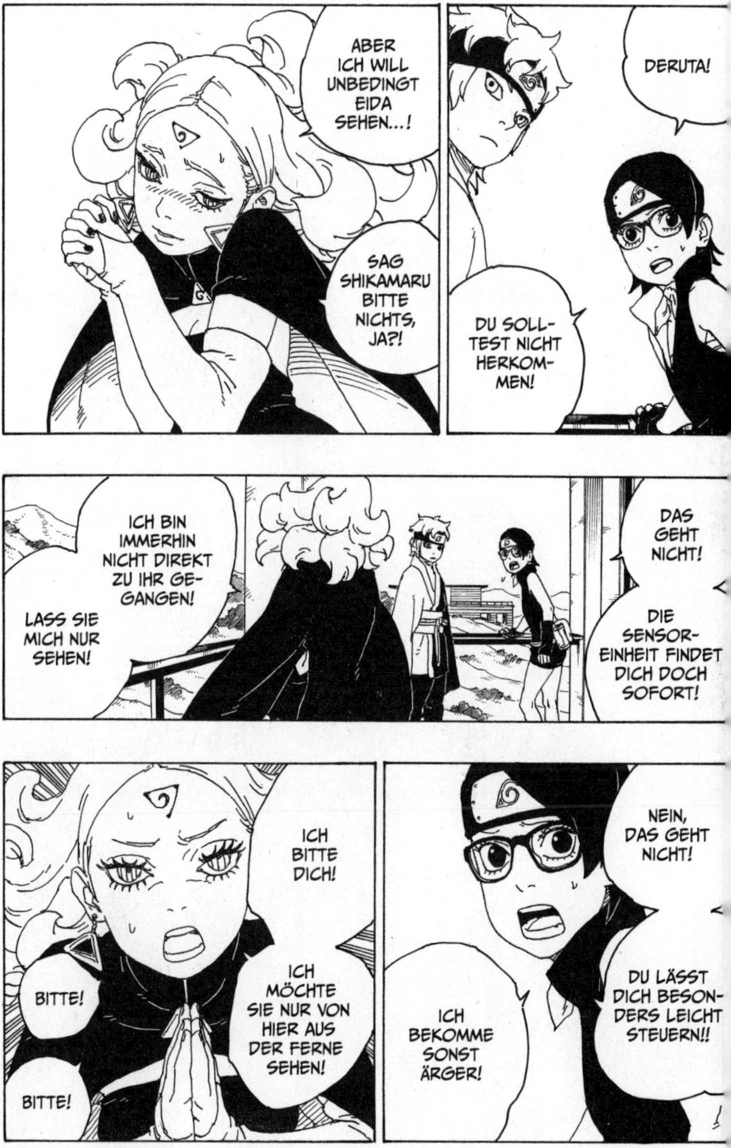
DERUTA!
DU SOLLTEST NICHT HERKOMMEN!
ABER ICH WILL UNBEDINGT EIDA SEHEN...!
SAG SHIKAMARU BITTE NICHTS, JA?!
DAS GEHT NICHT!
DIE SENSOR-EINHEIT FINDET DICH DOCH SOFORT!
ICH BIN IMMERHIN NICHT DIREKT ZU IHR GEGANGEN!
LASS SIE MICH NUR SEHEN!
NEIN, DAS GEHT NICHT!
DU LÄSST DICH BESONDERS LEICHT STEUERN!!
ICH BEKOMME SONST ÄRGER!
ICH BITTE DICH!
ICH MÖCHTE SIE NUR VON HIER AUS DER FERNE SEHEN!
BITTE!
BITTE!

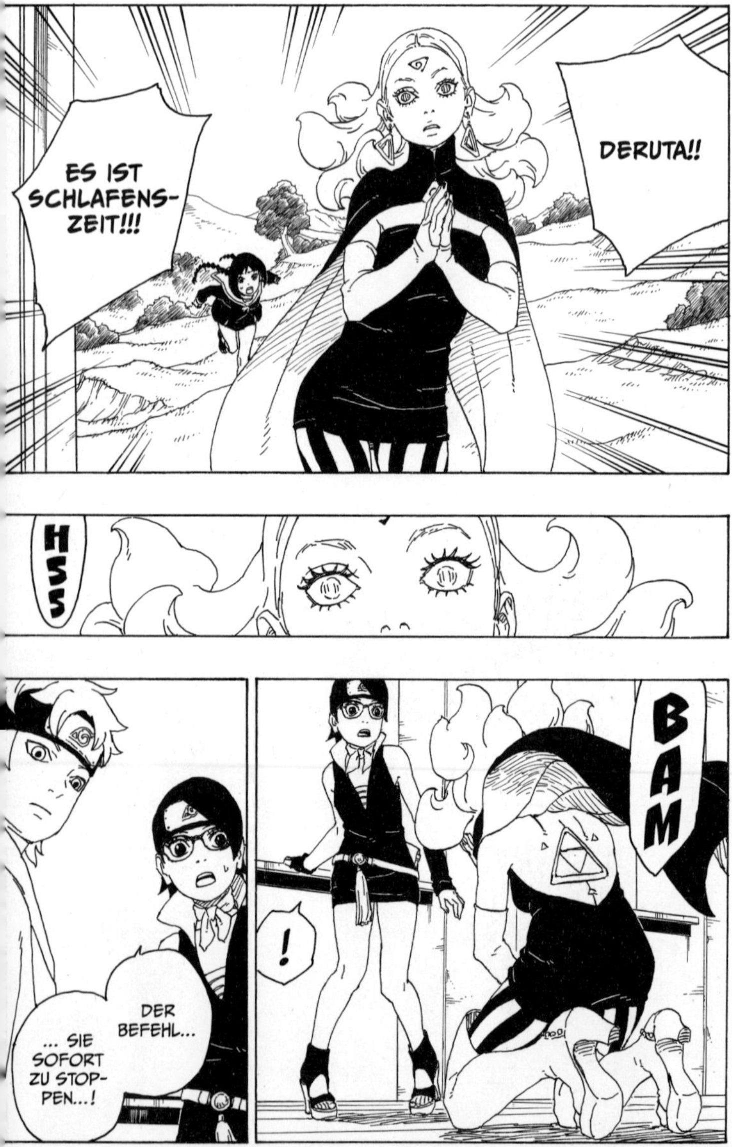
DERUTA!!
ES IST SCHLAFENS-ZEIT!!!
HSS
BAM
!
DER BEFEHL...
... SIE SOFORT ZU STOP-PEN...!

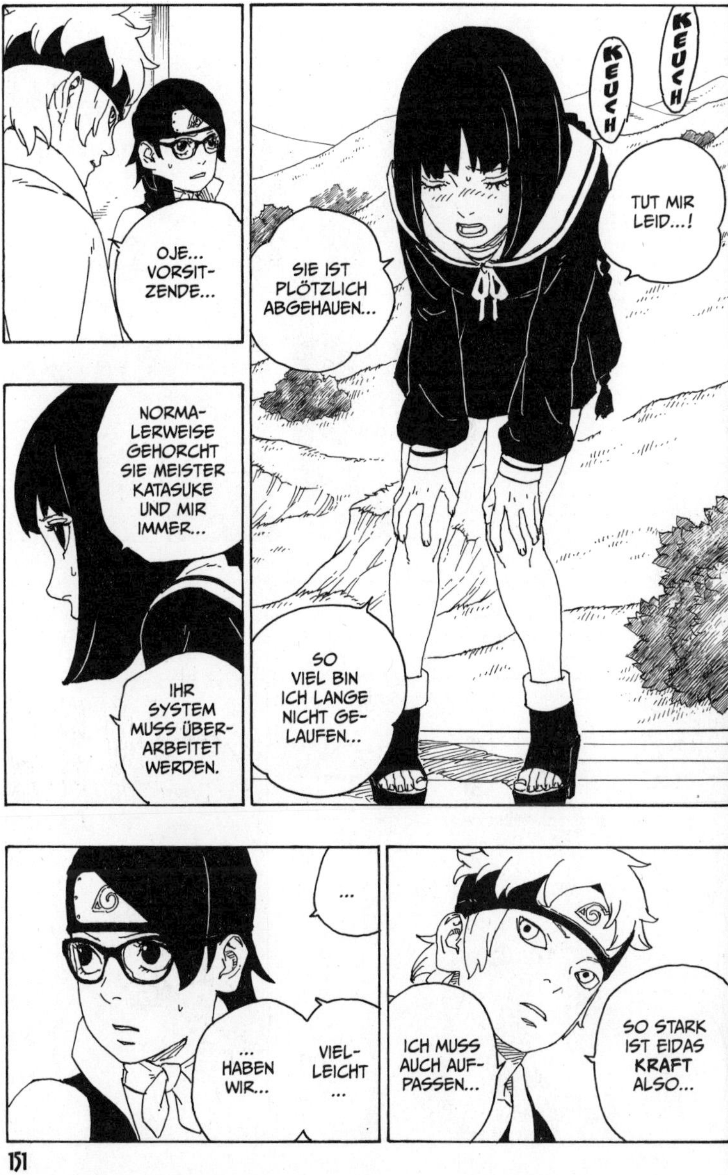
KEUCH
KEUCH
TUT MIR LEID…!
SIE IST PLÖTZLICH ABGEHAUEN…
SO VIEL BIN ICH LANGE NICHT GE-LAUFEN…
OJE… VORSIT-ZENDE…
NORMA-LERWEISE GEHORCHT SIE MEISTER KATASUKE UND MIR IMMER…
IHR SYSTEM MUSS ÜBER-ARBEITET WERDEN.
SO STARK IST EIDAS KRAFT ALSO…
ICH MUSS AUCH AUF-PASSEN…
…
VIEL-LEICHT …
… HABEN WIR…

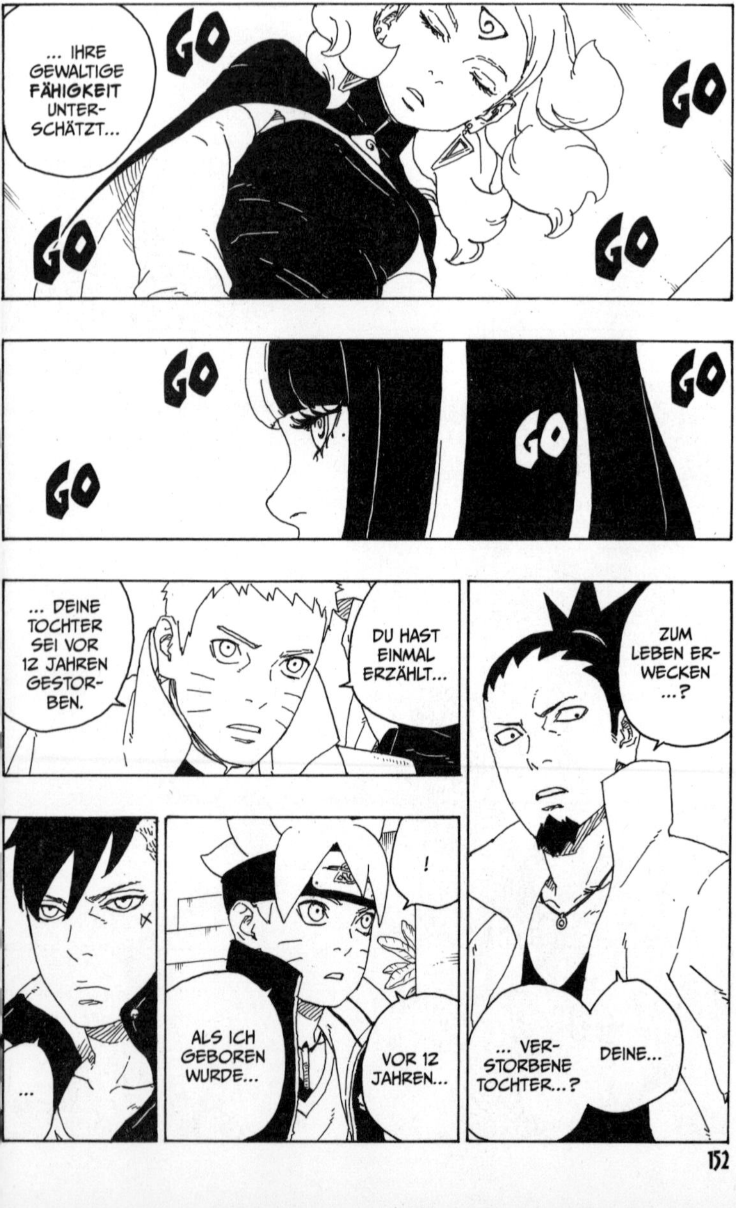
GO
GO
... IHRE GEWALTIGE FÄHIGKEIT UNTER-SCHÄTZT...
GO
GO
GO
GO
GO
GO
ZUM LEBEN ER-WECKEN ...?
DU HAST EINMAL ERZÄHLT...
... DEINE TOCHTER SEI VOR 12 JAHREN GESTOR-BEN.
DEINE...
... VER-STORBENE TOCHTER...?
!
VOR 12 JAHREN...
ALS ICH GEBOREN WURDE...
...

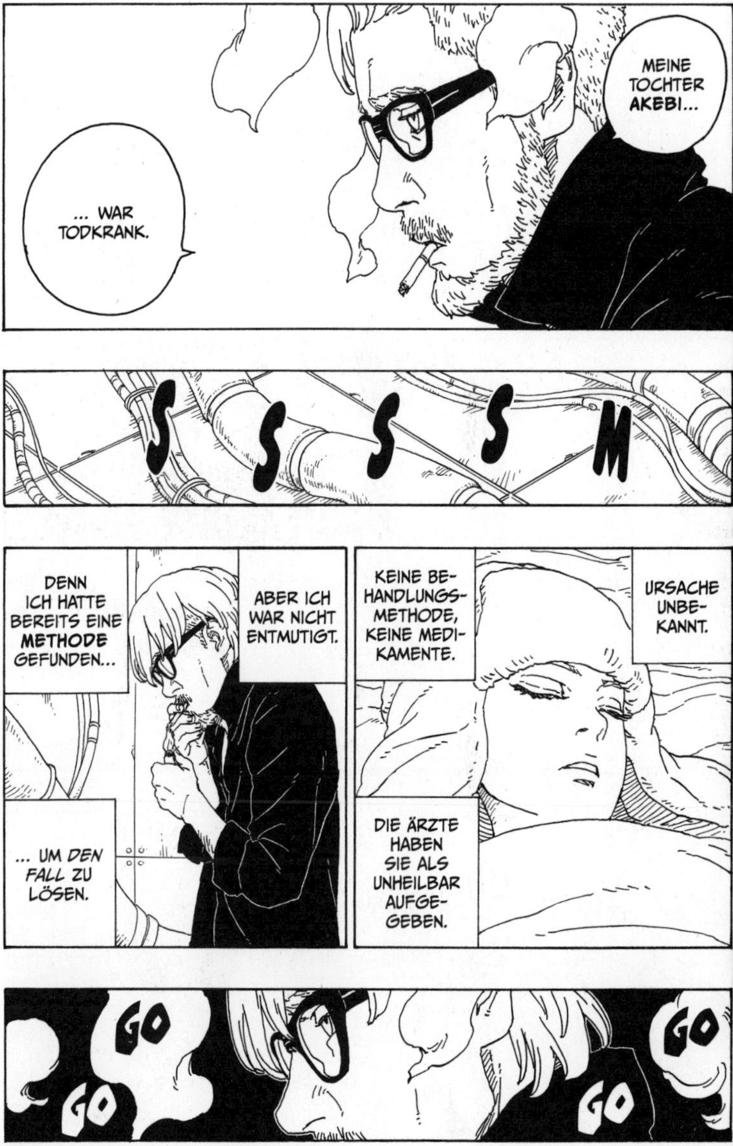
MEINE TOCHTER AKEBI...
... WAR TODKRANK.
SSSSM
URSACHE UNBEKANNT.
KEINE BEHANDLUNGSMETHODE, KEINE MEDIKAMENTE.
DIE ÄRZTE HABEN SIE ALS UNHEILBAR AUFGEGEBEN.
ABER ICH WAR NICHT ENTMUTIGT.
DENN ICH HATTE BEREITS EINE METHODE GEFUNDEN...
... UM DEN FALL ZU LÖSEN.
GO
GO
GO
GO

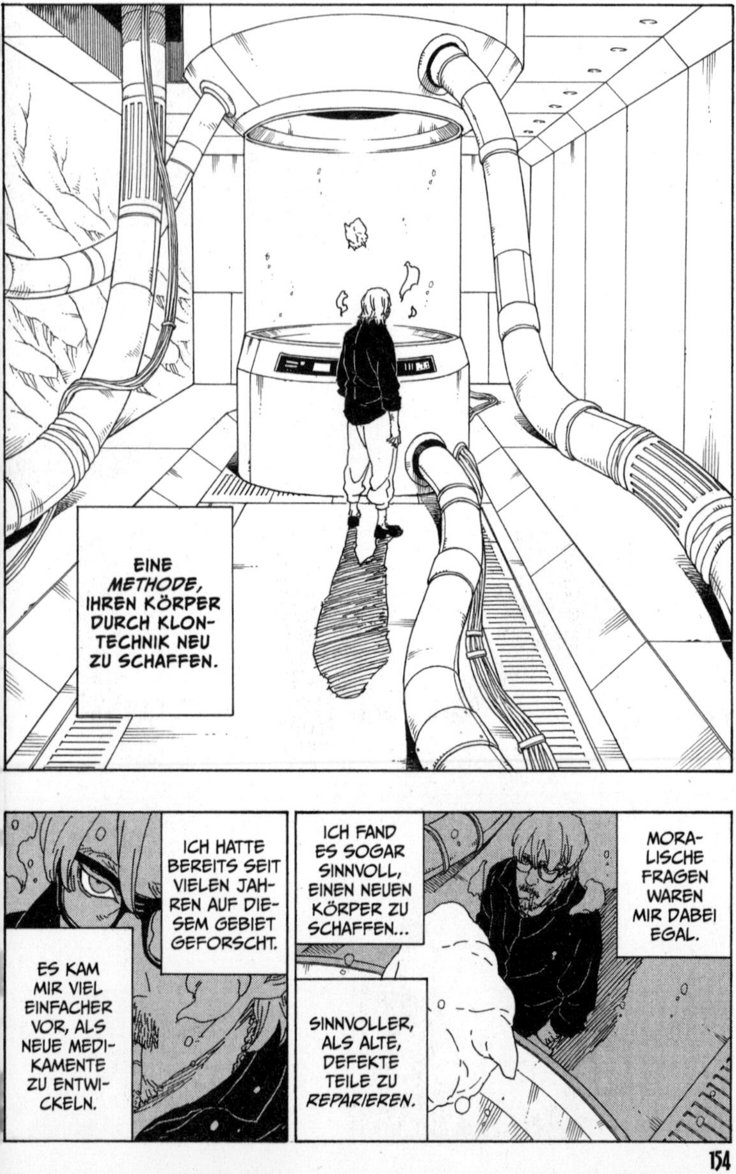

EINE *METHODE*, IHREN KÖRPER DURCH KLONTECHNIK NEU ZU SCHAFFEN.
MORALISCHE FRAGEN WAREN MIR DABEI EGAL.
ICH FAND ES SOGAR SINNVOLL, EINEN NEUEN KÖRPER ZU SCHAFFEN...
SINNVOLLER, ALS ALTE, DEFEKTE TEILE ZU *REPARIEREN*.
ICH HATTE BEREITS SEIT VIELEN JAHREN AUF DIESEM GEBIET GEFORSCHT.
ES KAM MIR VIEL EINFACHER VOR, ALS NEUE MEDIKAMENTE ZU ENTWICKELN.

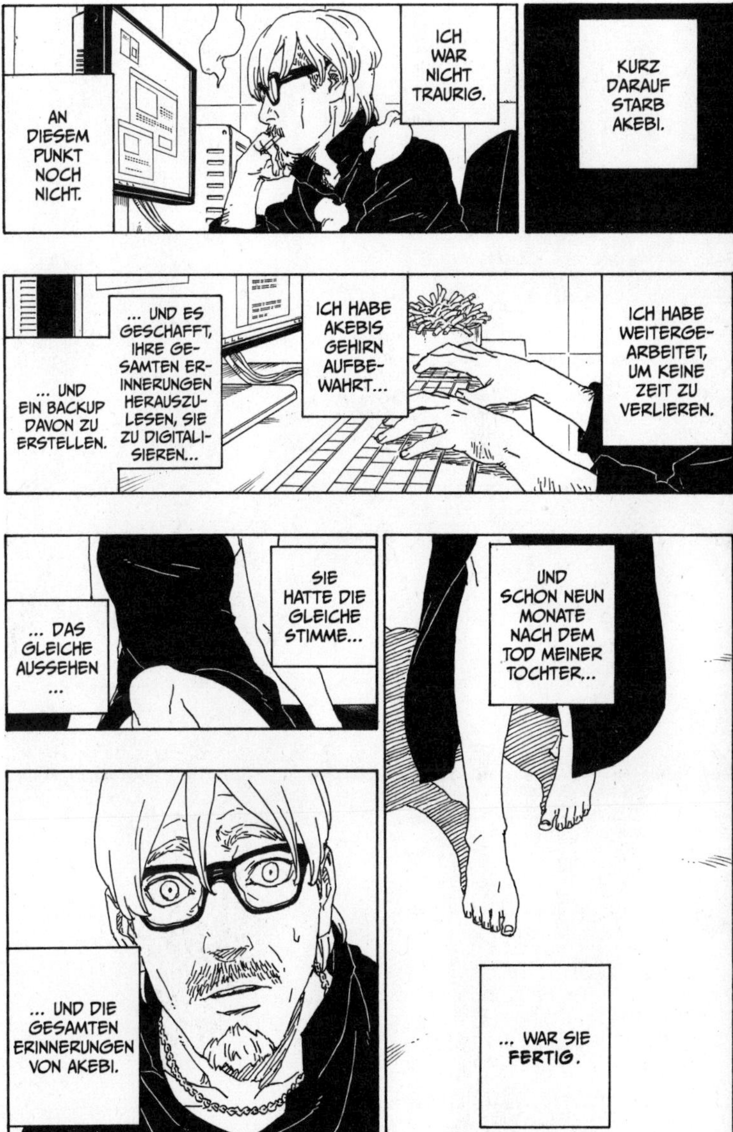
KURZ DARAUF STARB AKEBI.
ICH WAR NICHT TRAURIG.
AN DIESEM PUNKT NOCH NICHT.
ICH HABE WEITERGEARBEITET, UM KEINE ZEIT ZU VERLIEREN.
ICH HABE AKEBIS GEHIRN AUFBEWAHRT...
... UND ES GESCHAFFT, IHRE GESAMTEN ERINNERUNGEN HERAUSZULESEN, SIE ZU DIGITALISIEREN...
... UND EIN BACKUP DAVON ZU ERSTELLEN.
UND SCHON NEUN MONATE NACH DEM TOD MEINER TOCHTER...
... WAR SIE FERTIG.
SIE HATTE DIE GLEICHE STIMME...
... DAS GLEICHE AUSSEHEN ...
... UND DIE GESAMTEN ERINNERUNGEN VON AKEBI.

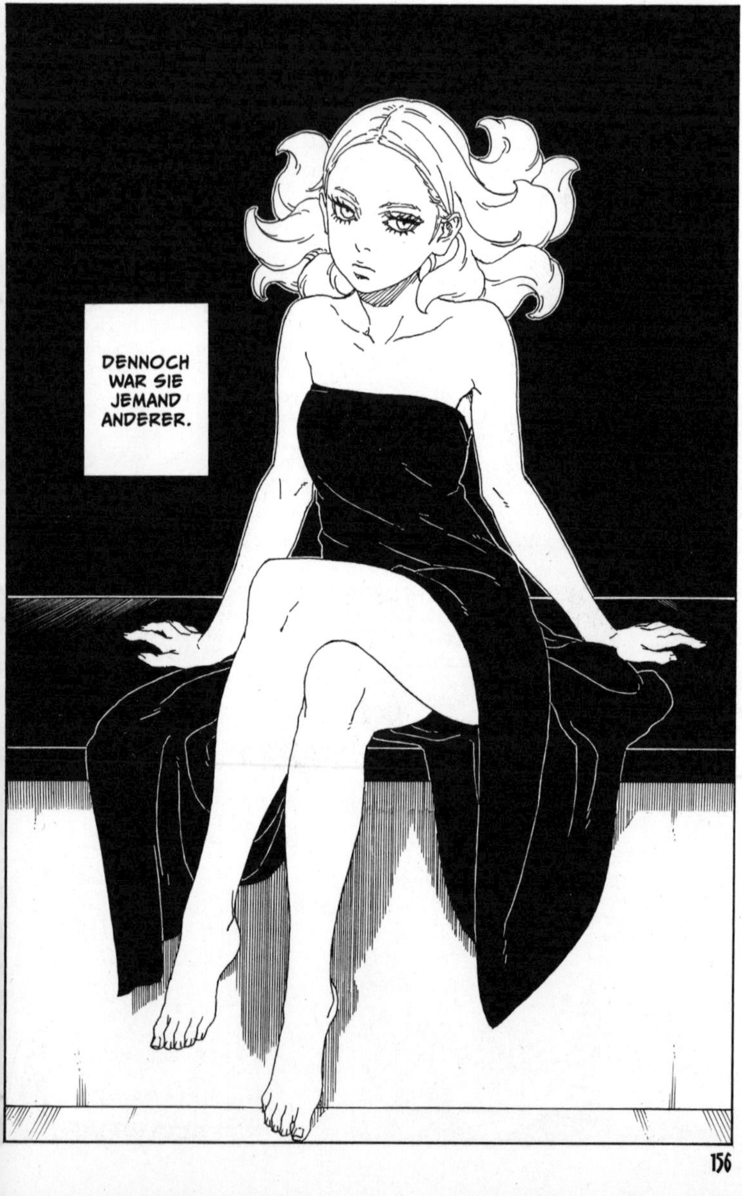
DENNOCH WAR SIE JEMAND ANDERER.

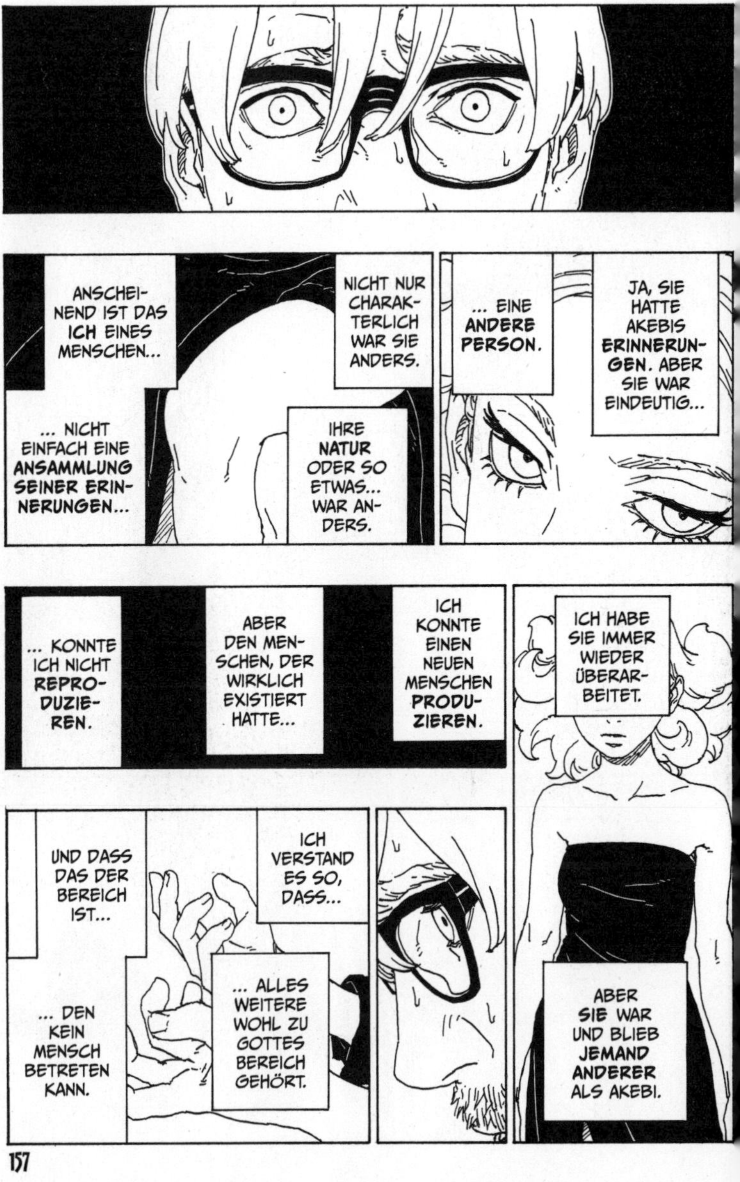
JA, SIE HATTE AKEBIS ERINNERUNGEN. ABER SIE WAR EINDEUTIG...
... EINE ANDERE PERSON.
NICHT NUR CHARAKTERLICH WAR SIE ANDERS.
IHRE NATUR ODER SO ETWAS... WAR ANDERS.
ANSCHEINEND IST DAS ICH EINES MENSCHEN...
... NICHT EINFACH EINE ANSAMMLUNG SEINER ERINNERUNGEN...
ICH HABE SIE IMMER WIEDER ÜBERARBEITET.
ABER SIE WAR UND BLIEB JEMAND ANDERER ALS AKEBI.
ICH KONNTE EINEN NEUEN MENSCHEN PRODUZIEREN.
ABER DEN MENSCHEN, DER WIRKLICH EXISTIERT HATTE...
... KONNTE ICH NICHT REPRODUZIEREN.
ICH VERSTAND ES SO, DASS...
... ALLES WEITERE WOHL ZU GOTTES BEREICH GEHÖRT.
UND DASS DAS DER BEREICH IST...
... DEN KEIN MENSCH BETRETEN KANN.

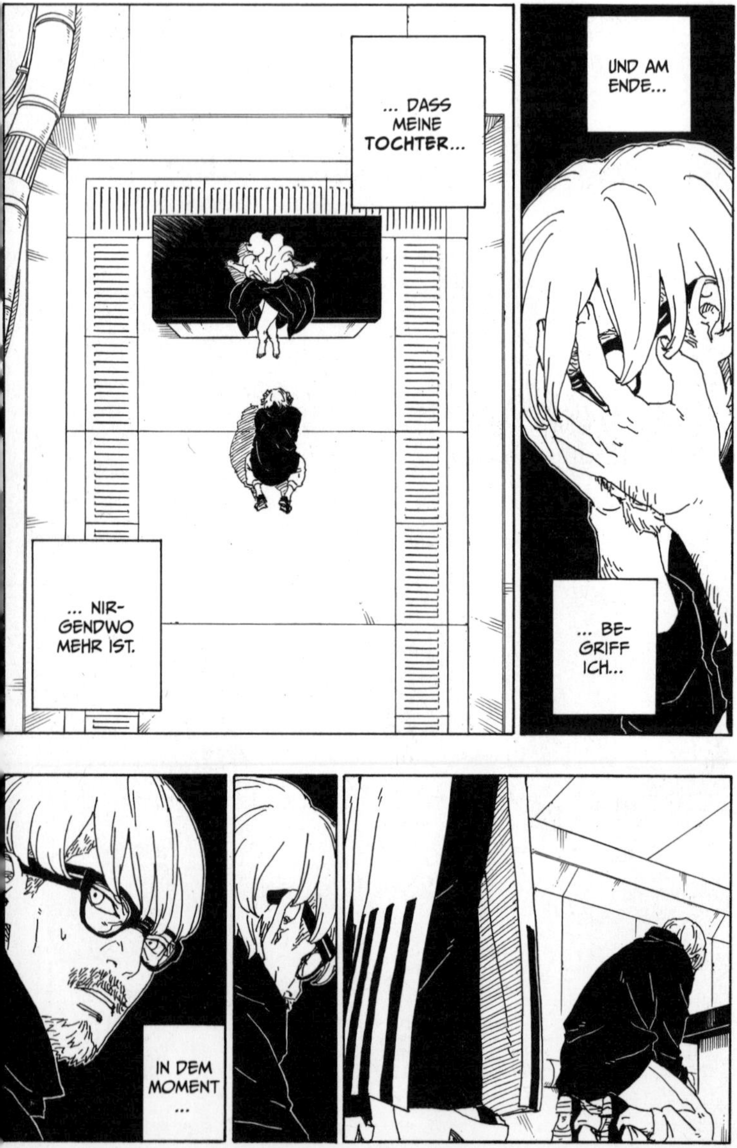
UND AM ENDE...
... BE-GRIFF ICH...
... DASS MEINE TOCHTER...
... NIR-GENDWO MEHR IST.
IN DEM MOMENT ...

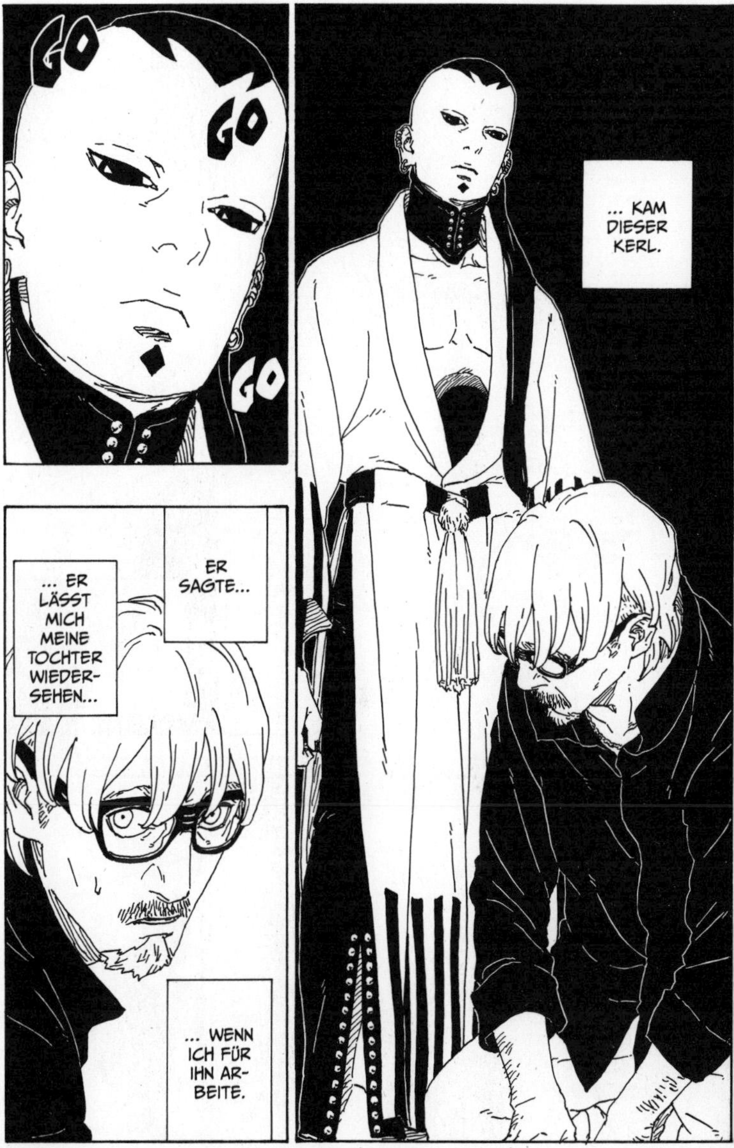
... KAM DIESER KERL.
GO
GO
GO
ER SAGTE...
... ER LÄSST MICH MEINE TOCHTER WIEDER-SEHEN...
... WENN ICH FÜR IHN AR-BEITE.

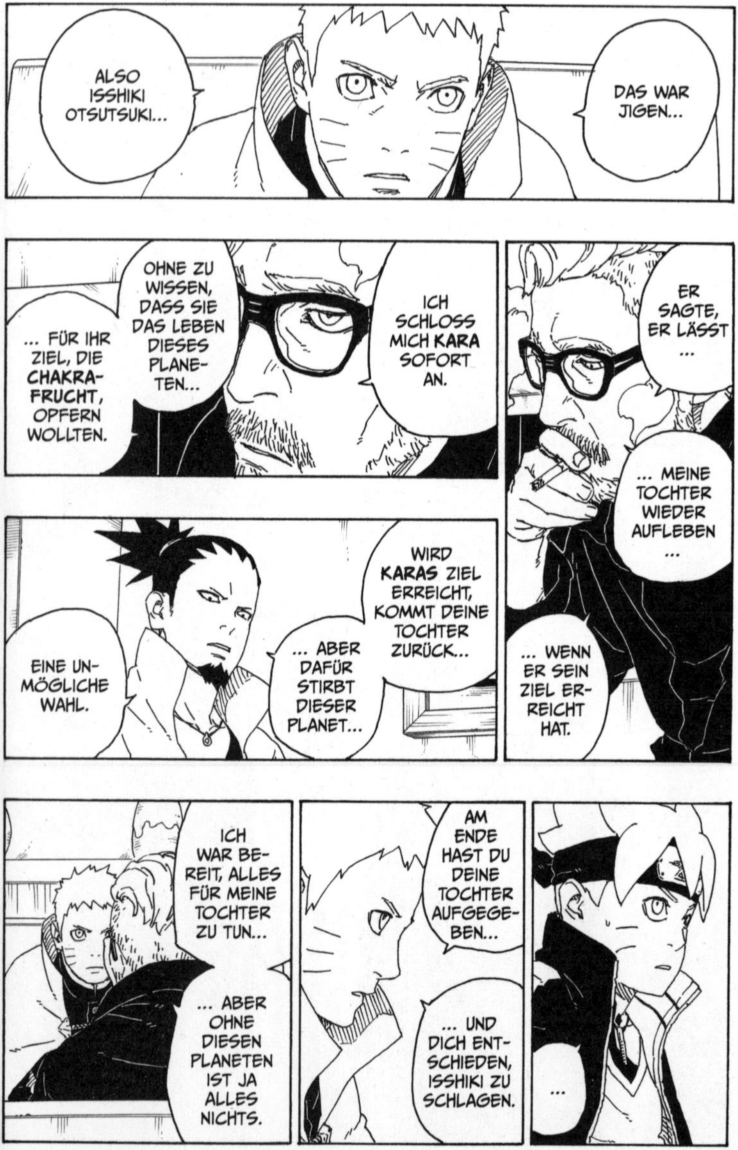
DAS WAR JIGEN...
ALSO ISSHIKI OTSUTSUKI...
ER SAGTE, ER LÄSST ...
... MEINE TOCHTER WIEDER AUFLEBEN ...
... WENN ER SEIN ZIEL ERREICHT HAT.
ICH SCHLOSS MICH KARA SOFORT AN.
OHNE ZU WISSEN, DASS SIE DAS LEBEN DIESES PLANETEN...
... FÜR IHR ZIEL, DIE CHAKRAFRUCHT, OPFERN WOLLTEN.
WIRD KARAS ZIEL ERREICHT, KOMMT DEINE TOCHTER ZURÜCK...
... ABER DAFÜR STIRBT DIESER PLANET...
EINE UNMÖGLICHE WAHL.
...
AM ENDE HAST DU DEINE TOCHTER AUFGEGEBEN...
... UND DICH ENTSCHIEDEN, ISSHIKI ZU SCHLAGEN.
ICH WAR BEREIT, ALLES FÜR MEINE TOCHTER ZU TUN...
... ABER OHNE DIESEN PLANETEN IST JA ALLES NICHTS.

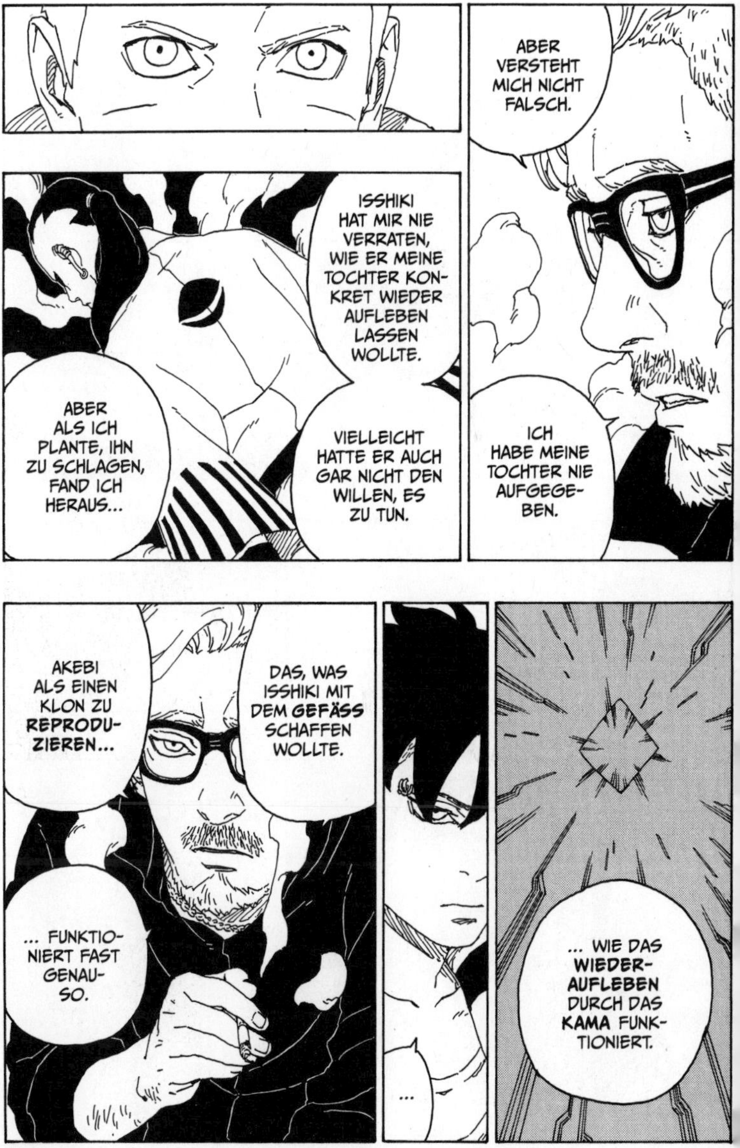
ABER VERSTEHT MICH NICHT FALSCH.
ICH HABE MEINE TOCHTER NIE AUFGEGEBEN.
ISSHIKI HAT MIR NIE VERRATEN, WIE ER MEINE TOCHTER KONKRET WIEDER AUFLEBEN LASSEN WOLLTE.
VIELLEICHT HATTE ER AUCH GAR NICHT DEN WILLEN, ES ZU TUN.
ABER ALS ICH PLANTE, IHN ZU SCHLAGEN, FAND ICH HERAUS...
... WIE DAS WIEDERAUFLEBEN DURCH DAS KAMA FUNKTIONIERT.
...
DAS, WAS ISSHIKI MIT DEM GEFÄSS SCHAFFEN WOLLTE.
AKEBI ALS EINEN KLON ZU REPRODUZIEREN...
... FUNKTIONIERT FAST GENAUSO.

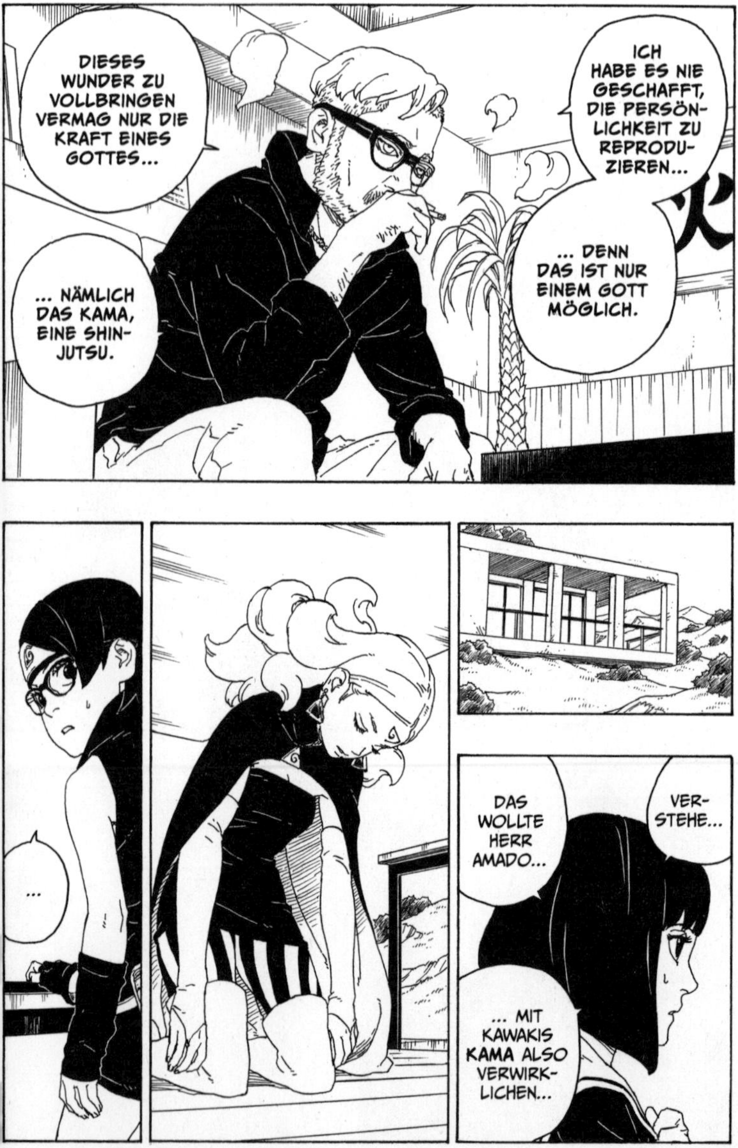
ICH HABE ES NIE GESCHAFFT, DIE PERSÖNLICHKEIT ZU REPRODUZIEREN...
... DENN DAS IST NUR EINEM GOTT MÖGLICH.
DIESES WUNDER ZU VOLLBRINGEN VERMAG NUR DIE KRAFT EINES GOTTES...
... NÄMLICH DAS KAMA, EINE SHINJUTSU.
VERSTEHE...
DAS WOLLTE HERR AMADO...
... MIT KAWAKIS KAMA ALSO VERWIRKLICHEN...
...

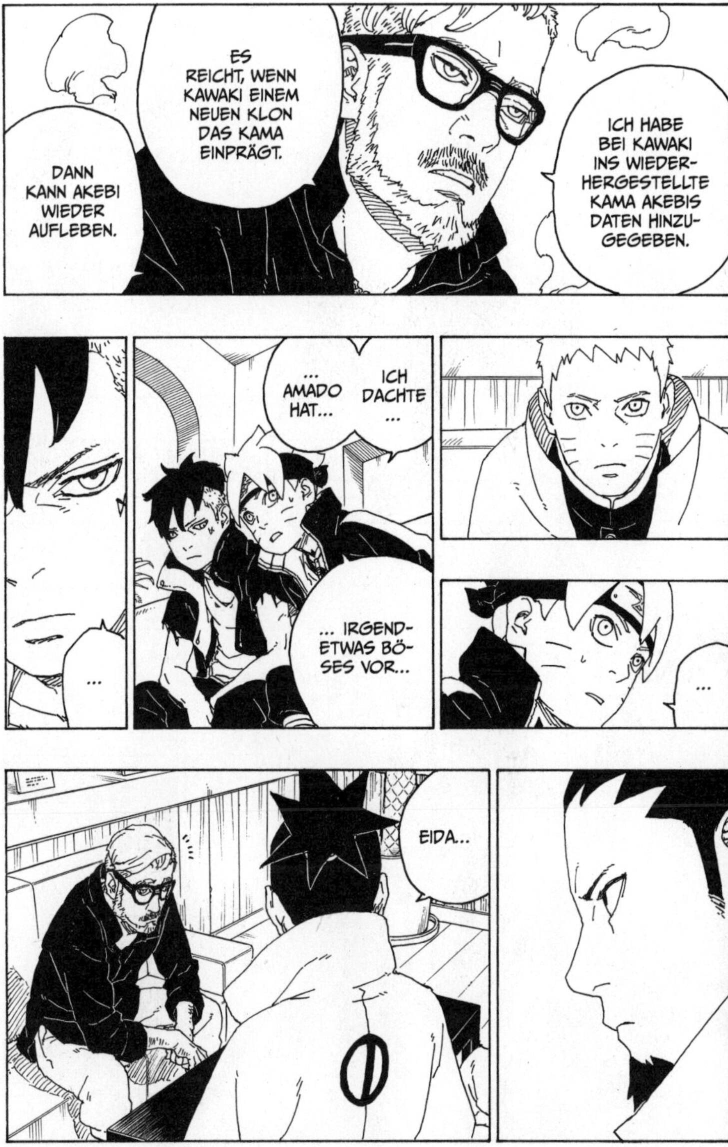
ICH HABE BEI KAWAKI INS WIEDERHERGESTELLTE KAMA AKEBIS DATEN HINZUGEGEBEN.
ES REICHT, WENN KAWAKI EINEM NEUEN KLON DAS KAMA EINPRÄGT.
DANN KANN AKEBI WIEDER AUFLEBEN.
ICH DACHTE ...
... AMADO HAT...
... IRGENDETWAS BÖSES VOR...
...
...
EIDA...

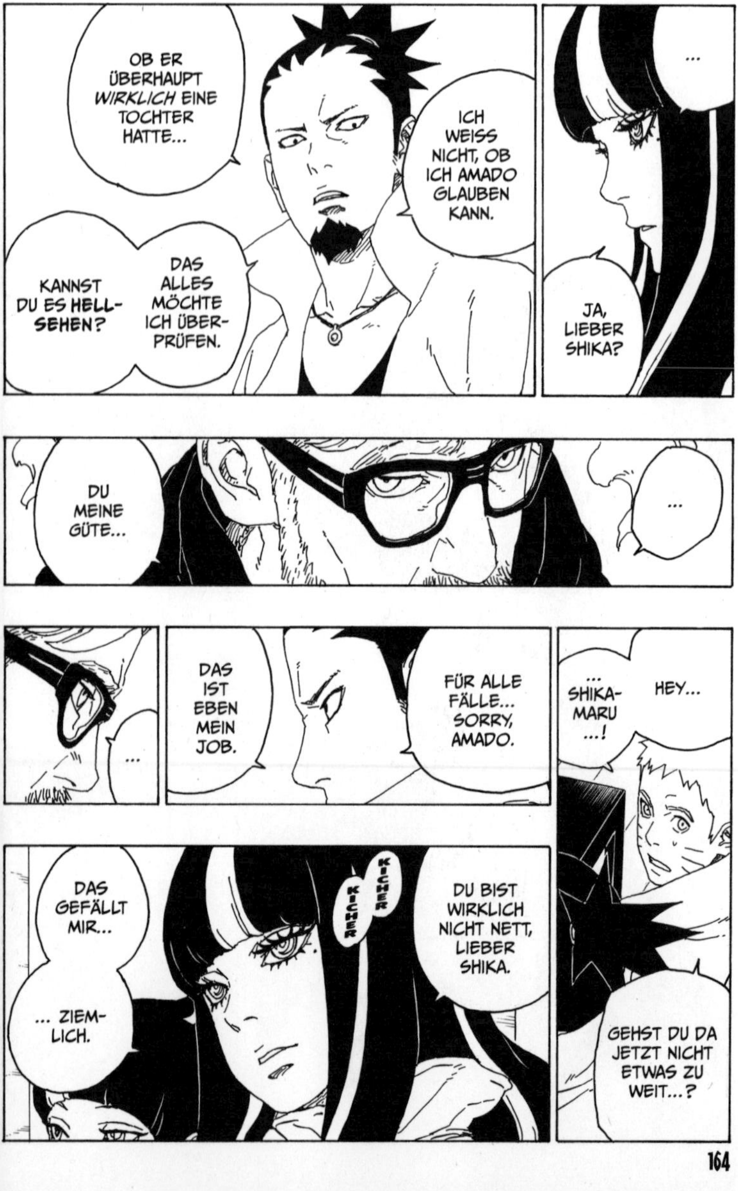
...
JA, LIEBER SHIKA?
ICH WEISS NICHT, OB ICH AMADO GLAUBEN KANN.
OB ER ÜBERHAUPT WIRKLICH EINE TOCHTER HATTE...
DAS ALLES MÖCHTE ICH ÜBERPRÜFEN.
KANNST DU ES HELLSEHEN?
...
DU MEINE GÜTE...
HEY...
... SHIKAMARU ...!
FÜR ALLE FÄLLE... SORRY, AMADO.
DAS IST EBEN MEIN JOB.
...
GEHST DU DA JETZT NICHT ETWAS ZU WEIT...?
DU BIST WIRKLICH NICHT NETT, LIEBER SHIKA.
KICHER
KICHER
DAS GEFÄLLT MIR...
... ZIEMLICH.

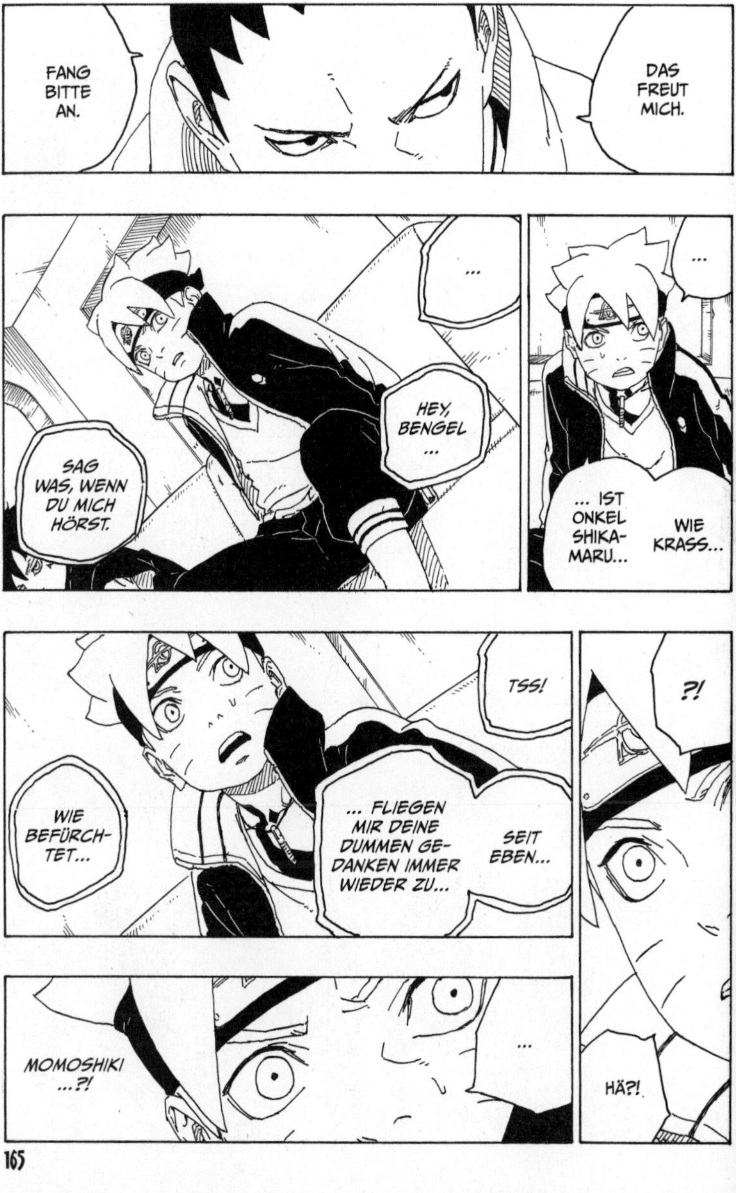
DAS FREUT MICH.
FANG BITTE AN.
...
WIE KRASS...
... IST ONKEL SHIKAMARU...
...
HEY, BENGEL ...
SAG WAS, WENN DU MICH HÖRST.
TSS!
SEIT EBEN...
... FLIEGEN MIR DEINE DUMMEN GEDANKEN IMMER WIEDER ZU...
WIE BEFÜRCHTET...
?!
HÄ?!
...
MOMOSHIKI ...?!

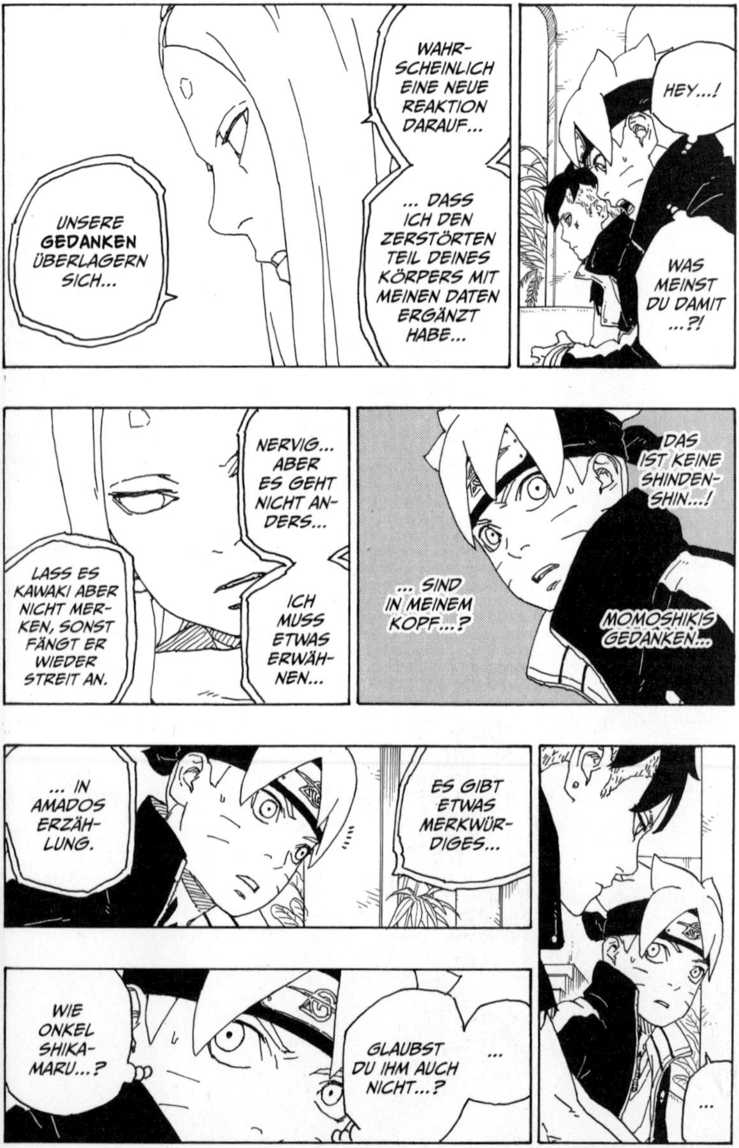
HEY...!
WAS MEINST DU DAMIT ...?!
WAHR-SCHEINLICH EINE NEUE REAKTION DARAUF...
... DASS ICH DEN ZERSTÖRTEN TEIL DEINES KÖRPERS MIT MEINEN DATEN ERGÄNZT HABE...
UNSERE GEDANKEN ÜBERLAGERN SICH...
DAS IST KEINE SHINDEN-SHIN...!
MOMOSHIKIS GEDANKEN...
... SIND IN MEINEM KOPF...?
NERVIG... ABER ES GEHT NICHT ANDERS...
ICH MUSS ETWAS ERWÄHNEN...
LASS ES KAWAKI ABER NICHT MERKEN, SONST FÄNGT ER WIEDER STREIT AN.
ES GIBT ETWAS MERKWÜRDIGES...
... IN AMADOS ERZÄHLUNG.
...
...
GLAUBST DU IHM AUCH NICHT...?
WIE ONKEL SHIKAMARU...?

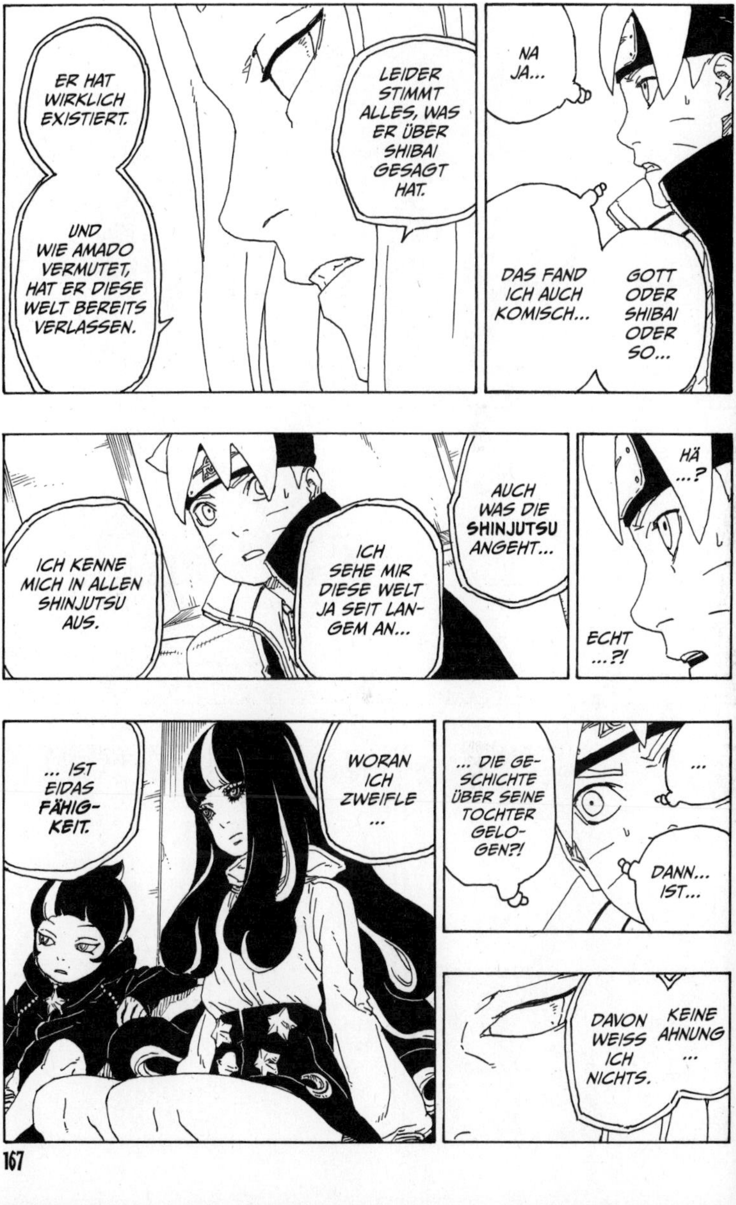
NA JA...
GOTT ODER SHIBAI ODER SO...
DAS FAND ICH AUCH KOMISCH...
LEIDER STIMMT ALLES, WAS ER ÜBER SHIBAI GESAGT HAT.
ER HAT WIRKLICH EXISTIERT.
UND WIE AMADO VERMUTET, HAT ER DIESE WELT BEREITS VERLASSEN.
HÄ ...?
ECHT ...?!
AUCH WAS DIE SHINJUTSU ANGEHT...
ICH SEHE MIR DIESE WELT JA SEIT LANGEM AN...
ICH KENNE MICH IN ALLEN SHINJUTSU AUS.
...
DANN... IST...
... DIE GESCHICHTE ÜBER SEINE TOCHTER GELOGEN?!
KEINE AHNUNG ...
DAVON WEISS ICH NICHTS.
WORAN ICH ZWEIFLE ...
... IST EIDAS FÄHIGKEIT.

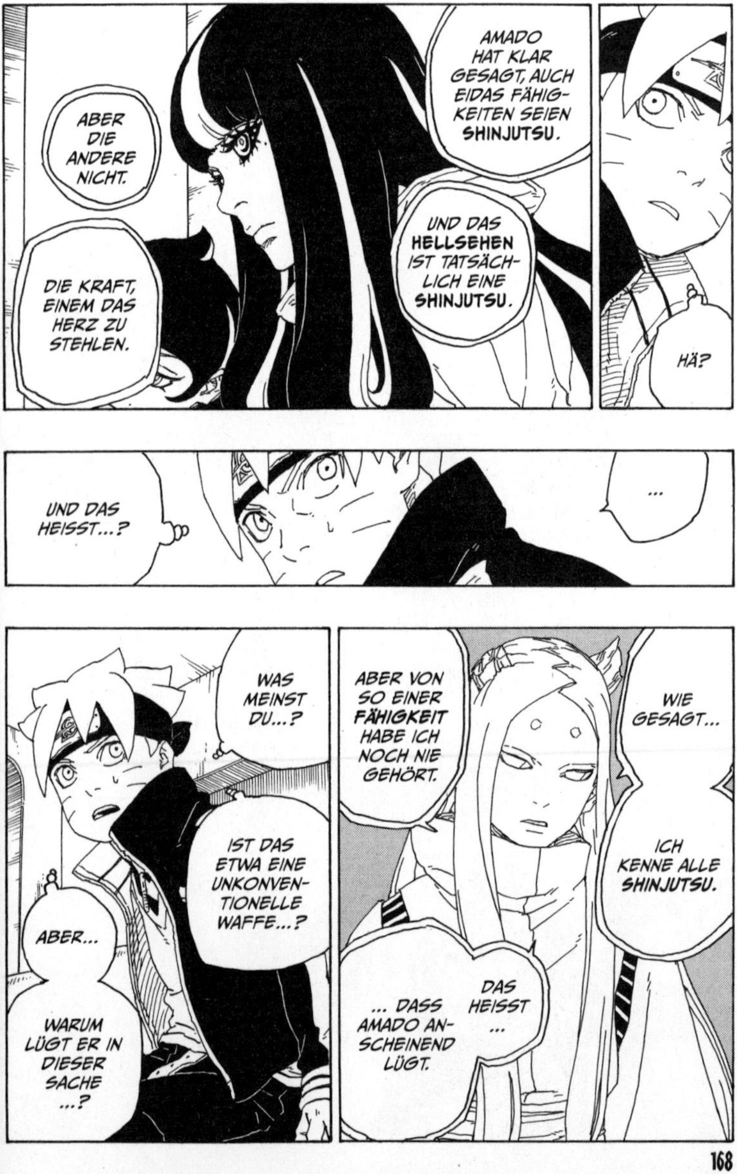
HÄ?
AMADO HAT KLAR GESAGT, AUCH EIDAS FÄHIGKEITEN SEIEN SHINJUTSU.
UND DAS HELLSEHEN IST TATSÄCHLICH EINE SHINJUTSU.
ABER DIE ANDERE NICHT.
DIE KRAFT, EINEM DAS HERZ ZU STEHLEN.
...
UND DAS HEISST...?
WIE GESAGT...
ICH KENNE ALLE SHINJUTSU.
ABER VON SO EINER FÄHIGKEIT HABE ICH NOCH NIE GEHÖRT.
DAS HEISST ...
... DASS AMADO ANSCHEINEND LÜGT.
WAS MEINST DU...?
IST DAS ETWA EINE UNKONVENTIONELLE WAFFE...?
ABER...
WARUM LÜGT ER IN DIESER SACHE ...?

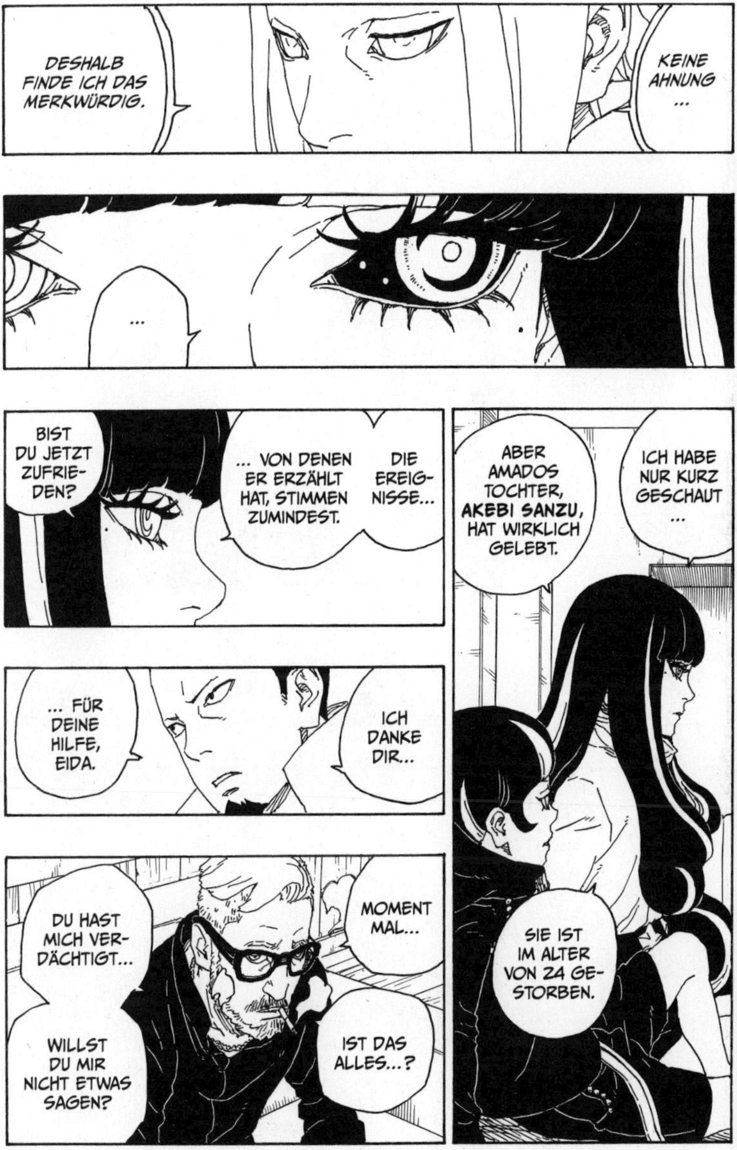
KEINE AHNUNG ...
DESHALB FINDE ICH DAS MERKWÜRDIG.
...
ICH HABE NUR KURZ GESCHAUT ...
ABER AMADOS TOCHTER, AKEBI SANZU, HAT WIRKLICH GELEBT.
SIE IST IM ALTER VON 24 GESTORBEN.
DIE EREIGNISSE...
... VON DENEN ER ERZÄHLT HAT, STIMMEN ZUMINDEST.
BIST DU JETZT ZUFRIEDEN?
ICH DANKE DIR...
... FÜR DEINE HILFE, EIDA.
MOMENT MAL...
DU HAST MICH VERDÄCHTIGT...
IST DAS ALLES...?
WILLST DU MIR NICHT ETWAS SAGEN?

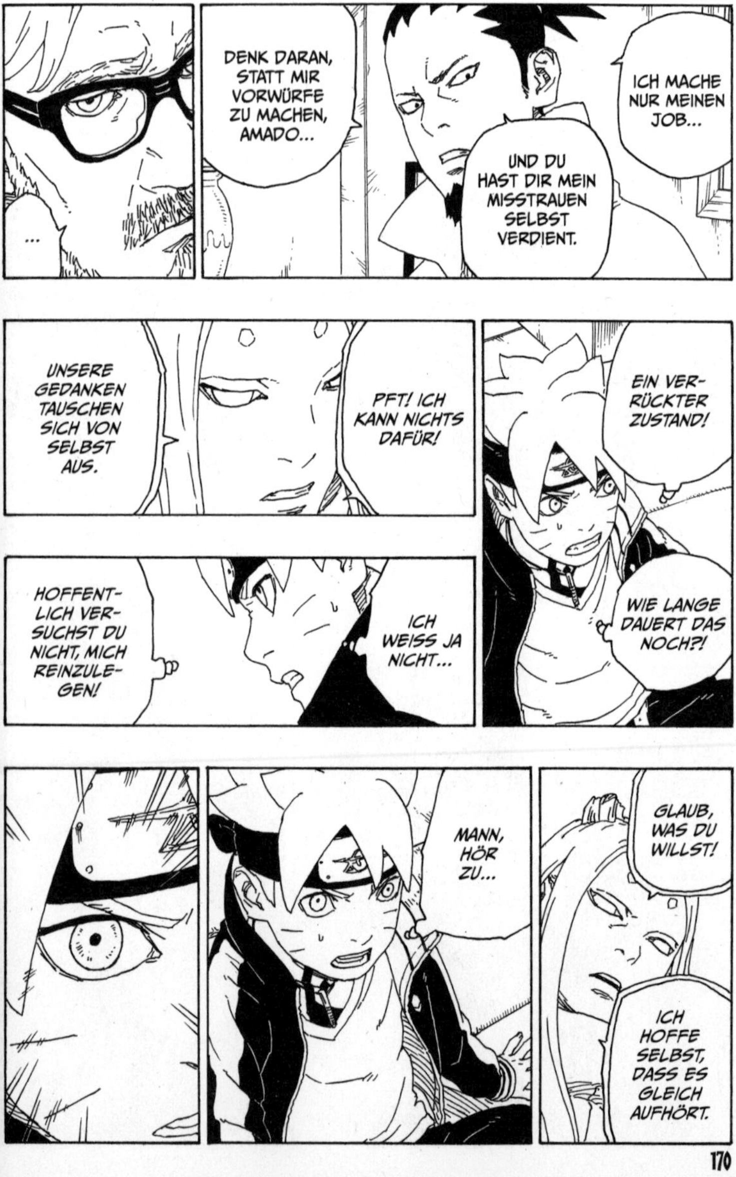
ICH MACHE NUR MEINEN JOB...
UND DU HAST DIR MEIN MISSTRAUEN SELBST VERDIENT.
DENK DARAN, STATT MIR VORWÜRFE ZU MACHEN, AMADO...
...
EIN VER-RÜCKTER ZUSTAND!
WIE LANGE DAUERT DAS NOCH?!
PFT! ICH KANN NICHTS DAFÜR!
UNSERE GEDANKEN TAUSCHEN SICH VON SELBST AUS.
ICH WEISS JA NICHT...
HOFFENT-LICH VER-SUCHST DU NICHT, MICH REINZULE-GEN!
GLAUB, WAS DU WILLST!
ICH HOFFE SELBST, DASS ES GLEICH AUFHÖRT.
MANN, HÖR ZU...

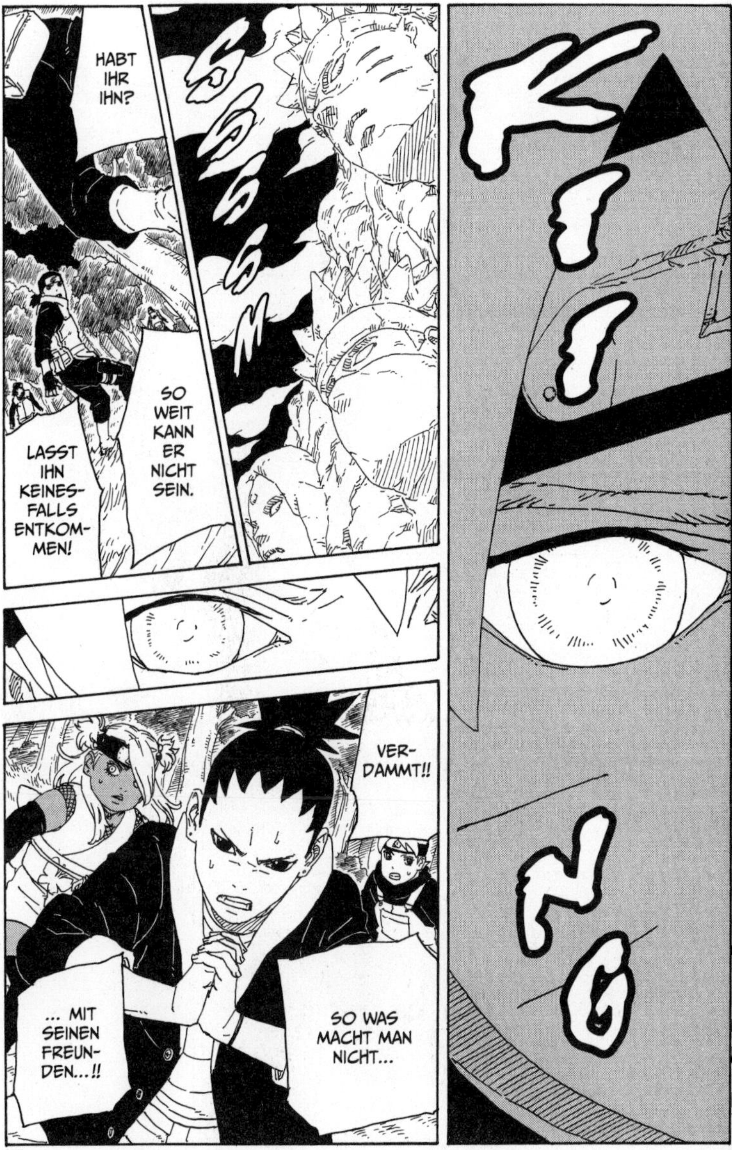
KIIING
SSSSM
SO WEIT KANN ER NICHT SEIN.
HABT IHR IHN?
LASST IHN KEINES-FALLS ENTKOM-MEN!
VER-DAMMT!!
SO WAS MACHT MAN NICHT...
... MIT SEINEN FREUN-DEN...!!

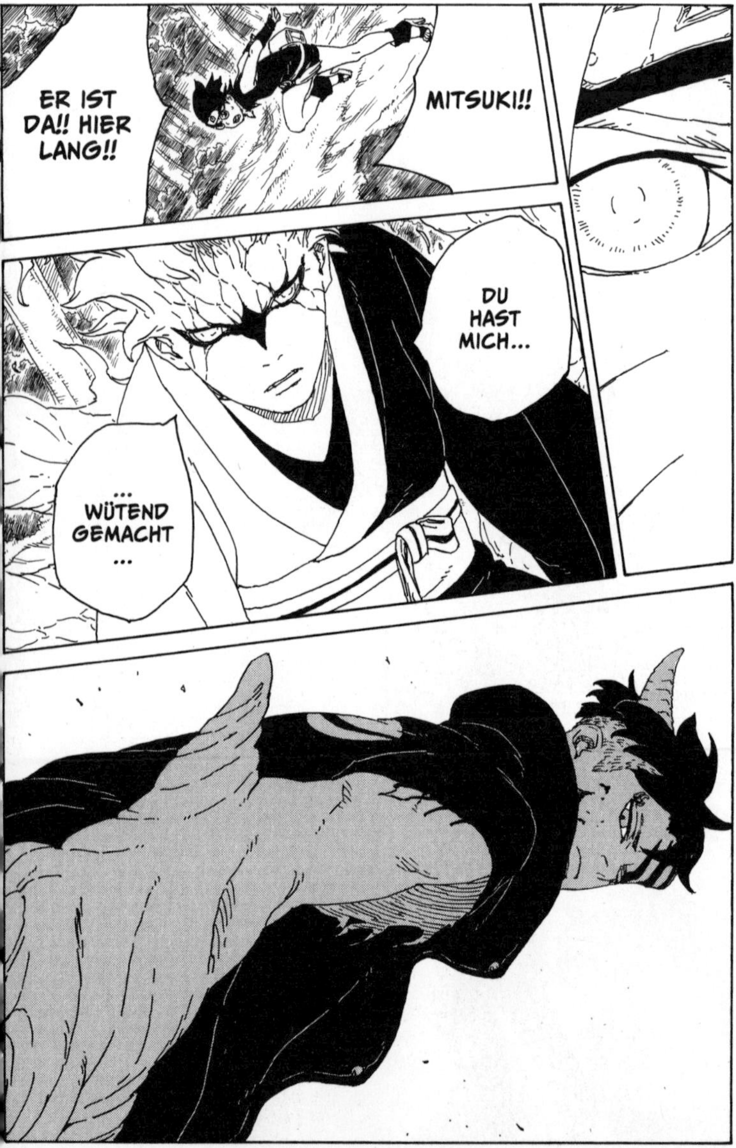
MITSUKI!!
ER IST DA!! HIER LANG!!
DU HAST MICH...
... WÜTEND GEMACHT ...

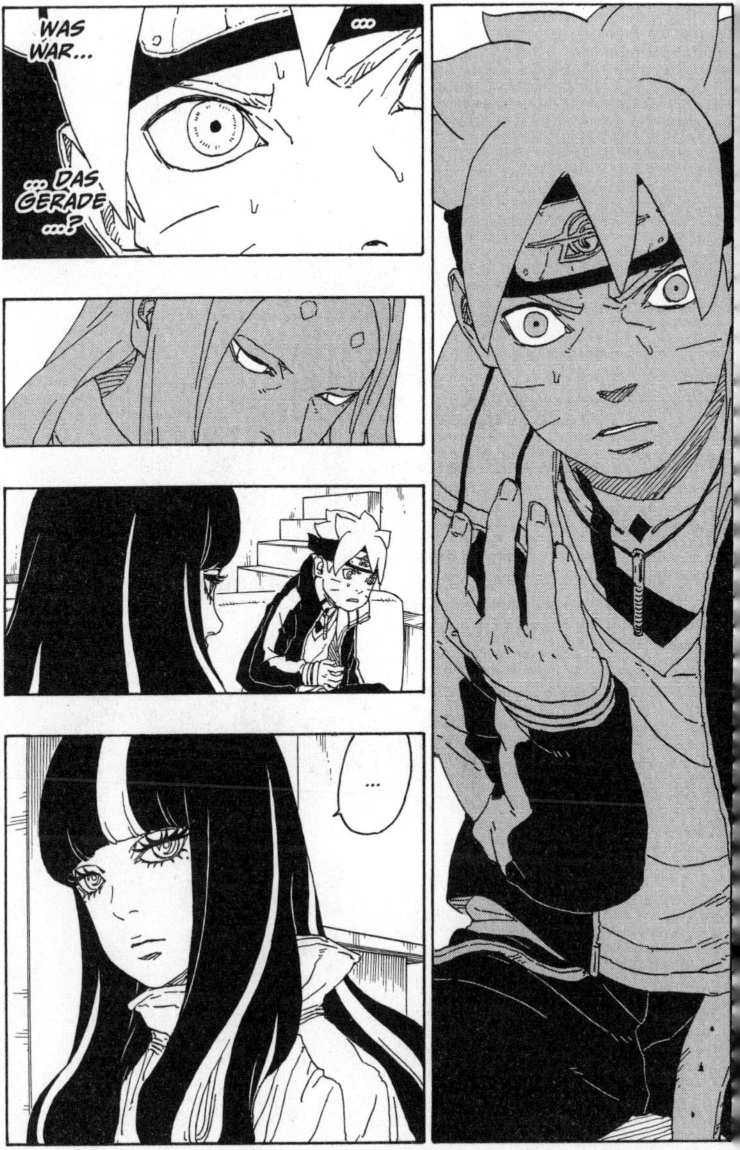
...
...
WAS WAR...
... DAS GERADE ...?
...

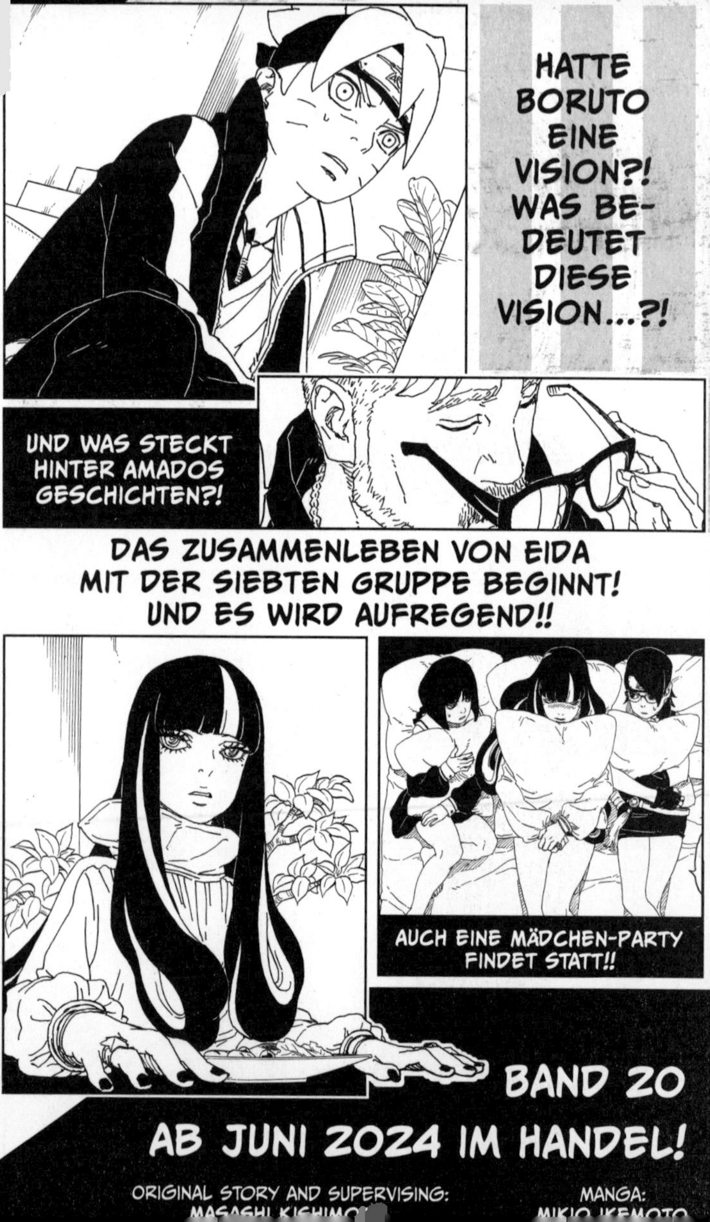
HATTE BORUTO EINE VISION?! WAS BEDEUTET DIESE VISION...?!
UND WAS STECKT HINTER AMADOS GESCHICHTEN?!
DAS ZUSAMMENLEBEN VON EIDA MIT DER SIEBTEN GRUPPE BEGINNT! UND ES WIRD AUFREGEND!!
AUCH EINE MÄDCHEN-PARTY FINDET STATT!!
BAND 20
AB JUNI 2024 IM HANDEL!
ORIGINAL STORY AND SUPERVISING:
MANGA:

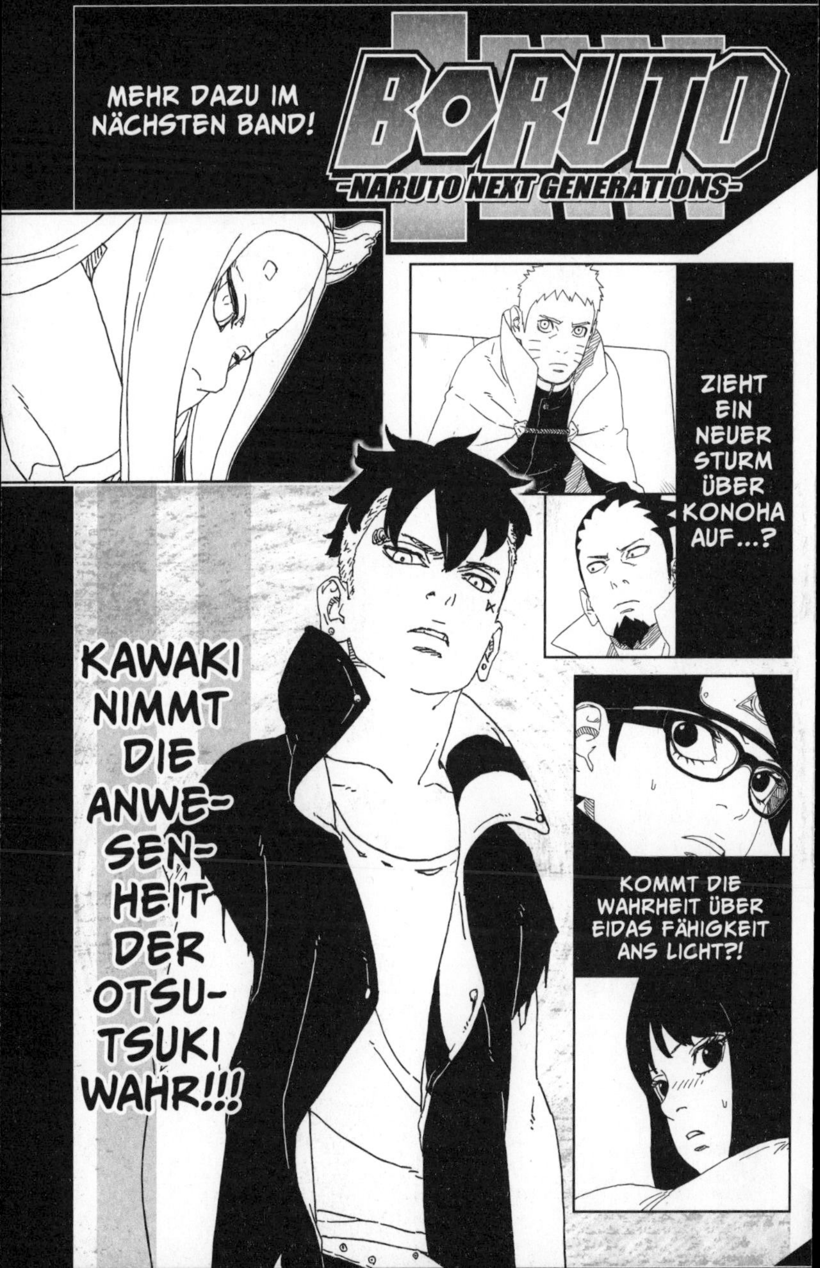
BORUTO
-NARUTO NEXT GENERATIONS-
ZIEHT EIN NEUER STURM ÜBER KONOHA AUF...?
KAWAKI NIMMT DIE ANWE-SEN-HEIT DER OTSU-TSUKI WAHR!!!
KOMMT DIE WAHRHEIT ÜBER EIDAS FÄHIGKEIT ANS LICHT?!
MEHR DAZU IM NÄCHSTEN BAND!

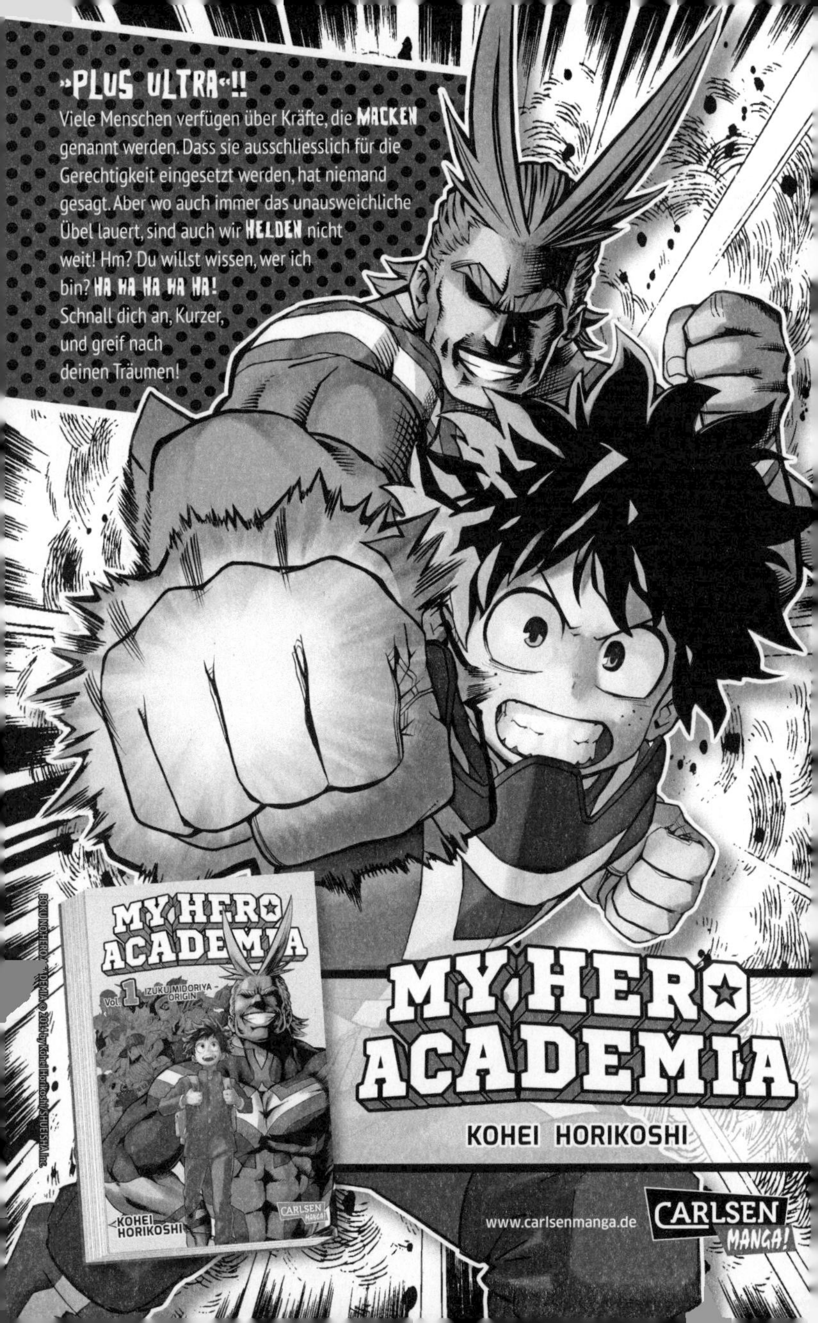
»PLUS ULTRA«!!
Viele Menschen verfügen über Kräfte, die MACKEN genannt werden. Dass sie ausschliesslich für die Gerechtigkeit eingesetzt werden, hat niemand gesagt. Aber wo auch immer das unausweichliche Übel lauert, sind auch wir HELDEN nicht weit! Hm? Du willst wissen, wer ich bin? HA HA HA HA HA! Schnall dich an, Kurzer, und greif nach deinen Träumen!
MY HERO ACADEMIA
Vol. 1 IZUKU MIDORIYA – ORIGIN
KOHEI HORIKOSHI
CARLSEN MANGA!
MY HERO ACADEMIA
KOHEI HORIKOSHI
www.carlsenmanga.de
CARLSEN MANGA!

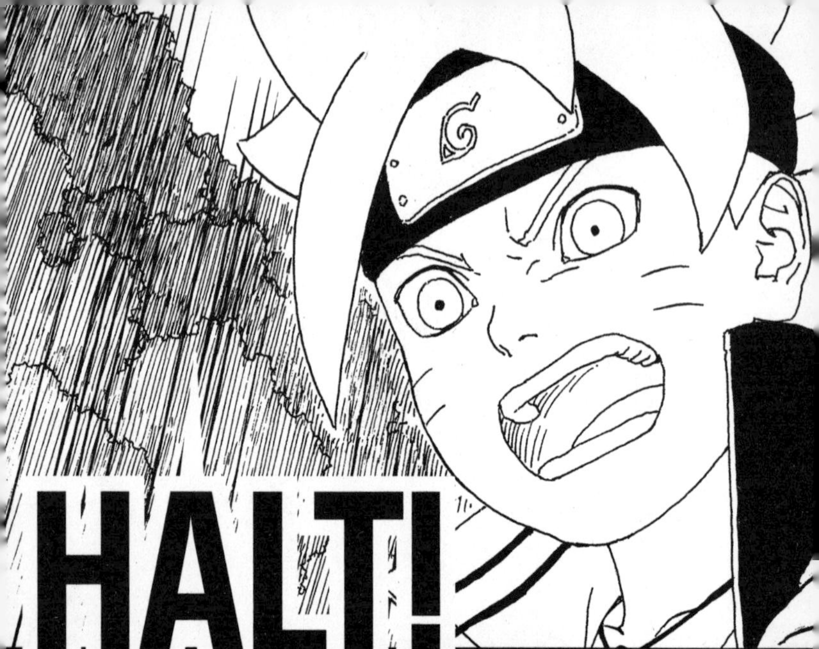

HALT!

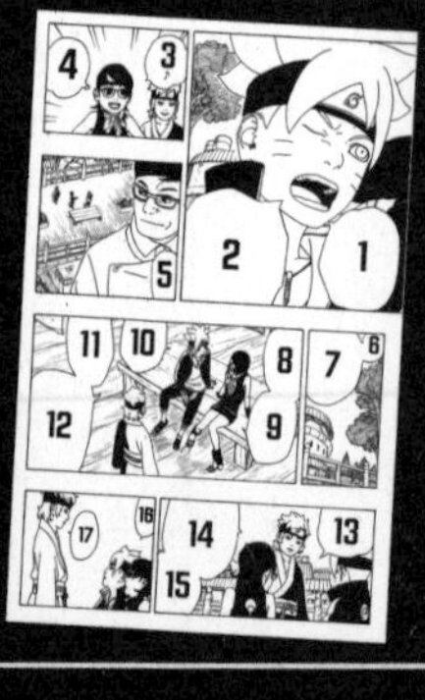

Das ist nicht die erste Seite des Buches. »Boruto« ist ein japanischer Comic. In Japan liest man von »hinten« nach »vorne« und von rechts oben nach links unten, also genau spiegelverkehrt zu dem, wie wir es gewohnt sind.
Auch die Bilder und Sprechblasen auf jeder Seite werden so gelesen, wie es in der Grafik gezeigt wird!
Die Legende der neuen Generation beginnt!!

CARLSEN MANGA * Deutsche Ausgabe / German Edition * © 2024 Carlsen Verlag GmbH, Völckersstraße 14-20, 22765 Hamburg * Aus dem Japanischen von Miyuki Tsuji * BORUTO: NARUTO NEXT GENERATIONS © 2016 by Masashi Kishimoto, Mikio Ikemoto * All rights reserved. First published in Japan in 2016 by SHUEISHA Inc., Tokyo. * German translation rights in Germany, Austria, Luxembourg and German-speaking Switzerland arranged by SHUEISHA Inc. through VME PLB SAS, France. Redaktion: Anne Berling * Textbearbeitung: Ina Schiele Herstellung: Derya Yıldırım * Alle deutschen Rechte vorbehalten Bei Fragen zum Produkt: carlsen.de/kontakt * ISBN 978-3-55